U0553907

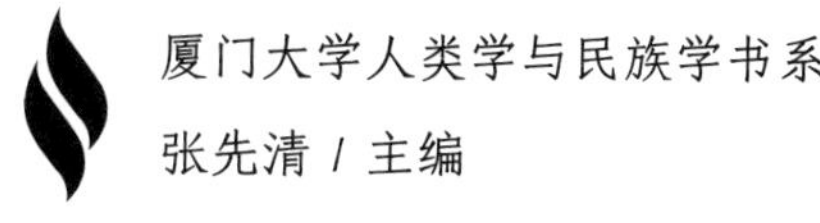

棠棣

一项基于汉人村庄的兄弟关系研究

宋雷鸣　著

2019年 • 北京

图书在版编目(CIP)数据

棠棣:一项基于汉人村庄的兄弟关系研究/宋雷鸣著.
—北京:商务印书馆,2019
(厦门大学人类学与民族学书系)
ISBN 978-7-100-17122-9

Ⅰ.①棠… Ⅱ.①宋… Ⅲ.①伦理学-研究 Ⅳ.①B82

中国版本图书馆CIP数据核字(2019)第036339号

棠棣:一项基于汉人村庄的兄弟关系研究
宋雷鸣 著

商 务 印 书 馆 出 版
(北京王府井大街36号 邮政编码100710)
商 务 印 书 馆 发 行
山东临沂新华印刷物流
集团有限责任公司印刷
ISBN 978-7-100-17122-9

2019年4月第1版　　开本640×960　1/16
2019年4月第1次印刷　　印张16.5
定价:50.00元

厦门大学人类学与民族学书系

编委会

序

关于中国社会的家族宗族研究，血缘传承与孝的主轴之探讨最为深刻与常见，而孝悌之“悌”不知为什么总是被忽略。宋雷鸣在阅读了历史专论与国学典籍之后，想到自己从小成长的农本村庄实况，体验古今农人如何平衡大道理和“过活”的关系，尝试从田野“操作”层次反观古今学理的递进性变迁，然后讲出自己的研究结论。

在历史上，针对子女对父母所应有的行为和态度，儒家提出了“孝”的基本伦理。父母传递男系之血缘纽带，要求子嗣兄弟们互爱互助以更好地行孝。从这一角度而言，悌道实际上是由孝道衍生而来的。从世界比较文化而言，儒家把“孝悌”放在极为凸显的地位，在世界上极为少见。

作者认为，朱熹论及“均，谓各得其分；安，谓上下相安”，是说要按照各自等级地位获取不同收入份额，从而避免“王室衰微，诸侯争霸，公室卑弱，大夫兼并”的局面。因此，大传统中的“均平”理想实际上是建立在等级差别认同的“不均”基础之上的。如是，探讨平均主义观念形成的原因，很大程度上要把目光放到民间的小传统中。

在基层民间相对封闭的传统社会，人们往往聚族而居，家庭及宗族生活就是人们濡化的基本环境。家庭内的兄弟关系及由此直接发展而来的宗族支系之间的关系，可能与人们获取平均主义思想有最直接的关系。这从另一个角度验证了平均主义伦理存在一个由家庭逐层往外扩展的过程。因此，作者推论，汉人家庭内的兄弟关系伦理及其生活实践应是汉人社会平均主义思想的重要源头。

作者不寻常地举出历史案例，分析曾经活跃在他家乡的捻军组织特征，说明兄弟关系与横向外在扩展社会关系的重要作用。那时不同宗族或村庄间的宗亲、姻亲关系或（表）兄弟关系，带动了整个宗族或村庄间的联合。尤其当这些兄弟式的捻首作为村庄或宗族的代表开展联合行动时，兄弟式的关系便随之影响到村庄之间的关系，或者说村庄之间的关系染上了兄弟关系的色彩。地缘关系和朋友关系也是捻军组合与发展的重要方式，而地缘和朋友关系也常常以拟“兄弟关系”表现出来。

随古代宗法制衰落，长幼之序失去了原初的意义，长子在政治和社会生活中的特权亦即式微。战国时期业已出现的诸子平均析产，显然体现了兄弟间的平等关系和平均主义原则；到唐时平均析产则被写进了法律，社会生活中普遍流行的分家实践最终上升为大传统的一部分。作者认为，悌道的弱化与诸子均分的流行大体上处于同一历史过程，大小传统显然上下紧密联系并相互影响。

当传统农业社会被现代化的潮流搅动，以至于中国传统家庭的主轴正由“父子之轴”向“夫妻之轴”急速转变，家族老人的控制力与权威也就随之减弱。既然兄弟们失去了来自父母的外在约束力，家庭中隐藏的各种矛盾也就容易显现和爆发出来。孝道的衰落又会使代际关系问题丛生，而代际关系状况又直接影响着兄弟关系。

文献中和记忆中的传统社会，由于老人们一般还具有较高的权威和较强的整合力，兄弟间的矛盾常常隐而未发。很快到20世纪七八十年代，老人权威趋于下降而市场经济的影响尚不够深入，一方面兄弟们重视对父母财产的竞争，另一方面老人由于权威的衰落而缺少了控制力，在这一过渡性的间隙中，兄弟之间的纷争开始递增。但是，“平均”作为一种理想，在现实生活中往往难以完美实现，这就造成了现实与理想或规范的差距，一些兄弟因此处于矛盾或冲突状态。但反过来说，矛盾和冲突也是兄弟们要求实现平均的表现形式。

笔者十分关心中国传统的孝悌中兄弟关系的现代变迁。不久前曾经和一位东亚研究教授谈及相当多的韩国企业恪守长子继承制，以及日本家族中养子角色的特别地位。尽管儒家思想几乎影响了东亚各国的家族制度，但社会文化变迁的角度与速率均不相同。因此，笔者所见到的当代中国的家族企业继承方面，表现了更大的变通性：稀少的长子继承、多见的平均主义，以及女儿（姻亲）参与继承的多样化形式。

不过在现实社会，还有一些迹象需要仔细观察。中国城乡的长子在礼节或仪式中常处在一定的突出地位，这应是中国古代宗法精神之遗留。西周宗法制度虽然早已衰落，但宗法精神却在很多方面浸染了中国文化。不过兄弟之间继承方面的平均主义，显然一直是主流。至于反向的女儿（姻亲）参与继承，已完全是现代化小家庭独立性的强化表现。如今长子仅存的象征地位、遍布的均产继承和女儿（姻亲）参与继承，似乎是对西周传统继承伦理与孝悌观的最大颠覆。

说到平均主义这一点，本书作者仍然发现从古至今中国家族兄弟关系黏合作用的历史性传承表现。今天中国的农民进城，可以说依然携带着家族主义、兄弟情义和平均主义，不仅是实际上的，也反映在超血缘的“类家族主义”组合中，以及重现捻军“把兄弟”的孝悌实践。他们居然能使古老农业社会的传统伦常跨越时空，在现代化大城市里找到这种最佳的组合与存在状态，不能不说这属于历史理念的选择性“重现”。

作者认为，父母是兄弟关系的向心力，而夫妻和妯娌关系是兄弟关系的离心力。而有时外在的力量常常会影响兄弟间的合力或张力，一旦外部出现压力时，兄弟们会暂时压抑张力一致对外，从而表现出空前的合力。所以，兄弟间常常会因内外环境的变化而表现出分分合合的局面。作者强调了我们关于“类家族主义”组织中的横向一面，即横向的兄弟关系有利于社会关系的连接和扩大，纵向的父子关系有利于既有关系的维持和稳定。

作者清晰地看到，20 世纪 90 年代以后的农村，老人权威已经不在，而兄弟们或则务农，或则外出打工。他们在经济上的联系越来越不重要了。我想这显然和乡村内外出现了传统农业以外的新的生计选择有关，于是兄弟们在财产均平的竞争也相应减弱了。20 世纪中叶以后，台湾经济起飞，农村出现的“联邦家庭”，其实就是兄弟关系在现代化过程中，在时空聚散状态下的新的选择。同样在 20 年后，中国大陆也呈现了甚至比台湾“联邦家庭”类型更多的“准-组合家族”现象。应该说，即使是现代化与商业化进程中，在不同地理文化区域，物质的和理念的影响仍然可能是交替的，只不过在历史的时空中所遭遇的机缘，究竟呈现何种理念或何种技艺的影响，也正是我们人类学田野发现的前瞻与反观的价值所在。

我们期待阅读完这本书的学者思考一下，中国农业社会的家族结构与兄弟关系进程，如何在一转身的光阴中就进入了现代新城镇和大都市，那么，旧的与新的思想之消长，人们是如何因时因地选择的呢?

庄孔韶

浙江大学人类学研究所

2015 年 4 月 4 日

目　录

引 论

读小学时，有一次我低年级的弟弟和他同学打架。弟弟的同学去找他的哥哥帮忙，我听说了也急忙赶去。两对兄弟在学校门口打了起来，一直打到旁边的水塘，几乎打进水里……

古人言："兄弟者，分形连气之人也。方其幼也，父母左提右挈，前襟后裾，食则同案，衣则传服，学则连业，游则共方，虽有悖乱之人，不能不相爱也。"(《颜氏家训·兄弟第三》) 兄弟们一起生活，一起学习，一起劳动，甚至一起战斗，这份醇厚的感情非有同胞兄弟者不易体会。古人又言："夫兄弟之情也，受之于天性，生之于自然，不假物以成亲，不因言而结爱，阋墙不妨于御侮，逾里犹惜于伐树，驭朽则须洛而歌，弯弓则涕泣而道。斯乃情存于不舍，义形于恻隐。"(《全隋文·兄弟论》) 所以古人感慨："凡今之人，莫如兄弟。"(《诗经·常棣》)

由于兄弟之情如此深厚可贵，孔子的弟子司马牛因为自己是独生子而忧叹："人皆有兄弟，吾独亡!" 他的同学子夏安慰说："君子敬而无失，与人恭而有礼，四海之内，皆兄弟也。君子何患乎无兄弟也!"(《论语·颜渊》) 司马牛另外一个同学曾子也说："君子执仁立志，先行后言，千里之外，皆为兄弟。"(《大戴礼记·曾子制言上》) 按照儒家的理念，君子修身立德，真诚有礼，可以和很多志同道合的人结为类似兄弟的关系。《尔雅·释亲》："男子先生为兄，后生为弟。" 兄弟本义指同父的哥哥和弟弟，但在社会生活中，“兄弟”成为一个不断延展的概念。

基于男系的脉络，兄弟可扩及同姓宗亲。《仪礼·丧服》：“大夫之子於兄弟，降一等。”郑玄《注》：“兄弟，犹言族亲也。”《诗·常棣》序：“常棣，燕兄弟也。”孔颖达《疏》：“兄弟者，共父之亲，推而广之，同姓宗族皆是也。”即，一个祖父的“堂兄弟”，一个曾祖父的“再从兄弟”，一个高祖的“族兄弟”，以至更远的同辈的男性同姓宗亲，都可称之为兄弟。

按照母系和姻亲的联系，会产生异姓的“联兄弟”和“表兄弟”。《周礼·地官·大司徒》：“三曰联兄弟。”郑玄《注》：“兄弟，昏姻嫁娶也。”孙诒让《正义》：“谓异姓兄弟也。”异姓的男子娶了某家的姐妹，他们之间可称“联兄弟”，也即是民间所说的“连襟”或“一条杠”。姐妹的儿子间，以及姐妹和她们的兄弟们的儿子间，称作“姨表兄弟”“姑表兄弟”和“舅表兄弟”。顺此线索扩展，这些表兄弟的儿子们甚至孙子们之间，也可互称兄弟。

另外，父系的兄弟和母系的兄弟又可连接起来共称兄弟。一个男子的宗亲兄弟和该男子的各类表兄弟之间在血缘上的联系可能已经很远，但他们见面时一旦攀起关系，自然也是兄弟。

再扩而广之，姐妹、亲戚、朋友甚至国家都可“称兄道弟”。

《孟子·万章上》：“弥子之妻与子路之妻，兄弟也。”在这里，姐妹之间称为兄弟。

《诗经·伐木》：“笾豆有践，兄弟无远。”郑玄解释说：“兄弟，父之党，母之党。”《仪礼·士冠礼》：“兄弟毕袗去。”郑玄又解释说：“兄弟，主人亲戚也。”

《颜氏家训·风操》：“四海之人，结为兄弟，亦何容易。”朋友们模仿桃园结义，烧香磕头拜把子的异姓男子可互称兄弟。而根据前文提到的子夏和曾子的说法以及日常生活中的情况，朋友们并不需要这么复杂的程序，即可互称兄弟。小区里卖馒头的小伙子，一看到我就喊“哥，你来啦”。

《尚书·蔡仲之命》：“以蕃王室，以和兄弟。”孔子解释说：“以蕃屏王室，以和协同姓之邦。”兄弟竟用以表示国家之间的关系。

“天下无不是底父母，世间最难得者兄弟。”（《幼学琼林·兄弟》）由于父母无有不是，所以子代和父代之间很少会发生激烈的矛盾和冲突。兄弟虽然难得，却常常因为平等亲近和利害攸关产生争端。历史上，兄弟之间分分合合的事情不绝于编。现实生活中，此类的新闻也常见于媒体。不同个人和组织间的分分合合岂不正是人类社会永恒的主题？在不同的社会或文化中，这一主题得以演绎的文化或伦理逻辑应有不同。在汉人社会，人常道“四海之内皆兄弟”，那么分分合合如兄弟的一些更广阔的社会主体，是否受到兄弟伦理的影响呢？兄弟伦理是否和兄弟概念一样具有广阔的发散性呢？如果答案是肯定的，那么这会给中国社会带来哪些影响呢？我们能否在此基础上去发现中国社会（尤其是传统社会）的某些特征？这些都是值得我们去思考的问题。

本书基于一个华北汉人村落的田野调查，从当下的日常生活出发，“反观”相关伦理文化与习俗实践，并结合区域历史，分析汉人的“兄弟”这一微小和基本的人际之维如何逐层往外扩展，影响和作用于更为广阔的社会关系或社会情境。

人类学向来重视对人际关系或社会关系的研究。教科书说，“人类学是通过研究文化来理解人性的学科”①，文化的产生及人性的表现都离不开人与人之间的互动关系。作为人类行为表现的社会关系，相对于抽象的“文化”更易观察和把握，所以具体研究的切入点常常集中在各种社会关系上。学科传统主题，如亲属制度、经济交往、政治制度、信仰

① 庄孔韶：《人类学通论》，陕西教育出版社 2003 年版，第 37 页。

和仪式，等等，正是对各种文化之复杂社会关系的理解和概括。一定程度上可以说，人类学研究即是对各种社会关系的理论概括。

社会关系作为人们之间的联系、互动和组织的过程与形式，这些过程与形式的固定化和模式化便形成社会组织和社会结构，所以社会关系是社会结构研究和组织研究的生动内容。比如拉德克利夫-布朗（Alfred Radcliffe-Brown）提到："我把人与人的一切社会关系都看成是社会结构的一个组成部分。例如，任何社会的亲属结构都是由许多像父与子、舅与甥这样的关系构成的。"①弗斯（William Raymond Firth）也认为，社会结构就是"人与人之间成体系的社会关系"②。另外，组织是人们为共同的目的而结成的关系组合，不同的组织常对应着不同的文化。如在传统社会，汉人重视家庭或家族，"就家庭关系推广发展，而以伦理组织社会"③，所以传统汉人社会被认为是"伦理本位"的文化。与之相对，西方人重视集团生活，所以西方社会契约和法理文化发达。④由于不同的组织往往蕴含着不同的文化，人类学特别重视从文化的角度对组织进行研究，这也是庄孔韶强调"作为文化的组织"思想的根本原因。⑤可以

① 拉德克利夫-布朗著，潘蛟等译：《原始社会的结构与功能》，中央民族大学出版社1999年版，第215页。

② 夏建中：《文化人类学的理论流派》，中国人民大学出版社1997年版，第150页。

③ 梁漱溟：《中国文化要义》，上海人民出版社2005年版，第70页。

④ 参见同上，第70—84页。

⑤ 关于"作为文化的组织"思想及研究实践，可参见庄孔韶"组织人类学"研究团队的系列文章：庄孔韶、李飞：《人类学对现代组织及其文化的研究》，《民族研究》2008年第3期；庄孔韶：《中国性病艾滋病防治新态势和人类学理论原则之运用》，《广西民族大学学报》（哲学社会科学版）2007年第1期；李飞、庄孔韶：《"作为文化的组织"的人类学研究实践——中国三个地区女性性服务者群体特征之比较及艾滋病/性病预防干预建议》，《广西民族大学学报》（哲学社会科学版）2010年第2期；庄孔韶、方静文：《作为文化的组织：人类学组织研究反思》，《思想战线》2012年第4期；宋雷鸣、汪宁：《"作为文化的组织"的人类学研究实践——Y市低价格女性性工作者和老年男客的组织文化解读》，《思想战线》2012年第4期；张华志：《第二家庭——家族企业的人类学研究》，中央民族大学博士学位论文，2003年；吕卓红：《川西茶馆：作为公共空间的生成和变迁》，中央民族大学博士学位论文，2003年；曹媞：《对安利传销过程的人类学分析》，中国人民大学博士学位论文，2007年。

说，对“社会结构”“社会组织”和“文化”等基本论题的研究，都离不开对具体而细微的社会关系的探讨。

从细小的切入点入手，以小见大，见微知著，也是人类学研究的一个重要特点。在研究问题上，人类学通常从微小的事物出发，开展宏大叙事和理论分析。典型的例子如西敏司（Sidney W. Mintz）透过日常生活中的“糖”叙述资本主义席卷全世界的宏大历史[①]，格尔茨（Geertz）透过“斗鸡场”洞察到斗鸡游戏背后所隐喻的巴厘岛人的地位关系[②]等。在研究方法上，人类学所倚重的“田野工作”常常只能覆盖较小的地理范围，因此我们常见人类学家在村庄里进行研究。调查地点虽然狭小，但人类学家却借以讨论许多宏大的主题。基于具体“点”的挖掘，人类学家讨论的是人性、宗教、政治和全球化等基本性议题。

而由细小的人际关系出发，去考察宏观的社会关系、国家政治和族群文化，这种逻辑在既有的研究中随处可见。许烺光在《宗族、种姓、俱乐部》一书中，从基本的家庭关系入手，比较中国、印度和美国三个国家的社会文化及国民性差异。他认为家庭关系这样一种微小而原发的人际关系，“是所有三种文化中的一种基本的传承与教育机制。家庭，就其体现着集中的、有时也是广泛的人间关系而言，是一切文化的基础学校”[③]。对于此种由日常人际关系牵引出大论题的研究逻辑，格尔茨的一段有关摩洛哥政治体制的描述最为生动和细致：

> 与其说它是且一直都是单极的专制政体，不如说它是由一些微型政体所构成的不规则场域，这些政体趋于微小，广泛分布于山

① 西敏司著，王超、朱健刚译：《甜与权力——糖在近代历史上的地位》，商务印书馆2010年版。

② 格尔茨著，赵炳祥译：《尼加拉：十九世纪巴厘剧场国家》，上海人民出版社1999年版。

③ 许烺光著，薛刚译：《宗族、种姓、俱乐部》，华夏出版社1990年版，第1页。

> 川、草原、高原、海岸、沙漠、绿洲、山麓和冲积平原等构成的零碎乡村的小环境中，并且延伸至最狭小、最隐私的社会角落，像家庭、邻里、市场、部落。这里所有事物运转的基础，都是熟人之间当下、一对一、讨价还价的依存关系，有时被称为庇护关系，有时被称为委托关系，摩洛哥人则称之为 sedp（该词兼有“忠诚”“值得信赖”“友谊”“真相”的意思）。在行为的各个领域上将其推而广之，通过建立同样直接的类似关系，就形成了更为广泛的社会关系。①

本书拟以这种常见的研究逻辑，去分析汉人的兄弟关系。在崇尚多子多孙的汉人社会，兄弟关系是家庭关系中基本而重要的一维，但是在既有研究中却一直没有得到应有的重视。在这种情况下，研究汉人兄弟关系的基本特点，兄弟关系在中国传统伦理文化中的地位，及其对更为宏大的社会关系的影响等，是理解中国传统社会时不能忽视的重要角度。

在传统汉人社会，人们的基本血缘组织是以男性为中心和脉络发展起来的。其中，在简单的核心家庭范围内，纵向的男性关系为父子关系，横向的男性关系为兄弟关系。调节上述两种关系的伦理分别为“孝”和“悌”，在中国悠久历史中，占主导地位的儒家伦理即是以“孝悌”为基础发展而来的。同时，传统中国又是以伦理为本位的社会，由家庭内发展出的伦理常常渗透和扩展到更为广阔的社会关系中，儒家伦理其实就是家庭伦理和政治伦理的统一体。对此，古代君王也认为，“齐家治国，其理无二”（《明太祖实录》卷一百七十五）。针对上述特点，学者们把传统中国的社会关系概括为“家国一体”或“家国同构”，② 这

---

① 格尔茨著，林经纬译：《追寻事实——两个国家、四个十年、一位人类学家》，北京大学出版社 2011 年版，第 31 页。

② 如岳庆平：《家国结构与中国人》，中华书局 1989 年版。

一思路的逻辑即是把家庭和家族关系及其伦理文化推展到更广阔的社会范围内。[①] 对此，钱穆先生也非常干脆地谈道："家族是中国文化一个最主要的柱石，我们几乎可以说，中国文化，全部都从家族观念上筑起，先有家族观念乃有人道观念，先有人道观念乃有其他一切。"[②]

在父子和兄弟关系中，由于父子是传统社会家庭关系的主轴，所以以往的研究较多关注于纵向的父子之维，如家庭关系中关于代际关系的研究，伦理文化中关于"孝"和"忠"(孝的延伸)的研究等。相对而言，既有研究对横向的兄弟关系关注较少。[③] 虽然很多文献从侧面涉及了兄弟关系，但是以兄弟关系为主题的专题研究目前尚付阙如。

本书的田野点在豫皖之交的楼庄。楼庄是我出生和成长的村庄。即使离开家乡读大学后，我每年也大致有两个月的时间在村庄里度过。因此，按照某种标准，本书应是一个"本土民族志"。

对于本土民族志的讨论，一般认为"进得去"不是问题，"出得来"才是难题。[④] 或许，"进得去"和"出得来"对于摇摆或漂泊于城乡间的我而言，都是问题。尤其在当今剧烈变迁的时代，每次我回到村庄，变迁的人事和对村庄的新发现都会让人产生强烈的陌生感。当我在村庄里停留久了，想起城市里的生活，有时却又觉得那似乎是一个不真实的梦

---

① 对于"家国一体"和"家国同构"理论，学界有不同的声音，比如秦晖认为传统中国社会为"儒表法里"，"与前近代西方相比，中华传统帝国的统治秩序具有鲜明的'国家(王朝)主义'而不是'家族主义'特征。如果说中古欧洲是宗族社会(lineage society)的话，古代中国则是个'编户齐民'社会。在历史上，郡县立而宗法'封建'废，'三长'兴而'宗主督护'亡，这类事情与礼教对大家族的褒奖构成了奇特的互补"。参见秦晖：《"大共同体本位"与传统中国社会》，《社会学研究》1999 年第 3—5 期。"编户齐民"为里，还是"伦理教化"为里？这一问题的讨论，类似"社会"概念本位还是"文化"概念本位的问题。在具体研究中，学者们各有偏好。

② 钱穆：《中国文化史导论》，商务印书馆 2007 年版，第 51 页。

③ 比如，若我们在中国期刊网上根据篇名搜索"悌"，则"悌"必与"孝"连用，即只有"孝悌"或"孝"而无单独的"悌"。另外，学者们在论述"孝悌"时往往只对"悌"进行简单的解释，缺少深入的分析，或者仅仅把"悌"当作"孝"的生发转而谈孝，实际上绝大多数情况是毫不理会"悌"，把"孝悌"直接简化为"孝"。

④ 费孝通：《跨文化的"席明纳"》，《读书》1997 年第 10 期。

境。再或许，“进得去”和“出得来”都不是问题。在宁静村庄里找到的真实感，以及由此对城市生活产生的虚幻感可能正是“进得去”的情感反应，而回到村庄时的陌生感可能正是“出得来”的思想表现。又或许，对“进得去”和“出得来”的讨论只是个伪命题。因为这一讨论的前提似乎是把具体文化当作一个有清晰界线的静态实体，笔者更认同“文化”是个动态的、开放的和无边界的过程概念。

另外，即便承认具体文化有个大致的界限，那么具体“文化”的内部也是矛盾、多元和冲突的，何况它还总是处于变迁的过程中。“变迁”在某种程度上也可称为“变异”。在这种情况下，“本土文化”内部的差异和互不理解可能甚于“异文化”之间的某些差异之处。若按上述思路进一步延伸的话，人类学对所谓“异文化”的偏爱，可能只是一种陈旧的学科传统。所谓的“本土文化”和“异文化”并无清晰的标准或界线，所谓的“异”只是相对于每个作为独特的文化杂合体的研究者而言的。在这种情况下，真正需要人类学家用力的地方可能应是反向内求，即由研究者本身出发去寻找“异文化”，由此所谓的“异”便与研究者本身独特个人经历和知识构成等相关了，即因人而异，因研究者而异。如此，则具体文化又处于被瓦解的状态。文化原本就是一锅大杂烩？当然，我们难以否认具体文化中的研究者们共享该文化的基本价值，以及更可能具有相似的个人经历和知识构成等。这似乎是绕了一圈又回到了原点……

只好避开上述左右摇晃的讨论。可达致共识的是，人类学者的作品呈现给读者的是一种“解释的解释”。① 从研究对象的“解释”过渡到人类学者的“解释的解释”，至少需要两种工夫：其一，对研究对象的“观点”的理解；其二，基于学术思想、学术规范的表述。关于前一项，

① 格尔茨著，韩莉译：《文化的解释》，译林出版社 1999 年版，第 11 页。

笔者作为本地人的身份似乎具有较多的便利和优势。至于后一项，则有待读者在阅读——即“解释解释的解释”过程中的评定。

在研究过程中，笔者特别重视运用“文化反观法”和“文化直觉主义”思想。[①] 汉人社会历史悠久，田野调查中发现的兄弟关系实践，有其深远而丰厚的历史和文化根源。因此，笔者借鉴庄孔韶教授提出的“文化反观法”，试图从田野材料“反观”汉人社会大传统中的伦理思想，寻找古今关联的历史和文化线索，从而获得更加深入的文化解释。在这一过程中，田野材料与历史传统连接的前提应是对两者的文化识别，也即“如何通晓中国人场合性文化意识的涵义以及如何沟通文化直觉呈现过程中的暗喻连锁”[②]。由此我们还需要具备“文化直觉”的能力。直觉思维也是中国文化的一大特征，它不但体现在先哲的经典中，也存在于普通民众的生活实践中。[③] 因此，我们对中国文化的研究离不开直觉式的理解或体认，这可成为逻辑实证的有益补充甚至是导引。

---

① 庄孔韶：《银翅——中国的地方社会与文化变迁》，生活·读书·新知三联书店 2000 年版，第 479—581 页。

② 同上，第 492 页。

③ 同上，第 493 页。

第一章　田野素描

人类学家通常在村庄里做研究。尤其在中国，每个成名的人类学家似乎都有自己得以扎根成长的村庄。人类学家对村庄的偏好，源于悠久的学科传统。当人类学从简单的部落社会扩大到复杂的农民社会时，在众多的人类聚落或社会组织中，村庄在规模和形态上都与部落社会存在着较大的相似性，因此基于部落社会研究形成的学科传统，很容易在村庄单位上得到延续性应用，村庄自然成为中国人类学研究中重要的“分析架构”和“操作性工具”[①]。从实际的学术实践来看，人类学家虽然在村庄里调研，但是他们研究主题和研究线索都是超越村庄的，对田野的描述也是情境性的或发散性的。

因此在本研究中，笔者对田野的描绘将以村庄为基点，根据研究思路扩展到地方的相关地理和文化情境。同时，在村庄里收集材料的目的是获得对地方社会、文化逻辑的理解，而村庄是溶解在更大的地方情境中的。所以在分析过程中，笔者对材料的使用也不限于扎根的村庄，而是立足村庄，往外眺望，放任视野所及。如庄孔韶在论及人类学者的调查自村庄往外扩展时说，“如同登高一样，若能逐层跃升至镇、县，甚至地区和省的级别内外观察，我们既可以为历史学家弥补基层乡村活生生的人物素材与事件过程，也为人类学的基层社会模式添加丢失的或易

① 杜靖:《作为概念的村庄与村庄的概念——汉人村庄研究述评》,《民族研究》2011 年第 2 期。

遗漏的成分”①。

村内村外所见，鲜活多彩，文本的呈现百不及一，可称之为田野素描。

村庄概况

本书的田野点在豫皖之交的楼庄。楼庄今隶属于河南省沈丘县。如今的县城西郊在周代为项子国都，而县境的东南部为楚之寝丘邑。秦代时，县境内南属寝县，北属项县。汉代时，沈丘属固始县。隋代开皇三年（583年）始置沈丘县。唐初至五代，沈丘地属颍州。宋朝时属顺昌府汝阴郡。金、元时属颍州。明清时属陈州。民国时沈丘之归属地名称繁多，如开封道、豫东行政区、淮阳区，等等。今属河南省周口地区。

沈丘县位于今河南省东部边沿，行政归属变更频繁。而楼庄又处

图一　楼庄卫星图

① 庄孔韶：《银翅——中国的地方社会与文化变迁》，第40页。

于沈丘县与安徽省的交界处，楼庄行政归属之变化更为繁杂。比如明清时沈丘属陈州，但是当时楼庄属于颍州之太和县。民国时太和县归安徽，楼庄尚属太和县之界沟集。1949 年后随着省界的重新界定，楼庄又被划入河南省沈丘县。可以说，楼庄及其周边地区自古以来处于县、府和省的交界处，独特的地理位置深深影响着本地的社会文化环境。

楼庄北面靠着漯阜铁路和南洛高速，南面紧邻漯阜公路，西面有一条乡镇公路穿过，东面有一条大沟，所以从地图上看，楼庄被水道和道路形成的菱形所包围。若细辨楼庄卫星图，楼庄民房分布的主体部分大体呈矩形，这是该区域村庄的常见形态。这一形态其实是历史上著名的“圩寨”遗痕。19 世纪中叶，太平天国运动和捻军运动兴起，社会震荡，安徽、河南、山东、江苏等地农村纷纷修建圩寨，或御匪患，或抗官军，以求自保。圩寨，作为一种防御设施，一般以村庄或集市为中心，四周筑以寨垣，挖以壕沟。① 原先楼庄的四周都有水渠或大坑环绕。笔者童年时，傍晚赶鸭子回家，贪玩的鸭子常常会从村这头游到村那头。环绕村庄的大坑里岸密布铁丝网般的荆棘树，以防止外人偷渡。村子西头的水井旁边，即两个大水坑的阻断之处，是旧时村寨的西大门。现在随着人口的增加，楼庄的居住范围已经大大往外扩展了，原初为保护村庄而挖成的防卫性沟渠或者被填埋，或者被阻断成方块状的池塘，但原先的形态尚能依稀辨识。若在附近检索卫星图像，典型如城池般的圩寨形态的村庄随处可见。

楼庄南面和东面各有一条小河，东面的小河相对较宽，叫常胜沟，

① 有关圩寨的资料，可参考如下几篇论文：马昌华：《捻军起义与淮北圩寨》，载《捻军调查与研究》，安徽人民出版社 1992 年版，第 98—140 页；马俊亚：《近代淮北地主的势力与影响——以徐淮海圩寨为中心的考察》，《历史研究》2010 年第 1 期；顾建娣：《咸同年间河南的圩寨》，《近代史研究》2004 年第 1 期；牛贯杰：《十九世纪中期皖北的圩寨》，《清史研究》2001 年第 4 期。

往南注入颍河。① 常胜沟的东面，本来也是楼庄的农田，后来归入安徽，所以常胜沟的楼庄段基本成了豫皖两省的分界线。从楼庄往南不到一千米，便是颍河。而从楼庄往东行三四千米，即可进入安徽省界首市市区。由于离界首较近，楼庄民国期间归界首管辖（界首时称界沟集，属安徽太和县），虽然目前和界首已经跨省，但楼庄人赶集和做生意等还多是去界首，属于界首的市场圈。

按照老人们的传说，楼庄人的祖先是明代时的山西移民。与华北很多田野点中的介绍相同，人们追溯自己的老家时论及山西洪洞县的老槐树。传说最初来到本地的是三位兄弟，三位兄弟的后代形成了三个村庄。老大的村庄叫大楼庄，位于楼庄的西北方向，距楼庄约 1.3 千米，现属于安徽界首市。老三的村庄叫小楼庄，位于大楼庄的西北方向，距大楼庄约 3 千米，属河南省刘湾镇。老二的村庄便是楼庄。若干年前，三个村庄的人联系很密切，他们之间共续家谱，商定代表辈分的资料等。逢到过年时，三个村庄的人还相互拜年，以交流感情。这类礼节上的交往背后，应该会有患难相助等功能上的合作。但是现在这三个村庄基本上没什么联系了，且由于同姓的缘故，联姻也会有一定的回避。只是三个村庄的人在外面遇到闲叙时，可能还会互表辈分，由之感到几分亲切。

在方圆数千米内，楼庄是一个较大的村庄。按照一位老村干的说法，楼庄土改时人口是 600 多人，这在当时已经算是很大的村了。目前楼庄人口已近 2000 人，与周围的村庄相比，楼庄也是较大的村庄。除了人口多，楼庄在历史上一直是单姓，只是在最近几十年内有两家入赘和投靠的，增加了几户外姓。从宗族支系的角度去划分，一种说法是楼庄可分

---

① 颍河，古称颍水，因其主要支流为沙河，又被称为沙河或沙颍河。颍河为淮河最大支流，发源于中岳嵩山，经周口市、安徽省阜阳市，在寿县正阳关（颍上县沫河口）注入淮河，全长约 620 公里，流域面积近 4 万平方公里。颍河中游是淮河流域暴雨中心之一，过去每当夏秋洪水季节，常漫决成灾，故有“决了母猪圈（漯河东面），淹掉颍州十八县”之说；颍河还屡遭黄河决溢泛滥之害，历史上洪涝灾害非常严重。参见常松木：《颍河——大禹治水第一河》，《河南水利与南水北调》2012 年第 19 期。

作十三“门头”[①]，即村子西头两门头，村子中间五门头，村子东面六门头。其实这只是一种说法，村内有多少“门头”，人们说法不一致。因为在绵延的宗族系谱上，支系的划分具有情境性[②]，基于不同的代际会有不同的划分标准，且楼庄族谱遗失，不易详加追溯。另外，大的门头之间有一些人数较少的散户，其中包括几户外姓。楼庄在集体化时期成立了六个生产队，由于生产队往往是由较前一些的互助组、初级社和高级社等发展而来的，在这些互助组织中，同一门的人较多，所以各个生产队内同一门头或相近门头的人相对较多。

图二　楼庄路景

地理自然

楼庄位于黄淮平原中部。黄淮平原地势平坦，地表形态变化不明

① 本地方言，类似于宗族之房支，具体含义后文专门有叙。

② 陈其南:《房与传统中国家族制度》,《汉学研究》1985年第3卷第1期。

显。海拔一般在35—90米，总的地势由西北略向东南倾斜，平均坡度约1/3000—1/6000。[①]该地域属于历史上有名的黄泛区，宋代以来黄河多次泛滥或改道，本区域常常首当其冲。据《沈丘县志》记载：

> 北宋太平兴国二年（977年），河决荥泽，泛入沙河到县境。元，至元二十七年（1290年）后，黄泛危害境内尤重。是年四月，黄河在祥符（开封）决口，十一月再决祥符唐义湾，泛水主流顺沙水古道南流，陈、颍二州大被其害。历明、清、民国，黄河每次决口南泛，沈丘均遭其害。据河南省水文总站"历年大水大旱年表"的资料与淮、项、沈三县文献的查证统计，从明洪武元年（1368年）至民国三十七年（1948年），黄河南泛约为83次左右。其中明代为47次左右，清代为35次左右。[②]

1938年蒋介石在花园口炸开黄河后，冲堤而出的黄水分成两股肆虐，西股作为主流沿贾鲁河直向南流，迭经陈留、通许、郡陵、扶沟、西华、商水、淮阳、周口、项城、沈丘、界首、太和、阜阳、颍上、霍邱，归入淮河。东股沿惠济河流向杞县，迭经睢县、柘城、太康、鹿邑、郸城、亳州、涡阳、蒙城、利辛、怀远，也归入淮河。上述这些县市，也正是历代黄河南泛经常祸及的地理区域，有必要详细罗列。频繁的黄河泛滥，大大改变了区域生态面貌，致使原有水系变化很大，河道淤塞严重。因处黄泛故区，本地的土层多为黄河泛滥漫流冲积、堆积发育而成，黄河带来的泥沙不易含蓄水分，一遇阴雨就容易汇成水灾，稍长时间不下雨，又容易形成旱灾。

同时，本地属亚热带与暖温带的过渡地带，气候过渡性明显，总体上

---

① 张光业：《黄淮平原地貌图的编制》，《河南师大学报》1983年第8期。

② 沈丘县志编纂委员会编：《沈丘县志》，河南人民出版社1987年版，第117页。

属于季风性气候，季风影响强烈，天气变化剧烈。这种气候使本地的降水呈现两大特点：一是年内降水时空分布不均。一年之中干旱的天气多，降水的日子少。二是降雨主要集中在汛期，尤其是七八月间是最易出现大暴雨的时期，习惯上称“七上八下”。在此可以参考沈丘县 1957 年至 1982 年历年各月各旬降水量的统计资料：夏季（6 至 8 月），降水量的历年平均值为 388.4 毫米，占全年降水量 50%。冬季（12 至次年 2 月），历年平均值为 52.3 毫米，占全年降水量的 7%。春季（3 至 5 月）平均降水量为 174.8 毫米，占年降水量的 22%。秋季（9 至 11 月），降水量与春季接近，平均值 166.2 毫米，占年降水量的 21%。月降水量以 7 月份最多，平均值为 177.1 毫米；8 月份次之，平均值为 114.0 毫米。12 月份最少，平均值为 13.7 毫米。[①] 历年各月降水变化如下图：

沈丘县历年各月旬降水量曲线图（1957—1982 年）

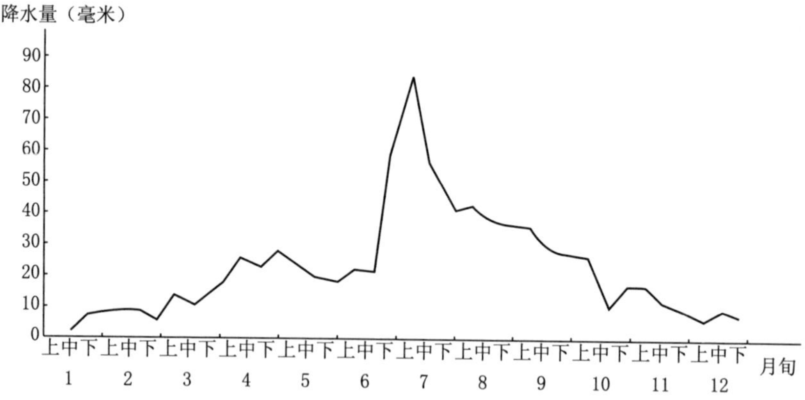

不仅年内降水时空分布不均，同时年变率也很大。按 1957—1982 年的统计资料，境内槐店镇 1966 年年降水量为 432.3 毫米，1972 年为 1157.9 毫米；老城 1954 年年降水量为 1640.7 毫米，1966 年为 417.0 毫

① 沈丘县志编纂委员会编：《沈丘县志》，第 93 页。

米。[①]沈丘县1957—1982年年降水量变化如下图：

沈丘县历年降水量变化曲线图（1957—1982年）[②]

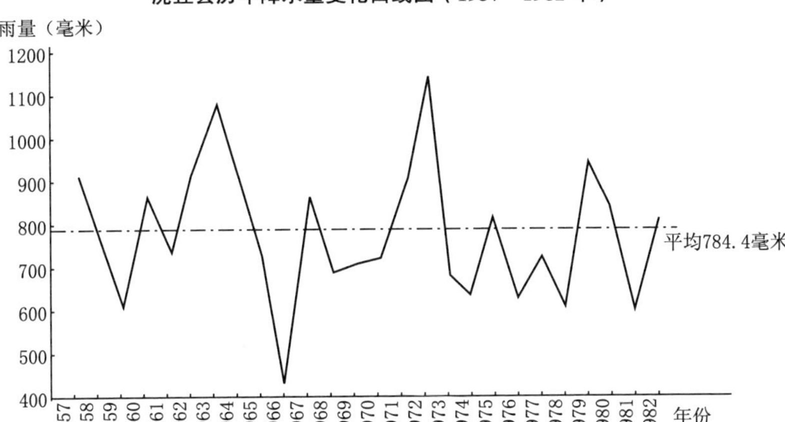

平坦的地形、独特的土壤及降水量时空分布不均的季风性气候，促使该区域常常发生"大雨大灾，小雨小灾，无雨旱灾"的情况。

据《沈丘县志》1957—1982年的资料统计，旱的年份22个，出现不同类型的干旱37次，几乎年年有旱象：一年中出现三次以上的干旱年份有1960年、1966年、1969年和1976年。在26年中，春旱九次，平均三年一遇；较重的春旱六次，轻型的三次。而在稍早的民国时代，震惊世界的1942年中原大旱，只是本地频繁发生的旱灾情况之一。县志记载，1942年"夏旱四十余天，小麦收获无几，秋禾绝收，全县逃荒要饭者众多，饿死万余人，卖儿卖女者两千二百多人"[③]。

涝灾以内涝为主（不包括外来水侵入引起的洪涝）。在1957—1982年的26年中，有19个雨涝年，共发生不同类型的雨涝22次，平均1—2

① 沈丘县志编纂委员会编：《沈丘县志》，第90页。
② 同上，第92页。
③ 同上，第26页。

沈丘县1957—1982年历年旱涝灾害统计表

项目＼年份	一九五七	一九五八	一九五九	一九六〇	一九六一	一九六二	一九六三	一九六四	一九六五	一九六六	一九六七	一九六八	一九六九	一九七〇	一九七一	一九七二	一九七三	一九七四	一九七五	一九七六	一九七七	一九七八	一九七九	一九八〇	一九八一	一九八二	合计
春旱				√		√				√						√				√		√		√	√	√	9
初夏旱				√					√	√		√	√							√	√	√			√		9
伏旱			√							√	√		√			√		√			√						7
秋旱	√			√			√			√		√	√	√			√	√	√	√			√				12
春涝					√			√					√						√		√			√			6
初夏涝																											0
夏涝	√					√	√		√		√		√		√	√						√	√			√	11
秋涝													√					√		√			√	√			5

年发生一次。1969 年和 1979 年，为一年中出现两次以上的年份。[①] 涝灾多发生在夏季，常常因为一次大雨造成灾害，如 1972 年 6 月 19 日到 7 月 4 日，降水量高达 582.8 毫米，占当年降水量的 50%，灾情遍及全县。也有阴雨连绵成灾的，如 1982 年 7、8 两月几乎无晴天，秋作物减产四至五成。[②] 在楼庄人的印象中，过去似乎每年夏季“三天两头发水”，河沟和水坑漫涨，庄稼被淹，道路可捉鱼的情景并不新鲜。[③]

再来看较远的历史资料：明弘治以来，荒年中因水旱成灾的达 150 年次以上，其中严重水灾计 96 次，特大旱灾计 54 次，尤其灾荒年多出现在特大干旱年。[④] 在灌溉和防涝技术发达的今天，非特大旱涝的情况下本地农业基本上可以做到旱涝保收，但是在靠天吃饭、农作物产量低的传统社会里，这种灾害频仍的气候时时威胁人们的生存。

经济状况

一、传统农业社会

一般认为，近代华北是“自耕农的汪洋大海”[⑤]，虽然不同省份或地区之间会有较大的差异。根据临近区域的一些县志资料，我们可以大体了解土地改革之前这些区域的土地占有情况。

1949 年，沈丘县 6 个区（总计 9 个区）的统计资料显示：占总人口 52.9% 的贫雇农，占有 30.3% 的耕地，人均 1.1 亩；占总人口 31% 的

①④ 沈丘县志编纂委员会编：《沈丘县志》，第 99 页。

② 同上，第 101 页。

③ 从较长时段看，气候应有周期性。据笔者所见，2000 年以前，村内沟渠及池塘常满，2000 年后却几乎常年见底。

⑤ 不少学者在其著作中持此观点，如马若孟：《中国农民经济》，江苏人民出版社 1999 年版；黄宗智：《华北的小农经济与社会变迁》，中华书局 1986 年版；秦晖：《田园诗与梦想曲》，语文出版社 2010 年版；张研：《19 世纪中期中国家庭的社会经济透视》，中国人民大学出版社 2003 年版。

中农占有37%的耕地，人均2.56亩；占总人口4.5%的富农占有8.8%的耕地，人均4.12亩；占总人口5.3%的地主占有23.9%的耕地，人均9.72亩。具体情况参见下表。整体言之，沈丘县1949年耕地总量为132.98万亩，人口515815人，人均耕地2.58亩。①

1949年沈丘县农村土地占有情况调查表（二、三、四、五、六、七区）②

项目 成分	户　数	人　口	占总人口（%）	耕地（亩）	占总耕地（%）	人均耕地
贫雇农	48734	226199	59.2	248126	30.3	1.1
中　农	25605	118275	31.0	303236	37.0	2.56
富　农	2458	17472	4.5	72039	8.8	4.12
地　主	3521	20181	5.3	196115	23.9	9.72
合　计	80318	382127	100	819516	100	2.14

与沈丘县东南部交界的安徽临泉县，土改前的土地占有情况详见下表。相较于沈丘县的统计资料，该表把雇农单独列出。可以发现，雇农比例很低，只占总人口的3.93%。若把贫雇农放置到一起，大体上和沈丘县的情况差不多。总体上计算，临泉县农民人均占有耕地2.72亩，也和沈丘县差别不大。

临泉县土改前农村土地占有情况表③

成　分	户　数	人　口	占总人口（%）	土地（亩）	占总耕地（%）	人均（亩）
雇　农	9969	37113	3.93	31252	1.19	0.84
贫　农	96821	472158	49.97	740068	28.17	1.57
中　农	63660	308100	32.61	986098	37.54	3.20
富　农	6190	41295	4.36	193038	7.35	4.67
地　主	11276	72373	7.66	582099	22.16	8.04
合　计	187916	931039	100	2532555	100	2.72

---

① 沈丘县志编纂委员会编：《沈丘县志》，第132页。
② 根据上书，第125页。
③ 根据太和县地方志编纂委员会编：《太和县志》，黄山书社1993年版，第64页。

与沈丘县东部交界的安徽太和县，地主占有土地510875亩，人均9.1亩；富农占有土地106523亩，人均7.6亩；中农占有土地1015643亩，人均2.6亩；贫农占有土地1101059亩，人均2.1亩；整体言之，太和县农民人均占有土地3.24亩，与前面两个县差别也不大。详见下表：

太和县土改前农村土地占有情况表①

成　分	户　数	人　口	占总人口（%）	土地（亩）	占总耕地（%）	人均（亩）
贫　农	118112	516235	61.2	1101059	40.3	2.1
中　农	60009	249928	29.6	1015643	37.1	2.6
富　农	3848	21168	2.5	106523	3.9	7.6
地　主	9474	56167	6.7	510875	18.7	9.1
合　计	191443	843498	100	2734100	100	3.24

从太和县再往东的安徽蒙城县，土改前全县地主7164户，占总农户5.3%，有地51万余亩，户均71亩；富农4370户，占总农户3.4%，有地23.1万亩，户均53亩；中农49250户，占总农户38%，有地140万余亩，户均28亩；贫农66988户，占总农户51%，有地85.2万亩，户均12.7亩；雇农2959户，占总农户2.3%，有地1.3万亩，户均4.3亩。②我们若把每户按五口之家来算，则蒙城县各阶层人均土地占有量也和前述几个县的情况接近。

上述资料并没有列出纯粹的佃农数量和比例，不过从“贫雇农”或“雇农”人均占有1亩左右土地的数据来看，土改前本地无土地的纯粹佃农极少。在附近区域做研究的美国学者裴宜理（Elizabeth J. Perry），也在这一问题上搜集了一些资料：

① 根据临泉县地方志编纂委员会编：《临泉县志》，黄山书社1994年版，第84页。
② 蒙城县地方志编纂委员会编：《蒙城县志》，黄山书社1994年版，第74页。

> 根据一份1935年的政府调查发现，在河南省的永成县，只有6%—7%的农民是佃农。巴克在对更为广大的冬小麦—高粱产区进行调查后得出结论：尽管有19%的农民在耕种自己小块田地的同时兼做佃农，但仅有1%的农民是纯粹的佃农。在淮北三县——阜阳、凤阳和宿县，巴克发现没有纯粹的佃农。①

在参考了一些调查资料后，她认为该地区绝大多数家庭都是自有土地耕种者。②这一结论大体上是可信的。对于本地自耕农比重大的情况，近代以来的社会变迁自然会产生重大影响③，但本地区的生态条件及人口状况，可能是影响本地地权分配的持续性或根本性原因④。

① 参见裴宜理著，池子华、刘平译：《华北的叛乱者与革命者 1845—1945》，商务印书馆2007年版，第37页。

② 由于微观生态环境的差异性，某些具体区域或村庄由于土壤状况和灌溉条件等较好，也常有土地高度集中的情况。如《沈丘县志》记载，1947年，槐店镇张湾地主王顺甫一家六口人，占有土地2000亩，分布16个村庄。老城区范营村地主范子龙有良田1100亩，分布13个村。赵德营区盆尧村地主李春雨有土地1500亩。老城区路营村200口人，共有土地1570亩，其中地主四户29口人，就占有土地1500亩，占全村总耕地的95.5%，农民171口人，只有土地70亩，占总耕地的4.5%。参见沈丘县志编纂委员会：《沈丘县志》，第125页。

③ 近代以来，受各种因素的影响，华北的地权可能存在一个发展变化的趋势。如有学者认为，晚清以来受"长期战乱"，"灾荒频仍"，"赋役苛重"和"资本主义新潮"等因素的影响，地权可能呈现出由集中转向分散的趋势。参见王天奖：《晚清时期河南地权分配蠡测》，《史学月刊》1993年第6期；《近代河南枪会滋盛的社会历史原因》，《中州学刊》1997年第6期；《民国时期河南的地权分配》，《中州学刊》1993年第5期。但也有学者认为，上述的灾荒等因素反而是土地趋向集中的原因，如"饥年田必贱。民以田易命，安问贵贱，而有力殷富，往往以此大富"（李文治编：《中国近代农业史资料》第一辑，生活·读书·新知三联书店1957年版，第49页）；"水灾一过，富绅之田产，必以大增，而自耕之小农，咸一变而为佃农"（冯和法：《今年的灾荒》，生活书店1933年版，第75页）；"土匪因为大地主有坚固的圩子、雄厚的武装，没有办法对付，往往同地主勾结，而反过来向些自耕农出火，土匪所至自耕农没有不破产的"（中共萧县党史办公室、萧县档案局［馆］编：《萧县党史资料》第一辑，1985年，第44页）。参见马俊亚：《近代淮北地主的势力与影响——以徐淮海圩寨为中心的考察》，《历史研究》2010年第1期。不足的是，由于相关统计资料的缺乏，前文只能列举土改前的统计材料。

④ 如有学者将华北几个典型村进行分类对比后发现，愈是生态条件差、人口压力严重的村庄，愈容易出现无佃或少佃的现象。参见王建革：《华北农村的生态关系与阶级》，载复旦大学历史学系、复旦大学中外现代化进程研究中心编：《近代中国的乡村社会》，上海古籍出版社2005年版，第118—138页。这种持续的生态环境和人口状况，可能会增强土改时土地资料的适用性。

在传统社会，“维持农民最低限度生活所需亩数”应是多少呢？影响到这一标准的因素很多，如气候状况、土壤状况、人口结构、劳动强度、农业生产率和单位面积产量，等等，很不易计算。但是有学者曾努力对此做了一些估算：如《中国经济评论》资料室与美国学者泰罗（T. E. Tylar）都认为，五口之家需要耕地25亩，每人平均2.5亩①；陈翰笙估计，五口之家需地20—30亩，组中值25亩，每人合4—6亩，组中值5亩②；英国学者白克尔（Baker）估计得似乎更为精确，五口之家需地24.2亩，每人合2.8亩③。基于这些材料，李金铮认为“以五口之家需地25亩、人均5亩作为维持华北地区农民最低限度生活所需地亩数的标准，比较科学”④。从上述资料来看，该区域几个县人均耕地占有量在3亩左右，其中沈丘县人均占有量只有2.58亩，可见本地农民生存压力不小。

本地农业一年两季，农作物传统上以小麦、大豆、高粱、红薯和谷子为主，虽然当时精耕细作，但亩产量却很低。1949年之前，沈丘县粮食平均亩产还停滞在200斤以下。⑤由于红薯的产量相对较高⑥，所以本地农民有“红芋茶，红芋馍，离了红芋不能活”和“一年红芋半年粮”的说法，可见人们生活之艰难。⑦

① 《中国经济评论》资料室：《我国北方各省经济调查》，《中国经济评论》1941年第3卷第2期；张则尧：《中国农业经济问题》，商务印书馆1946年版，第22页。

② 汪熙等编：《陈翰笙文集》，复旦大学出版社1985年版，第150页。

③ 李树青：《中国农民的贫穷程度》，《东方杂志》1935年第32卷第19期。

④ 李金铮：《近代中国乡村社会经济探微》，人民出版社2004年版，第135页。

⑤ 根据1946年的资料，本地主要粮食作物中，小麦亩产68.47斤，大麦亩产120斤，豌豆亩产119.6斤，扁豆亩产100斤。参见沈丘县志编纂委员会编：《沈丘县志》，第133页。

⑥ 1950年时，每亩红薯产出的红薯晒成干红薯片约200斤。参见同上，第139页。

⑦ 《利辛县志》详细记载了本地农民1949年以前的饮食情况：“除农忙季节，一天吃两餐饭，冬春靠吃干红芋叶、胡萝卜、棉籽、豆饼、榆树皮、榆钱子、洋槐花、葛花、富儿苗、马齿苋、狗尾巴菜等野菜充饥。麦收前青黄不接时，半数农民靠吃‘碾串’（把未完全成熟的小麦连壳揉下用石磨拉成条状）；早秋，半数农民靠吃‘面鱼’（又叫‘娃娃鱼’，把未成熟的高粱米揉下磨成糊状，隔软箅子沥入开水中，形似蝌蚪状）。”参见利辛县地方志编纂委员会编：《利辛县志》，黄山书社1995年版，第74页。

为了弥补粮食产量的不足，应对艰难的生存处境，人们会采用各种生存策略。[①]种植经济作物，发展手工业和商业等，是本地农民通常的经济行为。有学者认为，农业以外，本地区的商业水平较低，因为不稳定的自然和社会环境给市场生产带来很大的风险。[②]相对某些区域和时代而言，本地的商业发展程度当然是不高的。有资料说："抗日战争前，隶属太和县的界首镇，原是一个豫皖交界处的边境集镇，商户不足百家，人口不满五千，仅在秋冬两季，麦、豆、棉布贸易兴盛一时。平日，日中为市，四乡村民交换些农副产品，很少有什么富商大贾来此做些大宗买卖。"[③]然而，这种较低的商业状况，对于本地农民的生活却是非常重要的。楼庄老一辈人中很多擅长木工技术，他们在农忙之余就会做些农具和家具，拿到集市上出售，直到20世纪八九十年代还是如此。其中，楼庄制作的用来播种小麦的工艺复杂的耧车非常有名，甚至常有人从很远的地方赶来购买或定做。

---

① 裴宜理在《华北的叛乱者与革命者 1845—1945》中列举了本地农民的各类生存策略。其中，"通常性治家策略"，包括溺婴、组建互助组织和季节性流动等。淮北一些地区的农民在农闲时有外出流动进行乞讨或卖艺的传统，离开家乡，外出流动，既能节省口粮，还能获得一些口粮回去。《皇清奏议》记载："凤（阳）、颍（州）民风乐于转徙，在丰稔之年，秋收事毕，二麦已种，即挈眷外出，至春熟方归；歉岁尤不能无。"参见池子华：《流民的文化现象——以清代淮北地区为例》，《苏州大学学报》2003 年第 1 期。这一传统形成的文化在今天还产生着影响。本区域流行的"民间小调"（也即一种农民影视，民间艺人把本地流行的民歌曲调融入故事情节，拍摄成有关农村生活的电影，在本地农村非常流行）被民间艺人称作"以前外出卖艺时唱的"。本地临泉县被誉为"中国民间艺术（杂技）之乡"，"临泉县有杂技团队 900 多个，从业人员 2 万人左右，遍布全县各个角落，30 多个乡镇都有杂技团，涌现了庞营乡耿庄、王闫庄等十几个专业村。……每年杂技演出创收逾 3 亿元，占据全省民营艺术表演的半壁江山，成为临泉一张亮丽的文化名片，临泉杂技被列入文化部和安徽省重点扶植的区域文化品牌"。参见《安徽日报》2011 年 11 月 18 日。临泉县杂技艺术的发展，其实也是本地人外出杂耍卖艺传统之延续。所谓的"通常性治家策略"之外，还有"侵略性生存策略"，包括走私和盗匪等。参见裴宜理著，池子华、刘平译：《华北的叛乱者与革命者 1845—1945》。

② 参见裴宜理著，池子华、刘平译：《华北的叛乱者与革命者 1845—1945》，第 44 页。

③ 政协界首县文史资料委员会编：《界首史话》第一辑，1986 年，第 11 页。

二、市场经济时代

随着科技的发展和农业投入的增加，目前本地的粮食产量大幅提高。以沈丘县为例，小麦和玉米平均亩产量一般达到800斤以上，是土改前的四倍。1996年时，沈丘县被国家农业部授予“小麦生产先进单位”，成为全国粮食生产百强县，位居第97位。[①] 虽然农业生产水平大大提高，但是农业生产在本地农民收入中的地位却大大降低。具体可以楼庄为例加以说明。

土地改革以来，随着生产关系变革、土地流转、建筑占用以及人口增多等原因，目前楼庄人均耕地不足六分。因生产规模较小，楼庄的农业生产主要是为了满足家庭的口粮需要。个别家庭由于土地太少，甚至不够口粮，还需购买面粉。楼庄农田作物单调，夏收小麦，秋收玉米，偶有小块的大豆、芝麻和棉花，主要供家庭消费。小麦主要供应家庭口粮，但因劳力外出，不少家庭会出卖其中的很大一部分。20世纪八九十年代时，很多家庭养殖鸡、鸭、鹅等家禽和猪、牛、羊等牲畜，但2000年以后家庭养殖极少，以前作为养殖饲料的玉米几乎全部出卖到市场上。即便如此，因耕地数量较少，粮食生产占家庭总收入的比重依然很低。楼庄某户结合自家情况算了笔账。该户五口人，共有2.4亩土地。按照亩产1200斤粮食来计算[②]，一年可收获小麦2880斤，玉米2880斤，按照2010年本地的粮食收购价格，玉米0.68元一斤，小麦1元一斤，一年到头土地的总产值共计4838.4元。除却人工外，小麦每亩投入约320元，玉米每亩投入约190元，总投入约1224

① 沈丘县志编纂委员会编:《沈丘县志（1985～2000）》，中州古籍出版社2007年版，第100页。

② 楼庄近些年粮食亩产较高，小麦和玉米亩产一般在1200斤左右，好的田地亩产能达一千四五百斤。

元。[①] 则该户 2.4 亩田地共计收入 3614 元，尚不及该家男主人两个月的收入。尤其在农业费改税之前，当时粮食产量不及现在水平，再扣去公粮和其他各项费收，很多人抱怨种地不赚钱。

农业收入太少，不少村民放弃了家里的耕地，转交给亲属或邻居耕种，这样更有利于集中精力外出打工或做生意。楼庄的耕地数量本来就较少，固守于有限土地的粮食生产显然难以获得收入的增长。并且，由于农业技术的提高，现在的农民花费在农田里的时间大大减少，农民们有更多的时间去做农业以外的工作。

图三 收割小麦

楼庄的中年人大多在山西做建筑工人，年轻人一般会去南方的工厂里打工。近些年，随着本地经济的发展，越来越多的人在家里做建筑和装

① 其中，小麦每亩地约需化肥 150 元，种子 60 元，机器收割 40 元，机器犁地 40 元，农药 20 元，机器播种 10 元，共计约 320 元；玉米每亩需种子 50 元，化肥 80 元，机器播种 10 元，农药 20 元，机器收获 30 元，共计约 190 元。这是不计自家人工费的计算方法。

修等工作。年轻人初中或高中毕业后一般会外出打工。实际上，绝大多数人初中没有读完就主动或被动地离开学校。打工对于年轻人至少有三个方面的好处：积攒一些钱、学到一些技术以及增加阅历。很多人打工几年拥有一些资金和经验后就开始在外地或老家做生意。楼庄交通便利，南边挨着漯阜公路，东面紧邻界首市，不少人在界首做生意，或者在靠近交通要道的地方开店，如饭馆、建材店、理发店、超市、修理铺和礼仪公司，等等。整体而言，年轻人大多外出打工，中年人多靠一些技术或关系做点小生意，年纪更大的一些人及妇女，则常在村子附近打零工。每天清晨，在村里的主道上和村里通往界首市的公路上，可以看到楼庄人三五人一起骑着自行车或电动车赶往界首干活，如同工人上班。打零工的人做建筑和装修类工作的较多，也有在工厂里做计件工作的。其中，装修类的工作赚钱较多，楼庄人原有的木工手艺也有利于他们转行做装修行业。

在这种情况下，耕地的重要性大大降低了，一些人甚至把土地卖掉，换成做生意的成本。但是，多数楼庄人还是坚持耕种土地。对于很多人，尤其是中老年人来说，种庄稼不仅仅是出于生存或经济的需要，而是作为农民对土地的一种特殊感情，同时也是对自己传统的生产和生活方式的依恋。而且，随着现代农业技术的进步，现在从事农业已经不似从前那样劳累了。虽然他们有时也会觉得很辛苦，但在田地里劳动似乎是他们的一件本职工作，若没有耕地会觉得似乎缺少一些什么。在广阔而厚重的田野里劳动时，也许田地里的祖坟以及单调乏味的动作会让人们的思绪飘荡，让人想起童年的时光，想起很多年前与逝去的长辈们一起劳作的情景。毕竟，在自家的田地里，一家人曾协作劳动，一起聊天，留下了无数美好的回忆。①

---

① 尤记得2002年春节后，天气乍暖还寒，爷爷喊我和他一起去麦田“穿地”（用小铁犁在麦趟间松土兼除草）。我在前面拉犁，爷爷在后面扶着犁把。一边干活，一边听爷爷讲过去的故事。几圈下来，身上冒汗，爷孙坐在田边桥头小憩。一阵风吹来，身上汗水转凉，我不禁打了个喷嚏。爷爷脱下他的棉衣披在孙子身上。我后来在一篇回忆的文字中写道：“憩息忽冷，爷爷把棉衣披在孙子身上。爷爷的气息呛出孙子满眼热泪。”

所谓“民风”

淮北地区，包括豫东、皖北和苏北的广大地区，因战略位置重要，向来是兵家必争之地。生于此地，并且对此地有深入研究的史学家池子华教授认为，“从秦末农民起义开始终于近代，这里一直成为农民战争的重要战场和农民起义军、军阀杂交的温床。长期的战乱，使人民痛苦不堪，耕且‘习战’成为本地人的生活方式，也养成了‘民情好斗’的风气”①。

本地多属于两省、两州县或三省、三州县的交界之处，由此形成“两不管”或“三不管”的局面。传统社会，两不管或三不管地区，国家的力量往往很薄弱②，容易成为各种非法力量的集聚地。清代官员徐宗干谈道：“贼之种种为害，捕贼之种种为难，皆由于州县此疆彼界，不能无分畛域。”③犯法后，人们可以“此拏彼窜，随处窝藏，往往漏网，遂至肆无忌惮”④。即便到最近，两省交界地区的非法活动情况似乎也不少。比如，十多年前人们传说豫皖两省的某一交界处是贩毒、假币、假证及枪支的重要窝点，公安屡查不清，因为某些村庄全体参与，

---

① 池子华：《近代江南淮北社会文化的差异》，《江苏行政学院学报》2006 年第 5 期。

② 关于两不管或三不管地区的情况，本地流传这样一个故事：雉河集东南距蒙城和西北距亳州均不远，正处于两个州县之间，属于“两不管”的地方。其中，雉河集西面的界沟就是两个州县的界线。有一年一具死尸正好倒在界沟普济桥上的中心。亳州的知州前来验尸，他看过尸体后说：“桥的中心正是蒙亳交界，此尸大部分在桥心之东，少部分在桥心之西，当归蒙城审理。”然后打道而去。接着蒙城的知县也来验尸，他说：“此尸大部分诚然在蒙城境内，然头向东脚向西，毫无疑问是在亳境致死倒进蒙境的，当归亳州审理。”也打道回府。参见涡阳县地方志编纂委员会办公室编：《捻军始末》，1983 年，第 5 页。

③ 徐宗干：《斯未信斋文编》，载中国史学会主编：《捻军》(一)，上海人民出版社 1957 年版，第 322 页。

④ 左辅：《念宛斋集》，载聂崇岐编：《捻军资料别集》，上海人民出版社 1958 年版，第 27 页。

公安也奈何不得。我读高中时即遇到过来自当地的一位同学，他说他可以帮人提供假钞和枪支，还拿了一大摞假钞给我们看。很多年轻人小学或初中毕业外出打工，为了更加方便地找到工作，他们就会前往该地花几十块钱办一个假的高中毕业证。

在传统社会，由于国家力量的薄弱，本地更容易产生超越法纪的各类豪强。史家论述清代的情况说："官吏差役豪绅地主无法无天，为所欲为，杀人越货、仗势凌人等等不法之事，层出不穷。"① 后来的一些调查材料也说："当时雉河集（今之安徽涡阳）随便杀人，打死人不偿命，谁有钱，谁有理。"另外，"打死人只要跨过一条沟，从这县到那县，便没事了"②。在这种缺少外在约束的环境下，弱者往往受到欺凌。再加上灾害频仍，农业生产易遭破坏，贫穷的人们如站在齐颈的水中，随时可能遭受灭顶之灾，只有自强方能生存。历史上的频繁战乱，统治力量薄弱的情况以及恶劣的生存环境等，共同造就了本地偏于"强悍"的民风。

所以，古代文人谈及本地民风时，多称之为强悍。③ 清代的王定安说："自古异人豪杰，多产淮甸，而奸雄草窃，跨方州拒朝命者，亦往往出淮、蔡之间，其地势使之然耶！"④ 同时的黄恩彤也说："自古天下有变，神奸大滑多出其间。"⑤ 如，史上著名的乱世枭雄陈胜、刘邦、曹操、刘福通、朱元璋等都出自临近。曾在本地为官的清代官员陶澍

---

① 郭豫明：《捻军史》，上海人民出版社 2001 年版，第 21 页。

② 安徽科学分院哲学社会科学研究所历史研究室近代史组编：《关于捻军的几个问题》，安徽人民出版社 1960 年版，第 32 页。

③ 或许，在文人的眼中，各地无有不强悍的民风。笔者查阅各地方志时，几乎无不有民风"强悍"的说辞。在传统时代，因自然经济的脆弱性，各地难免会有灾荒的情况出现，地方人们为求生存不得不铤而走险，甚至啸聚成伙，对抗官府。撰写地方志的官员或文人反思民风时自然会写上"强悍"之辞。

④ 王定安：《湘军记》卷七《绥辑淮甸篇》。

⑤ 黄恩彤：《捻匪刍议》，载中国史学会主编：《捻军》(一)，第 408 页。

说："皖省凤、颍、泗州等属，界连徐、豫，民情好斗，动辄伤人。"① 曾任颍州知府的左辅针对本地风气说："尚勇争而弗知礼让。下至无赖之子，带刀而不买犊，聚博而不服田，什百为群，披猖肆暴，遂至身遭刑戮，莫保妻孥，乃尚接踵效尤，恬不知悔。"② 在本地当过知县的清朝官员查揆说："安徽省界江淮间，其俗之悍戾狠斗，凤阳、颍州、泗州为尤甚；……不得已，严刑峻法以求震慑其心性，每年秋谳入情实者，骈首蒙诛以百十案计。而渠枭大恶，酒酣歌呼以就刑所，市人啧啧叹为豪悍者屡矣。"③ 御史章炜说本地："民风强悍，遇事忿争，往往号召多人，持械格斗。"④ 魏源也认为本地"民惰而好斗，习于抢劫，百千为群，各有首领，日有伤害，故该地素称难治"⑤。袁甲三认为本地人"总以能聚众为强，不怕死为荣，每遇行刑，谈笑歌舞，既不畏朝廷之法，并不恋骨肉之情"⑥。上述所引多是清代官员的论述，当时该地区正处于捻党或捻军起义的状态，这些官员或文人作为统治阶层的代表，尤其还多是与捻军作战的将领，可以想见他们在论断中可能较为主观，或者含有污蔑的情况。对比而言，民国时代的人对本地人的概括显得更为中肯，如蓝渭滨认为"其性格则悍直不狡，慷慨激昂，刘邦之'大丈夫当如是耶'，与项羽之'可取而代之'之气概，尤不减于当年。因此刚强过甚，每流于粗鲁，随之而至者，饮酒赌博，如灌婴屠狗辈之生活，不免尚有遗风"⑦。汤来若在《抗战前后的界首》一

① 陶澍：《陶文毅公全集》，载聂崇岐编：《捻军资料别集》，上海人民出版社 1958 年版，第 18 页。

② 左辅：《念宛斋集》，载聂崇岐编：《捻军资料别集》，第 23 页。

③ 查揆：《筼谷诗文钞》，载聂崇岐编：《捻军资料别集》，第 30 页。

④ 《清实录》(第三六册)，《宣宗成皇帝实录》(四)卷二五〇，中华书局 1986 年版，第 772 页。

⑤ 魏源：《魏源集》第一卷，第 358 页。转引自裴宜理著，池子华、刘平译：《华北的叛乱者与革命者 1845—1945》，第 58 页。

⑥ 袁甲三：《袁端敏公集·奏议》。转引自池子华：《近代江南淮北社会文化的差异》，《江苏行政学院学报》2006 年第 5 期。

⑦ 蓝渭滨：《江苏徐海之农业与农民生活》，载《农民阵线》，农村经济月刊社 1934 年版，第 99 页。

文中也说："界首，地处豫皖交界，民风强悍，爱劳动，爱朴素，惟文化落后。由于回、汉杂处，晚清末季，械斗之风甚炽，直到民国，渐趋平静，但仍为流氓盗贼集散隐藏之地。"①1987年新修的《沈丘县志》也说，本地处于"中原文化与楚文化的交界处，礼仪而强悍"②。

根据笔者在本地多年的生活经验，本地人确有尚武好勇、强悍好斗、喜欢结聚成伙的风气。比如在20世纪七八十年代时，很多村里设有"武场子"，武师通过教村中年轻人习武而收取粮食。当时，农村的劳动力还没有大量往城市转移，农闲时无事可干，年轻人普遍习武。访谈时人们对我说："现在村子里四十岁以上的人基本上都会几招。"当时，村与村之间的武场偶尔会在一起切磋对打。今天本地的武术学校很多，应是以前尚武氛围的遗风。

这种尚武的风气影响到小孩子，比如大人们常常喜欢让小孩子在一起摔跤或打斗，他们在一旁观看为乐；邻居之间的小伙伴们常常组合到一起，和村子别处的小孩打仗；我读小学时大家喜欢玩分组打架的游戏；等等。小伙伴们出去玩，在外面看到陌生的小孩不顺眼，就可能无缘无故地突然冲上去把人打一顿。所以，从前村与村之间的小孩常在一起打架。笔者小学时看过本村的小孩和对面村庄的小孩打架，两个村庄的孩子遥遥相对，互相用飞石和弹弓对打，连续几天，很多人受伤，大人也不管。

当地人还喜欢拜把子，尤其是年轻人，喜欢拉帮结派。我读初中时，学校里就有很多帮派，如同学们组建的所谓"斧头帮""飞碟帮""黑虎帮"等名称我还记得很清楚。不同的帮派之间可能会发生冲突，所以很多人上学时随身带着木棍、手扣或砍刀等。记得初二时有次

---

① 汤来若：《抗战前后的界首》，载中国人民政治协商会议安徽省委员会文史资料研究委员会编：《安徽文史资料》第十七辑，安徽人民出版社1983年版，第178页。

② 沈丘县志编纂委员会编：《沈丘县志》，第71页。

校长和班主任来教室里搜刀，一会儿的工夫没收了约二十把砍刀。当天晚上，校长的办公室被撬，没收的砍刀全部被人拿回。我曾目睹一位同学拿着双管猎枪在学校里鸣放，并且拎着枪从校长面前走过，校长抽着烟装没看见。小孩子的帮派之间自然会对抗，但是由于地方靠近，彼此之间都会有联系，所以有时帮派之间会联合起来。一位参与其中的小伙伴告诉我，他们在一块聚会喝酒时，人多的时候达到一百多人。笔者没有参与，但是长时间耳濡目染，对此类事情所知甚多。

在成人世界，事情显然复杂得多。20 世纪 80 年代，本地有几位年轻人结拜为兄弟，一起打架斗殴，成为本地有名的帮派组织，人见人怕，甚至派出所的民警有时也要看他们的脸色行事。后来公安用反间计，说服了其中的一个人，把整个帮派抓获了。为首的主犯被判了死刑，死刑就在楼庄南面的一片空地上执行，附近村庄的很多人前去观看。当执行枪决的公安持枪走到主犯身后时，主犯突然转身踢掉公安的手枪，引来观众一片喝彩，颇有前文所说的“酒酣歌呼以就刑所，市人啧啧叹为豪悍者”的味道。

上面叙述的这些事情主要发生于市场经济未发达之前。在 20 世纪 90 年代，随着市场经济的影响越来越大，本地农村劳动力大量往外转移。而且人们的观念也在更新，好勇斗狠越来越没有市场，目前人们的关注点是如何赚钱。有人对我说：“不能打了，一打都是钱。现在都是钱的事，打架也得靠钱。”如今农村里有矛盾，越来越多地直接诉诸法院。可见，随着农村环境的改变及人们观念的更新，民风正在逐渐改变。社会变迁，民风亦变，于此古人亦有所论。如清代乾隆年间修的《沈丘县志》曰：“国初民风淳朴中敬，喜节义，好读书。但地瘠人稀，农事未修。迨康熙二十年后，土渐辟，而淳厚之意衰，惟崇节俭，家弦诵，犹可尚焉。至五十年后，专事侈靡，不学问而美衣服，不服耕桑而喜游宴，人以为地近江南，虚浮之所渐染然，亦风气迁移，无所砥柱使然。近二十年来，官师讲学劝农，课桑训俗，人亦稍知向学，反浮华而勤耕织，且土地之辟十倍于前，几无寸土不毛矣！风俗之变端赖有转移者，信哉!”

最后需要指出的是，本地的民风还有尚礼仪、重义气、淳朴、节俭、勤劳等其他特征，上面所述只及“强悍”的一面，主要是由于这方面的特征和后文将要谈到的捻军案例有所联系。

第二章　伦理文化中的兄弟关系

中国的传统文化客观上存在着经典和民间的区别，所以对中国文化的研究，无论是宏观研究还是微观研究，我们都应当进行文化的层次分析。[①]美国人类学家罗伯特·雷德菲尔德（Robert Redfield）在研究墨西哥乡村地区时提出的大传统（great tradition）和小传统（little tradition）概念[②]是进行文化层次分析的重要工具。[③]雷氏在建立大、小传统的理论时参考了中国的经验，因此这种分别自然也较能说明中国的文化传统，为中国的文化研究提供了一种重要思路。[④]庄孔韶教授通过对大、小传统理论的借鉴，提出了"文化反观法"这一特别适用于以田野工作为重心的中国人类学的方法论和具体方法。文化反观法重视高层文化和基层文化的历史性传递与关联，强调应对在田野调查中"反向"发现的古代思想和礼制予以重视。[⑤]笔者借鉴以上理论和方法分别从大传统和小传统的角度论述兄弟关系的实况，并试图寻找两者联系的线索

① 参见费孝通：《重读〈江村经济·序言〉》，《北京大学学报》1996年第4期。实际上，把中国传统文化划分为"经典"和"民间"是一种过于简单的二分法。一方面，文化层次的分析可以更加细致；另一方面，所谓的"经典"和"民间"并无清晰的界线。但作为复杂现实生活的分析工具，一切理论都存在简单化的风险。

② 雷德菲尔德认为"在一个文明中，存在着一个具有思考性的少数人的大传统和一般而言不属思考型的多数人的小传统。大传统存在于学校或教堂的有教养的人中，而小传统是处于其外的，存在于不用书写文字的乡村社区生活中"。参见 Redfield，Robert，*Peasant Society and Culture*，Chicago：University of Chicago Press，1956，p.70。

③ 宋雷鸣：《论大传统和小传统概念的时间意义》，《广西民族大学学报》2010年第2期。

④ 余英时：《文史传统与文化重建》，生活·读书·新知三联书店2004年版，第395页。

⑤ 庄孔韶：《银翅——中国的地方社会与文化变迁》，第103—170页。

和轨迹。本章主要从大传统的角度，对兄弟关系的理想模式和规范进行梳理。

孝悌及其历史

在传统儒家伦理中，对兄弟关系的规定或要求是所谓的“悌道”。“悌”本作“弟”，按照《说文解字》的解释：“弟，韦束之次弟也，从古字之象。”“革缕束物谓之韦，展转围绕，势如螺旋”[①]，寓兄弟之密也。《说文解字》又对悌字进行解释说：“悌，善兄弟也。”而贾谊在《道术》中言：“弟爱兄谓之悌。”《孟子·万章上》中提到：“人之于弟也，不藏怒焉，不宿怨焉，亲爱之而已矣。”可见，“悌”的含义是指兄弟之间紧密团结，互敬互爱。由于兄弟们是由共同的父母所生，所以在文献典籍及人们的言语中兄弟又被称作“同胞”“骨肉”“手足”“同根”“同气连枝”和“同气分形”，等等。针对子女对父母所应持有的行为和态度，儒家提出了“孝”这一基本伦理规范。父母作为兄弟们的血缘纽带，共同负有孝的责任和义务，这就要求兄弟们互爱互助以更好地行孝。从这一角度而言，悌道实际上是由孝道衍生而来的，因此在儒家学说中“悌”常常与“孝”放在一起来说，即所谓“孝悌”。

孝悌体现的人类基本血缘情感在任何社会都是存在的，但是只有中国文化把孝悌放置到很高的地位，尤其是其中的“孝”，被认为是中国文化的基本特征之一。对此，罗素谈道：“孝道并不是中国人独有，它是某个文化阶段全世界共有的现象。奇怪的是，中国文化已到了极高的程度，而这个旧习惯依然保存。古代罗马人、希腊人也同中国一样注意孝道，但随着文明程度的增加，家族关系便逐渐淡漠。而中国却不是这

① 蔡振绅辑：《八德须知全集》初集卷二《二十四悌》。

样。”[①] 因此，对中国孝悌文化的考察必然要追溯到孝悌观念产生的时代背景。

自人类有家庭生活开始，孝悌行为就会自然而然地产生，但是孝悌观念的形成却只能是人类社会发展到一定阶段的产物。在儒家的典籍中，三代之前，舜已经是恪守孝悌之道的典范。[②] 关于孝悌观念起源于何时，史学界有很多讨论[③]，莫衷一是，文中只能从孔子及其所处的时代谈起。

作为儒家思想的创始人，孔子对孝悌思想的提出与当时的社会和政治环境密切相关。孔子所处的春秋时期正是我国古代社会发生大变革的时期，思想和文化呈现出过渡性特点。

> 在旧社会制度的崩溃中，出现了新社会制度的因素，而社会形态还没有发生质变，旧制度仍占着统治地位，这就使得春秋时代的文化出现了两重性的基本特点。一方面是，商周以来传统的宗教文化普遍动摇，卿大夫中那些较有远见，较能正视现实的人物，企图摆脱传统的束缚，进行独立的思考，开始提出种种新观点；另一方面是，宗教文化在整个社会意识中仍占着支配地位，就是那些提出新观点的人物也不能与之决裂。作为未来时代的文化体系处于孕育

---

① 罗素著，秦悦译：《中国问题》，学林出版社 1996 年版，第 30 页。

② 在儒家的典籍中，舜是孝悌之道的典范，孟子曾就舜的行为进行过讨论。舜的父亲瞽叟是个盲人，母亲很早去世。瞽叟续娶，继母生弟名叫象。舜生活在“父顽、母嚚、象傲”的家庭环境里，父亲心术不正，继母两面三刀，弟弟桀骜不驯，几个人串通一气，必欲置舜于死地而后快；然而舜对父母不失子道，十分孝顺，与弟弟十分友善，多年如一日，没有丝毫懈怠。舜在家里人要加害于他的时候，及时逃避；稍有好转，马上回到他们身边，尽可能给予帮助，所以是“欲杀，不可得；即求，尝（常）在侧”。身世如此不幸，环境如此恶劣，舜却能表现出非凡的品德，善待父母和兄弟，成为儒家孝悌之道的光辉典范。

③ 相关论述参见杨荣国：《中国古代思想史》，人民出版社 1973 年版，第 11 页；陈苏镇：《商周时期孝观念的起源、发展及其社会原因》，《中国哲学》第十辑，三联书店 1983 年版，第 40 页；郑慧生：《商代“孝”道质疑》，《史学月刊》1986 年第 5 期；何平：《“孝”道的起源与“孝”行的最早提出》，《南开学报》1988 年第 2 期。

萌芽阶段。宗教文化的破坏中孕育着新文化的因素，新的文化因素与旧的文化体系纠结在一起。①

孔子以西周的宗法制度为基础，大力提倡孝悌之道，把西周宗法制度所体现的人伦关系特点改造为具有普遍伦理意义的个人道德修养。孔子在《论语·八佾》中言："周监于二代，郁郁乎文哉！吾从周。"由于身处社会转型的中间阶段，孔子（包括其他先秦儒家）对人伦道德和政治伦理的论述既顺应了时代的变化，也继承了西周宗法制度的很多内容，具有很强的过渡性特点。可以说，孔子开创的儒学是以周朝的宗法制度为基础而形成的一套道德统治体系。基于孔子的继承和发扬，宗法文化成为儒家思想体系中不可磨灭的重要内核之一，并被后世传延和改造，日益丰富和系统，成为一种文化范式。其中，"孝悌"作为孔子强调的基本伦理概念，其演变过程突出体现了古代中国政治和伦理文化发展的延续与变迁。

孝悌作为一种伦理观念，实际上是西周宗法制在孔子思想中的反映。西周时期宗法血缘和国家政治紧密结合，一家一姓，王位父子相传，天下为姓族私有。周人灭殷以后，获得了辽阔的土地和大量的奴隶。但是由于当时交通和通信技术落后，地理上的障碍对于早期国家的统治是一个很大的制约。为了加强对被征服地区的控制，血缘及其基础上的祖先崇拜便成为周代统治者治理天下的必然选择。灭殷之后，周天子以血缘宗法为基础，把自己的子弟、同姓和姻亲分封到全国各地。《左传·昭公二十八年》载："武王克商，光有天下。其兄弟之国者十有五人，姬姓之国者四十人。"在周公东征以后，又"封建亲戚，以蕃屏周"（《左传·僖公二十四年》），把周王族子弟分封到全国各地，建立了姬姓

① 刘宝才：《求学集》，陕西人民出版社 2005 年版，第 288 页。

家天下政权。《左传·僖公二十四年》曰："周之有懿德也，犹曰'莫如兄弟'，故封建之。真怀柔天下也，犹惧有外侮。捍外侮者，莫如亲亲，故以亲屏周。"周公"兼制天下，立七十一国，姬姓独居五十三人"(《荀子·儒效》)。而少数的异姓者，实际上是与姬姓的联姻者。① 周代所采用的分封制度与宗法制度互为表里，是姬姓内部按照宗法等级所进行的权力分配，其基础是血亲关系。②

周代的宗法制具体内容如下：

> 天子世代相传，只有嫡长子（又称宗子）才能继天子之王位，是周王室的"大宗"。嫡长子以外的其他儿子（称支子），则被封为诸侯，对天子而言，则成为"小宗"。每一代诸侯也只有嫡长子（即宗子）才能继承侯位，被奉为诸侯国的始祖，是诸侯国的大宗。而嫡长子以外的其他儿子（即支子），则被封为卿大夫，是为诸侯国的"小宗"。每一代卿大夫，也同样须由其嫡长子（也称宗子）继承其父位为卿大夫，奉祭为始祖，是为"大宗"。卿大夫嫡长子以外的其余诸子（也称支子），则被封为士，士对卿大夫而言，就成了"小宗"。士的嫡长子（也称宗子）仍然继承父位为士，但其余诸子就成了庶人。这样看来"大宗"与"小宗"是相对而言。从天子到诸侯、卿大夫、士，其"大宗"一定是始祖的嫡系子孙，而

---

① 当然，有学者认为，组织上的联姻关系并不充分，面对异姓还必须突破狭隘的族类意识，而在这一过程中宗教观念的变迁非常重要。在当时的背景下，只有把祖先神改造为非一族一姓的至上神，使天子以德配天，而非依据血缘的命定配天，才能在观念上突破"神不歆非类，民不祀非类"的狭隘族类观念。参见巴新生：《西周的"德"与孔子的"仁"——中国传统文化的泛血缘特征初探》，《史学集刊》2008 年第 2 期。

② 关于分封制和宗法制的关系，钱杭有较为清晰的论述："宗法制与分封制的性质并不相同，它们分属于两个不同的社会层次。宗法制度存在于宗族内部，它以宗法血缘共同体为前提；而分封制度则存在于国家内部，它的前提是国家这个政治地域共同体。宗法制因宗族先于分封而存在，故可不以分封制的形成为条件。同样，分封制也因国家的超血缘性质，故可包括、也可超越宗法制，它的存在根本不必以宗法制的存在为条件。"参见钱杭：《宗法制度史研究中的几个基本问题》，《史林》1987 年第 2 期。

“小宗”则是始祖的庶子、庶孙。①

按照上述推演规则，具体到一个家庭内，父亲是家庭的宗主，长子是宗主的唯一合法继承者，别的儿子只能降到下一个级别。

周代的宗法制突出体现了父子关系和兄弟关系的基础地位，孝悌就建立在这两者基础之上。首先，西周废除了夏、商两代“兄终弟及”的习惯，王位改为父子间的传递。其次，西周的宗法制确立了嫡长子继承制，“立子以贵不以长，立嫡以长不以贤”成为西周继统法的信条。王国维说：“周人制度之大异于商者，一曰立子立嫡之制，由是而生宗法及丧服之制，并由是而有封建子弟之制，君天下臣诸侯之制。”②代际间的承递加强了固有的祖先崇拜影响下的孝道观念，而嫡庶的不同境遇造成了长幼之间的差别。所以，“嫡长子继承制是宗法制度的核心，在西周宗法制度下，无论天子、诸侯以至于卿大夫、士，其继统法必须遵守父死子继的原则，即舍弟而传子，舍庶而立嫡，于是嫡子始尊，由嫡子之尊然后产生叔伯（前代之庶子）不得攀比于严父（前代之嫡子）的观念；而这一意识形态实乃孝道观念在宗法制度上的表现。换言之，传子立嫡，尊父敬兄则是孝道的宗法形态”③。与宗法制相应的是周初统治者提倡的“尊尊”“亲亲”原则，孟子曰：“亲其亲、长其长而天下平。”(《孟子·离娄上》)在先秦儒家看来，周代的“分封制礼”这一国家制度正是对建立在宗法血缘基础上的亲亲、尊尊关系的政治表达。④若把周初统治者强调的“亲亲”和“尊尊”原则放置到家庭的情境内，则是父子和兄弟关系的具体体现。因为至亲莫如父，至尊莫如君，所以子必

① 周发增、陈隆涛、齐吉祥：《中国古代政治制度史辞典》，首都师范大学出版社1998年版，第71页。

② 王国维：《观堂集林·殷周制度论》，中华书局1959年版，第453页。

③ 王长坤：《先秦儒家孝道研究》，西北大学博士学位论文，2005年。

④ 皮伟兵：《论先秦儒家构建等级秩序的宗法血缘基础》，《求索》2007年第1期。

须对父亲尽孝，而兄弟们也应维护身为宗主的嫡长子的权威。①

可见，周代的宗法制、分封制以及礼制原则体现了家庭关系、宗族关系和政治关系的同构，家权、族权和政权的统一对先秦儒学及后世儒学产生了很大的影响。作为儒学的创始人，孔子正是借鉴了上述宗法制重视父子和兄弟关系的特点，归纳出“孝悌”观念，并把“孝悌”作为其儒学思想的基础性概念。如《论语·学而》说：“君子务本，本立而道生。孝悌也者，其为仁之本与。”《中庸》中讲：“欲行仁道于天下，必先行孝悌以事父母兄长。”“仁”是孔子思想体系的理论核心，也是道德规范的最高原则，而孔子以孝悌作为仁的起点，说明了孝悌的基础性地位。在孔子的思想中，“仁”就像一个金字塔的顶尖，而孝悌处于金字塔的最基层。可以说，与宗法和分封制度相对应的孝悌，成为孔子思想中的基础性概念，并对后世产生深远影响。

根据周代的宗法制，长子具有特殊的权力，所以先秦儒家强调长幼有序，兄友弟恭，所谓的“序”其实是指长子对政治特权和祭祀权的优先地位。所谓“宗之道，兄道也……以兄统弟，而以弟事兄之道也”（《宗法小记·宗法表》）。然而，随着宗法制的衰落，“序”逐渐失去了原初的意义，兄弟间的平等性逐渐增强。“孝”与“悌”的地位发生了变化，最后的结果是“孝”通过转移而得到强化，悌道却逐渐衰落。

以血缘关系为基础的宗法制具有先天性的缺陷，这造成宗法制逐渐走向衰落。和族权紧密结合的西周政权具有二重性，即“一方面是礼所规范的名分上的等级森严的君臣隶属关系，一方面又是事实上的各级君主的独立自主权”②。这种独立自主权在分封初期还较为稳固，因为诸侯和天子之间的血缘关系较为亲近，而且诸侯常常是由天子所分封。但是，随着时代的演进，诸侯国和天子之间的血缘关系越来越远，与初期

① 程有为：《西周宗法制的几个问题》，《河南大学学报》（哲学社会科学版）1981年第1期。
② 李泉、杜建民：《论夏商周君主制政体的性质》，《史学月刊》1995年第3期。

的诸侯由天子所直接分封的情况不同，后世诸侯们的地位与同时代的天子似乎不相关了。同时，随着各诸侯国的发展，周天子和诸侯国的平衡关系逐渐被打破，由此出现了各种矛盾和冲突。另外，各诸侯国内的卿大夫之间以及卿大夫和诸侯之间也产生类似的矛盾。终于导致所谓“礼乐征伐自诸侯出”“自大夫出”“陪臣执国命”和“礼崩乐坏”的局面，西周宗法等级制逐渐衰落了。

秦统一六国之后，君臣都深知过于倚重血缘联系的宗法和分封制的缺陷。据《史记·秦始皇本纪》载：

> 丞相绾等言：“诸侯初破，燕、齐、荆地远，不为置王，毋以填之。请立诸子，唯上幸许。”始皇下其议于群臣，群臣皆以为便。廷尉李斯议曰：“周文武所封子弟同姓甚众，然后属疏远，相攻击如仇雠，诸侯更相诛伐，周天子弗能禁止。今海内赖陛下神灵一统，皆为郡县，诸子功臣以公赋税重赏赐之，甚足易制。天下无异意，则安宁之术也。置诸侯不便。”始皇曰：“天下共苦战斗不休，以有侯王。赖宗庙，天下初定，又复立国，是树兵也，而求其宁息，岂不难哉！廷尉议是。”

所以，秦朝吸取了教训，废除了宗法制和分封制，在全国范围内设立郡县，首创了中央集权的政治制度。在中央集权制的环境下，维系君臣的已不是原来的血缘关系，仅仅用来源于家庭伦理的“孝悌”便不足以统治整个国家了。原有的宗法和分封制主要体现着嫡长子和诸支子之间的关系，而中央集权下的郡县制度则舍弃了原有的血缘关系，主要表现为“君”与“臣”的关系。可以说，原有的宗法制和分封制是基于血缘关系的血缘政治，而新的郡县制度超越了血缘关系，因此必须在血缘关系之外寻找和发展新的、与之相对应的政治伦理。为了与新的中央集权制度相适应，必须从意识形态上加强君权的威望，宣传忠君思想。顾颉刚在《古史辨自序》中说："自秦始皇一统之后，君臣之义无所逃于天地之间，忠君的观念大盛。"① 韩非子的思想已提前顺应了这一时代要求，大大宣扬君贵和忠君思想："万物莫如身之至贵也，位之至尊也，主威之重，主势之隆也。"(《韩非子·爱臣》)"为人臣不忠，当死；言而不当，亦当死"；"大王斩臣以殉国，以为王谋不忠者戒也。"(《韩非子·初见秦》）韩非的这种观念适用于中央集权的政治制度，超前于春秋和战国时期的儒者们。如孔子说："君使臣以礼，臣事君以忠。"(《论语·八佾》）孟子说："君之视臣如手足，则臣视君如腹心；君之视臣如犬马，则臣视君如国人；君之视臣如土芥，则臣视君如寇仇。"(《孟子·离娄下》)《礼记·曲礼》中说："为人臣之礼，不显谏，三谏而不听则逃（去）之。"《孟子·万章下》说："君有大过则谏，反覆之而不听则去。"先秦儒家在论述君臣之道时，臣对君的态度可以根据君主的态度和表现来变化，有自己选择的空间和余地，从这一层次来说君臣之间相对还较为平等，但韩非完全抹去了君臣之间的平等性，认为臣子应无条件地忠顺于君主。《韩非子·忠孝第五十一》中论述说：

> 天下皆以孝悌忠顺之道为是也，而莫知察孝悌忠顺之道而审行之，是以天下乱。皆以尧、舜之道为是而法之，是以有弑君，有曲父。尧、舜、汤、武或反君臣之义，乱后世之教者也。尧为人君而君其臣，舜为人臣而臣其君，汤、武为人臣而弑其主、刑其尸，而天下誉之，此天下所以至今不治者也。夫所谓明君者，能畜其臣者也；所谓贤臣者，能明法辟、治官职以戴其君者也。今尧自以为明而不能以畜舜，舜自以为贤而不能以戴尧，汤、武自以为义而弑其

① 顾颉刚：《古史辨自序》，河北教育出版社 2000 年版，第 81 页。

> 君长，此明君且常与，而贤臣且常取也。故至今为人子者有取其父之家，为人臣者有取其君之国者矣。父而让子，君而让臣，此非所以定位一教之道也。臣之所闻曰：“臣事君，子事父，妻事夫，三者顺则天下治，三者逆则天下乱，此天下之常道也，明王贤臣而弗易也。”则人主虽不肖，臣不敢侵也。

可见，韩非否定了上述儒家所述的“臣视君之所为而为”的君臣关系，赋予了君主以绝对的权力，认为即便君主不肖或昏庸，臣子都应当恭顺之，以死尽忠。实际上，这一对儒家“孝悌忠顺之道”的批判，反过来却与儒家所论的父子关系极为类似。如孔子说，“事父母几谏，见志不从，又敬不违，劳而不怨”(《论语·里仁》)。而按照《礼记》，父母有过错时，做儿子的应“下气怡色，柔声以谏”，“谏若不入，起敬起孝，悦则复谏”，“父母怒不悦，而挞之流血，不敢疾怨，起敬起孝”(《礼记·内则》)。在上面的引文中，韩非已把君臣、父子和夫妻三种关系并列和类比。可见，韩非作为春秋以来忠君思想之大成者，或许已经学习和吸收了儒家的孝道思想。

而在儒家的典籍中，“忠”字最初主要表现为一种真诚和尽心竭力的态度，如《论语·学而》中说：“吾日三省吾身：为人谋而不忠乎？与朋友交而不信乎？传不习乎?”《论语·颜渊》说：“忠告而善道之，不可则止，毋自辱焉。”《论语·子路》说：“居处恭，执事敬，与人忠。”《论语·卫灵公》说：“言忠信，行笃敬，虽蛮貊之邦，行矣。言不忠信，行不笃敬，虽州里，行乎哉?”《说文》云：“忠，敬也。尽心曰忠。”朱熹在《论语集注》中说：“尽己之谓忠。”虽然孔子也言“君使臣以礼，臣事君以忠”(《八佾》)，但对君主的忠只是忠的一种表现，“忠”与恭、敬、仁、义、信等一样，是调整人与人关系的准则。对此，有学者论述说：“忠在春秋时期不仅是臣对君之德，而且是社会公共道德，起着调节人们之间普遍关系、维护社会公共生活秩序的作用。忠的内涵，除了臣民忠于国君之外，还有个人忠于国家、各忠其主、君忠于民、大夫相互忠。忠适用于社会上的每一个人，既是个人对国家的道德，也是下对上的道德，又是贵族阶级对百姓的道德，还是同级之间的道德。"①从韩非子的忠君思想开始，忠的含义越来越狭隘，"忠"逐渐与"忠君"等同。

由于在儒家看来，孝是一切道德的根本，曾子曰："夫孝，置之而塞乎天地，溥之而横乎四海，施诸后世而无朝夕，推而放诸东海而准，推而放诸西海而准，推而放诸南海而准，推而放诸北海而准。"(《礼记·祭义第二十四》)所以，孝可以推广到一切行为，即所谓"居处不庄，非孝也；事君不忠，非孝也；莅官不敬，非孝也；朋友不信，非孝也；战阵无勇，非孝也。五者不遂，灾及于亲，敢不敬乎？"(《礼记·祭义第二十四》)"孝"作为一切德行之本，显然也可以从中推演出臣子对君王的"忠"。在战国时期已经出现了"移孝作忠"的思想，如战国时即已流传的《孝经》说"夫孝，始于事亲，中于事君，终于立身……君子之事亲孝，故忠可移于君"(《孝经·开宗明义章》)，汇杂百家的《吕氏春秋》明确提出了忠孝合一观："人臣孝，则事君忠、处官廉、临难死。"(《吕氏春秋·孝行览》)战国时期的这种"移孝作忠"思想与韩非子的绝对君权原则具有很强的理论亲和性，所以有学者认为，"《孝经》的忠孝合一说与《韩非子》的绝对忠君原则，不过是即将来临的'大一统'时代的精神先兆，而秦汉专制大帝国建立以后所定型化的愚忠观念，其实只是《孝经》与《韩非子》的两种忠君倾向的相加之和"②。

到了汉代，儒法逐渐融合，忠与孝也获得了结合。汉初的《尚书大传》曰："圣人者，民之父母也。母能生之，能养之；父能教之，能诲

① 陈筱芳：《也论中国古代忠君观念的产生》，《西南民族学院学报》(哲学社会科学版)2001年第6期。

② 范正宇：《"忠"观念溯源》，《社会科学辑刊》1992年第5期。

之。圣人曲备之者也。能生之，能食之，能教之，能诲之也。为之城郭以居之，为之宫室以处之，为之庠序之学以教诲之，为之列地制亩以饮食之。"《史记·孝文本纪》中说："天生蒸民，为之置君以养治之。"既然君臣之间的关系类似于父子之间的生养，那么"忠君"就和"孝亲"相通了。所以，贾谊在《新书·大政下》说："事君之道，不过于事父，故不肖者之事父也，不可以事君。……夫道者，行之于父，则行之于君矣。"事君等同于事父，"忠"与"孝"就连为一体了。如果说上述所谓君臣和父子关系相似的解释与描述还较为肤浅，难以被人们信服，那么董仲舒的解释则显得神秘莫测，不易反驳：

> 木受水而火受木，土受火，金受土，水受金也。诸授之者，皆其父也；受之者，皆其子也；常因其父，以使其子，天之道也。是故木已生而火养之，金已死而水藏之，火乐木而养以阳，水克金而丧以阴，土之事火竭其忠。故五行者，乃孝子忠臣之行也。五行之为言也，犹五行欤？是故以得辞也。(《春秋繁露·五行之义》)

> 忠臣之义、孝子之行取之土。土者，五行最贵者也，其义不可以加矣。(《春秋繁露·五行对》)

> 君臣、父子、夫妇之义，皆取诸阴阳之道。君为阳，臣为阴；父为阳，子为阴；夫为阳，妻为阴。阴阳无所独行，其始也不得专起，其终也不得分功，有所兼之义。是故臣兼功于君，子兼功于父，妻兼功于夫，阴兼功于阳，地兼功于天。(《春秋繁露·基义》)

> 孝子之行，忠臣之义，皆法于地也，地事天也，犹下之事上也，地，天之合也，物无合会之义。(《春秋繁露·阳尊阴卑》)

董仲舒结合阴阳五行思想，从宇宙论的高度解决了忠孝的连接问题。正如李泽厚所说，孝“不再只是宗族血缘纽带的规矩，而成为必须遵循服从的天人系统的普遍法规。正因为与父子一样，君臣也是在同样关系的五行图式中，‘忠’‘孝’的衔接具有宇宙论上的一致性和本体关联”①。在此基础上，汉代确立了延传后世的“三纲”：即“君为臣纲，父为子纲，夫为妻纲”。三纲皆取于阴阳之道。具体地说，“君、父、夫”体现了天的“阳”面，臣、子、妻体现了天的“阴”面；“阳”永远处于主宰、尊贵的地位，“阴”永远处于服从、卑贱的地位。董仲舒以此确立了君权、父权、夫权的统治地位，把封建等级制度、政治秩序神圣化为宇宙的根本法则。

除了理论上的发挥，汉代还从实践上确立了移孝为忠的制度安排。其中，汉武帝时行“举孝廉”，规定每二十万户中每年要推举“孝廉”一人，由朝廷任命官职。被举之学子，除博学多才外，更须孝顺父母，行为清廉，故称为“孝廉”。在汉代，“孝廉”已作为选拔官员的一项科目，没有“孝廉”品德者不能为官。而且“孝廉”一科在汉代实际上成为所谓的“清流之目”，为官吏进身的正途，从而形成了“在家为孝子，出仕做廉吏”的政治氛围。可见，秦汉以后统治者夸大了孝道的引申意义——“以孝治天下”，使之变成了一种国家政治哲学。②

正所谓“移忠为孝，臣子之通义，教孝求忠，君子之至仁。忠孝一原，并行不悖。故曰忠臣以事其君，孝子以事其亲，其本一也”(《宋史·列传第一百七十六》)。由于“事亲”和“事君”的这种“一本”和“一原”的关系，“孝”应乎“忠”的需要而被大大重视和宣传了。相对而言，“悌”就在“移忠入孝”的过程中被冷落了。虽然“孝悌”二字依旧在秦汉以后连用，强调兄弟之间应该互敬互爱的“兄友弟恭”，以

① 李泽厚：《说儒法互用·己卯五说》，中国电影出版社1999年版，第85页。

② 张践：《儒家孝道观的形成与演变》，《中国哲学史》2000年第3期。

及认为兄弟间应有所差别的“长幼有序”等还在儒者的著述中出现，但是与西周时相比，“悌”的地位显然已大大降低或衰落了。所以，有学者提道：“孔子倡导的孝悌之道，孝存而悌亡，是在上层社会，或者普通民间社会中的大问题，我把它称为悌道的沦落。”①

综上，作为调节兄弟关系的“悌”，最初由于和血缘宗法以及嫡长子制度直接挂钩，它的适用范围可以从家庭扩展及天下，和“孝”一起受到统治者的重视和宣扬。实际上，西周时的意识形态宣传口号“亲亲尊尊”集中体现了“孝”和“悌”的伦理观念。但是随着西周分封制的衰落以及中央集权的国家制度的建立，复杂的官僚机构中臣子与君王的关系不再具有血缘的联系，再用规定父子和兄弟关系的“孝”和“悌”显然不足以控制整个国家，于是统治者吸取法家的思想，在“忠”字上大做文章。同时，由于隆君抑臣的“忠”和儒家的“孝”具有理论上的相似性和亲和性，“移忠入孝”或“移孝作忠”应运而生。随着宗主继承和爵位继承的衰落，兄弟们在政治上也日益平等，因此规定兄弟关系的“悌”的适用范围越来越萎缩，最后仅仅只能作为家庭内的伦理规范之一，而不像孝一样具有越来越强的政治内涵。虽然秦汉以后的儒者们依旧会宣扬“悌道”，但由于缺少政治内涵，往往只能流为一种空洞的说教。比如“不孝”被视作万恶之首，并被列入各类法律中，自隋唐以来不孝都是“十恶”之一，而兄弟不和却未被独立定位，往往只被当作“不孝”的表现之一。“悌道”观念的相对弱化显然可见。当然，这种弱化主要是相对于百善之本的“孝道”而言的，而且这一弱化主要表现在政治伦理层面或大传统层面，要求兄弟之间互敬互爱的“悌道”观念一直存留在广大民众的家庭实践中。

---

① 田兆元：《悌道与盟誓——〈水浒传〉兄弟问题研究》，http：//www.chinesefolklore.org.cn/web/index.php?NewsID=6056。

诸子平均析产

一、诸子平均析产的历史

诸子均分，是汉人家庭财产分配和继承的传统习俗。该习俗历史悠久，自有文字可考的商周时代始，家庭财产的分配就是在诸子之间进行的，且已蕴含着均分的因素。在商周的分封制下，贵族的爵位是权力和财产的统一体，由于权力的不可分割性，爵位世袭时只能采取整体性传继的方式，即由诸子中的一子（一般是嫡长子）继承，余者无份。但即便如此，非爵位继承者亦可获得一定数量的财产。在这种情况下，作为非爵位继承者的其他诸子可能具有相等的财产继承权。另外，商朝王位继承还存在“兄终弟及”的形式，这说明儿子们实际上具有相对同等的继承权。实际上，当时长子继承和幼子继承是并存的，这也说明诸子平均继承的因素已包含其中。

上述所论只是社会的上层，下层无爵位的民众的财产是如何继承的呢？李亚农根据甲骨文推论说：“析财异居，这是殷人普遍实行的制度，而且实行得非常彻底。”[①] 他还认为，商周时期不仅王室贵族，而且，“在庶民的宗法中，长房、二房、三房、四房等继承财产的权力大致相同，地位也大致相等”[②]。另外，有学者通过分析考古发掘的商周居室遗址后认为，“当时的家庭多为一夫一妻制小家庭，间或有父子两代及兄弟同居的扩展型小家庭”[③]。若如此，则易于推论当时的家庭财产继承是在诸子间分配完成的。

① 李亚农：《殷代社会生活》，上海人民出版社 1955 年版，第 34 页。转引自邢铁：《家产继承史论》，云南大学出版社 2000 年版，第 2 页。

② 李亚农：《李亚农史论集》，上海人民出版社 1962 年版，第 14 页。转引自同上，第 2 页。

③ 参见邢铁：《家产继承史论》，第 2 页。

到了春秋战国时期，随着社会制度的剧变，传统的财产继承制度也随之发生变化。除了爵位和祭祀等仍维持嫡长子继承外，财产的继承已与身份继承相分离，这可由个体小家庭的逐渐增多见之。如有学者根据《左传》推论，在春秋后期，贵族家庭以兄弟同居为主，含“从兄弟”的较少，含“再从兄弟”的极为罕见；庶民阶层中也是以直系小家庭为主。① 战国时期的李悝在魏国实行改革时谈到魏国的家庭状况“一夫挟五口，治田百亩”(《汉书·食货志》)，说明当时魏国地区已经较为流行一对壮年夫妇为中心的三代同堂的小家庭了。但是，位于西部的秦国还是父子兄弟共居的大家庭形式，所以商鞅到秦国进行变法时认为“父子无别，同室而居”是一种陋习，颁布法令规定“父子兄弟同室内息者为禁”，并且要求“民有二男以上不分异者，倍其赋”(《史记·商君列传》)，每家只能有一个壮年男子，儿子成年或结婚后必须另立户头。通过以上手段，秦国取缔了父子兄弟同居的大家庭，使核心家庭成为较为普遍的家庭形式，正如《汉书·贾谊传》提到的“秦人家富子壮则出分，家贫子壮则出赘”。可见，在春秋战国时期，小家庭形式已经较为流行。小家庭的实现必然要求以财产的析分作为前提，儿子们与父母分居时必然要带走家庭财产，诸子析产的方式就形成了。而每个儿子独立之后都要面临同样的生活、生产和赋税负担，加之血缘关系相同，所以从大家庭中分出去的财产也应该大致相同，这便在诸子析产中加进了“平均”的因素，由此形成了所谓的诸子平均析产方式。②

鉴于以上，学者们多认为，至迟从商鞅变法时期始，诸子平均析产已成为汉人的家产分配和继承的主要形式，到汉代时已普遍实施。③ 发展到唐代，诸子均分制已被写进法律之中。《唐律疏议》卷十和后来的

① 参见邢铁:《家产继承史论》，第 3 页。

② 参见同上，第 5 页。

③ 参见邢铁:《我国古代的诸子平均析产问题》,《中国史研究》1995 年第 4 期；李淑媛:《争财竞产——唐宋的家产与法律》，北京大学出版社 2007 年版，第 70 页。

《宋刑统》卷十二的“析产令”条文中都明确规定，“应分田地及财务者，兄弟均分”。

二、诸子平均析产的形式

诸子平均析产体现着儿子们相同的财产继承权。在分家之前的大家庭中，儿子们都具有潜在的财产权，大家庭始终面临着分家的趋势。根据分家时间的早晚，汉人诸子平均析产又可分作两种形式：多次性析分和一次性继承。① 多次性析分也叫“生分”，是指父母在世时儿子们随着结婚而陆续分财异居，而母家庭会留有一部分，待父母去世后再分一次，最后分清。在这种情况下，多次性析分的次数一般是儿子数加一。

使父子异财的多次性析分方式自先秦以来一直普遍存在，虽然该形式与儒家所推崇的多代同居的大家庭理想相背离。按照儒家的孝悌观念，“孝”要求父母在世时不分家，“悌”要求父母去世后兄弟们也应该同居共食。但是大家庭同居需要克服诸多困难，在现实中很不易实现，因此只好退而求其次，即父母在世时尽量不分家，等到父母不在时再一次性分开，这便是所谓的一次性继承。

限制父子及兄弟分家的力量不止存在于道德观念的层次，古代的法律也对之做出了规定。如唐代和宋代的法律都明确限制多次性析产，“诸祖父母、父母在而子孙别籍异财者，徒三年”，而且规定父母去世后也不能立即分家，必须服丧期满方能分家，“诸居父母丧，生子及别籍异财者，徒一年”。② 当然，由于古代中国具有礼法融合的特点，当时的

---

① 需要指出的是，严格意义上的继承是指父母去世后财产的分配，父母生前的财产析分一般也被看作是财产继承的内容。

②《唐律疏议》卷十二《户婚》;《宋刑统》卷十二《户婚律》。

律令并非现代意义上的严格法律。从实际效果来看，“这类规定历来只是一种号召，至多是一种道德舆论上的限制，在实际执行效果中很难行得通”[①]。如《宋书·周朗传》记载南朝刘宋的江南一带“士大夫以下，父母在而兄弟异计，十家而七矣；庶人父子殊产，亦八家而五矣。凡甚者乃危亡不相知，饥寒不相恤”[②]。可见，现实生活并非与儒家的大家庭理想一致，与一次性继承相比，“生分”似乎更为普遍。这客观上是由于儒家理想的大家庭维持起来有很大的难度，它至少需要以下几个条件才能实现：一定的财力或经济基础、家长强有力的控制能力以及各个家庭成员的利他主义精神。基于上述现实情况，人们在观念上也有所调整，所谓“礼有分异之义，家有别居之道”(《后汉书·许荆传》)，“兄弟当分，宜早有所定。兄弟相爱，虽异居异财，亦不害为孝义”(《袁氏世范·睦亲》)。

基于上述原因，有学者认为核心家庭形式在中国传统社会中占主流。如王跃生查阅了中国第一历史档案馆所藏的刑科题本婚姻家庭类档案资料，收集了1781—1791年间的个案约2500件，根据当事人对家庭背景的叙述，对他们的家庭结构进行了统计研究。该研究得出以下数据：复合家庭为6.8%，直系家庭为30.5%，核心家庭为57.0%，单人家庭为4.5%，残缺家庭为1.2%。[③]虽然犯了刑科的人来源的家庭可能有一定的特征，但无论来源的家庭偏于中下农家庭或者是富裕家庭，由之得到的数据都可以作为传统社会家庭形式比例的参考，这客观上是由于传统社会中更有条件实现大家庭理想的富裕家庭所占比例毕竟较小。

无论是多次性析分还是一次性继承，汉人家庭的财产分配特别强调

---

① 邢铁：《家产继承史论》，第21页。

② 转引自同上，第21页。

③ 王跃生：《社会变革与婚姻家庭变动》，生活·读书·新知三联书店2006年版，第196页。

“平均”二字，这在分家程序中体现较为明显。[①] 如明代分家时某种理想程序：

> 首先要请族中长辈主持，若干族人和诸子的舅父等为见证人，富庶大家庭还要请当地官府人物到场；预先把所有应分家产平均分为若干份，将各份编上意思相连的字号，称“串号关书”，令诸子在祖宗牌位前跪拜焚香，然后当场抓阄；最后把每人抓到的字号填入相应的文书内，该文书内所列家产便归抓到该字号的人继承。每份文书上都有诸当事人（父子双方）、见证人的签押，有时还需要申官府备案，交割税役。[②]

在此，我们还可以参考晚清时胡适四兄弟分家时的阄书：

> 吾家祖遗旧产，仅基地一方、菜地一条而已。先夫仕宦十余年，清介自持，身后俸余，亦只数千金。其时稼儿虽已授室，秬、秠二儿年犹未冠，糜儿才五岁耳。余念家事之艰，诸儿之幼，不惮劬劳，悉心训督，迄于今日，已十五年，诸儿均已长成，各能自立，余心殊慰。自维对于先夫，亦可稍释其责，乃告诸儿，为作分析之计，俾各治其事，各安其居。综计先夫所遗，除历年日用婚

① 在明清之际，家庭财产分配中除了诸子均分以外，长子和长孙常常获得额外的增产，甚至是双倍的财产份额，以用于祖先的祭祀。这主要由于汉人传统礼制主要靠嫡长子继承，嫡长子有疾方由庶子代之。有学者认为，随着唐代以来财产均分法的普遍化，祭祀祖先不再强调由嫡嗣专责，而可由众子孙中推立代表，或由各房轮充之方式相承，甚至可由抽签的方式来决定祭祀人选。然而随着宗族意识的强化，象征“祭田”与“义庄”的祖产机构渐趋制度化，成为士大夫阶级中普遍奉行的规范。同时由于理学的盛行，儒家传统的重嫡观念重新获得强化，并反映于民间。参见李淑媛：《争财竞产——唐宋的家产与法律》，第101页。明清之际长子或长孙获得多余的份额，并非是对诸子均分的否定，而是财产均分和祖先祭祀的双重考虑，二者并不矛盾。

② 参见邢铁：《家产继承史论》，第36页。

娶所费，存□□□□□经营商业所亏外，举内外所存田地、屋宇□□□□□公亲代为主持配搭，立元、亨、利、贞四阄，盟于先夫之神前，拈阄执业，务求各极其平。其间应坐、应贴各款，或体先人之意，或尽为子之道，或推友爱之情。诸儿各顾大义，出自本心，深可嘉焉！至秠儿虽已继出，兹亦与派田产四分之一者，遵先夫之遗训也。外欠之款，归秬儿独任者，本其志愿也。夫兄弟如手足，友爱之情，初不因分合而有间。自分之后，愿诸儿相扶相助，亦如其未分之前，无少变异，是则余之厚望也夫！

宣统元年四月　日立阄书人胡冯氏　押

仝男嗣　稼　押

嗣　秬　押

嗣　穈　押

仝孙思　永　押

亲房吉　庭　押

嗣　稷　押

嗣　秫　押

胞弟冯敦甫　押

凭公钟　宏　押

孝　成　押

朗　山　押

执笔禹　臣　押

阄书中特别提到，“立元、亨、利、贞四阄，盟于先夫之神前，拈阄执业，务求各极其平”。汉人分家时务求其平均，而且为了避免人情的偏颇嫌疑，在分家过程中喜欢采用抓阄的方式，并先在神灵前盟誓，以体现公平和避免纠纷的产生。

严格的诸子平均析产体现了汉人重血缘的家族文化传统。由于各个儿子与父亲具有同等的血缘关系，所以在传统社会无论是正妻所生还是妾婢所生，原则上都具有相同的家产继承权。兄弟们在血缘上的平等性及财产分配中的平均性，客观上使兄弟们处于一种相对平等的状态。关于这一特点，我们汉人社会的兄弟关系与日本和西欧进行简略的比较，则将更易理解。

三、跨文化比较

本部分的目的主要在于，把汉人社会的继承制度与传统社会中日本和西欧的继承制度进行简略的对比，从而凸显汉人社会中兄弟关系的特点。如同本书及其他学者文中会用“中国社会”替换“汉人社会”一样，虽然文化的内部有很多分化，但常常可以概括言之。所谓的“日本”和“西欧”内部也存在着一定的文化分化，下文所谈的继承制度及兄弟关系特点自然难以完全覆盖相应的地理区域。笔者的关注点不在此类细枝末节，而在于把两种客观存在的“异文化”与汉人社会进行简单的比较。因此，此处关于日本和西欧继承制度的考察直接引述既有文献的相关说法。

1. 日本的继承制度

日本的继承制度一般是长子继承，但在战国时代（14 世纪中叶—15 世纪中叶）以前，日本亦曾实践过诸子分割继承。战国时代以后，大名和武士家族内部逐渐废弃了诸子对家产的分割继承，实行长子的单独继承。大化改新以后，日本虽然借用了中国的官僚制度，却没有采用中国科举选拔官吏的做法，而是延续所有等级和地位都由出身世系决定的本国传统。在幕藩体制下，基于家臣的家系和先祖的功绩定“家格”，再根据“家格”确定家臣的俸禄。处于各个等级的家臣，是幕藩体制的基础，不容轻易发生变化。如果实行诸子分割继承，很容易使这种基础受到破坏，所以应极力避免，唯有长子继承是巩固和维护这种基础的最好办法。

兄弟关系是家庭关系之一维，要了解日本传统社会的兄弟关系，应对日本的家族制度有一个粗略的认识。日本传统的家族制度被称作“家的父家长制”，是指“在生儿育女的家族之上，旨在家系代代存续的家长制统治”。① 这种家族制度以抽象和象征的“家”为核心，“家”本身体现和伴随着一种信念，无论它的成员发生何种变动，“家”作为一种象征物都要保持和延续下去，因为“日本人通过家名认为自己的社会性的地位是祖先遗业的赐物”②。在这里，“家”与人们生儿育女的具体家庭并不完全是一回事。“日本的家有着远远超出以婚姻和血缘为纽带的具体家庭的深刻内涵，它除了组成家的人员之外，还包括作为住居的房子、家产、维持家业的生产手段和埋葬祖先的墓地，等等。这些东西被作为‘家’的古往今来的整体，在人们心目中比实际生活在这个家里的具体成员更为重要。”③ 因此，日本的“‘家’是基于家族之上的超家族、超血缘的集团，它重家名而轻个人，重家系而轻血缘。在‘家’制度下，家长就像是一场接力赛中的选手，他的任务是接过父祖手中的接力棒，再传给子孙”④。

“家”是“依托于祖先之灵、纵式的、连续的观念式存在”，是“超越个人的生命、祖孙一体的永远的生命体”。⑤ 在这种家族制度下，家长权就成为祖先神的化身，而行使家长权的家长作为家的象征显然就具

---

①④　李卓：《家族制度与日本的近代化》，《南开学报》1994 年第 2 期。
②　滋贺秀三著，张建国、李力译：《中国家族法原理》，法律出版社 2003 年版，第 54 页。
③　李卓：《略论日本传统家族制度的特征》，《外国问题研究》1996 年第 4 期。
⑤　李卓：《日本传统家族制度与日本人家的观念》，《世界历史》1993 年第 4 期。

有了至高无上的权力。“在一切为了家的信念之下，家长即使怎样行使家长权也不为过，维护家长权是幕府法律及武家家规、家法中的重要内容。”①与“家的父家长制”相对应的是“家督继承制”，家督继承制实际上是长子继承制，即由长子同时继承家业、家产和家长权。继承者不但要负责管理家业和家产，同时也具有监督和管理家庭成员的权利和义务。因此，家督继承制赋予了长子特殊的地位，长子不但继承家业，还具有管理自己兄弟的权力。可见，日本社会中兄弟关系显然是不平等的。

> 他们从幼年起就在衣、食上有明显区别，长大以后，次子、三子的出路或是出外闯荡，或是在家度过一生，这就意味着甘于对长子的服从，永无出头之日。作为继承人的长子与非长子享受的不同待遇及长子对他人表示出的优越感乃至凌驾他人之上的态度，不会因成年而改变，非长子即使能领到一点家产建立分家，与长子的本家也只能是统辖与服从的关系，甚至是主人与奉公的关系，没有平等可言。②

2. 西欧的继承制度

西欧的财产继承，在13世纪以前主要是诸子分割继承，甚至在一些地区女性也可参与继承。③进入14世纪（即中世纪以后），欧洲朝着限定继承，即长子继承制的方向发展。如1356年查理四世颁布的诏书规定：

---

①② 李卓：《家族制度与日本的近代化》，《南开学报》1994年第2期。

③ 满永谦：《中西继承制的比较研究——兼论中国封建社会的长期延续的原因》，《世界历史》1988年第3期。

> 皆根据其国土而获有选举罗马人之王与未来之皇帝之选举权，亦即诸选侯之选举权以及其职位、尊严及其他权利皆与其国土及附属土地具有不可分之性质。……自此至将来任何时候，诸卓越宏大之选侯领地……长子应为彼地之继承人，除非长子为心志失常之人，或白痴或有任何其他缺陷而不能君临人民者，否则一切统治权与领地均属彼一人。①

诏书颁布后，影响扩及英法等欧洲广大地区，长子继承制逐渐变成具有法律约束力的继承习惯。

这种长子继承制是与国家的封土制度和世袭制度分不开的。中世纪欧洲的国家机器是按照金字塔式的分封制度建立起来的，国王或领主分封下臣时赐以一定的土地，获得土地的封臣必须为赐予他们土地的封主提供军事力量。因此，为了确保土地的继承者持续向封主提供军事义务，就必须保持所分土地的完整性，长子继承制实际上是应此要求而产生的。同时，不仅贵族的土地继承采取长子继承制，农民或农奴租种农奴主之“份地”的继承也是如此。虽然农民或农奴不存在世袭的爵位，但“农奴或农民份地的继承同领主封土的继承一样，也意味着土地的继承者必须持续承担对领主的相应义务，如果份地在几个继承人之间分割，同样会影响义务的实现。所以，在西欧许多地区，如低地国家、德国和英国的农民或农奴家庭中，长子继承制度占主导地位”②。在中世纪西欧的封建制度下，无论对于贵族还是农民，作为最重要生产资料的土

---

① 法学教材编辑部《外国法制史》编写组编：《外国法制史资料选编》(上册)，北京大学出版社 1982 年版，第 281—285 页。转引自满永谦：《中西继承制的比较研究——兼论中国封建社会的长期延续的原因》，《世界历史》1988 年第 3 期。

② 雷恒军：《论长子继承制在西欧商业城市形成中的作用》，《西安电子科技大学学报》2007 年第 5 期。

地往往和爵位、公职、权利和义务等相联系，因此土地财产的继承便和这些爵位或职位等一样不能分割了。在不能分割的前提下，长子继承似乎是最合理的选择。①

根据长子继承制，长子是世袭土地的唯一的继承人，他在获得土地的同时也继承了世袭的爵位、各种政治特权及相关的义务。在富裕的家庭，其他儿子会获得一定的动产，但由于没有土地这一重要生产资料，他们必须另择生路。包括富裕家庭在内，长子以外的孩子往往需要离开家独自谋生，或者去做学徒，或者投靠富贵人家做仆人，或者进入教会当修士等。显见，中世纪西欧社会中的兄弟关系亦是不平等的。

3. 粗略的比较

日本和西欧都曾有过分割性继承，但是随着世袭制度的扩大和巩固，财产继承往往和爵位及政治地位相连接，因此必须采用一子继承（即长子继承）来保持爵位、政治权力及国家机构的完整性和持续性。中国社会的情况正好与之相反，在春秋以前的宗法制时期，王位、爵位和官位等都是世袭的，采用“立嫡以长不以贤”的做法，与之相应的自然是长子继承制。战国以后，“匹夫一跃可至卿相”，同时“卿相一失足复为匹夫”②，官位逐渐不再世袭。这种情况虽然在东汉至唐代之间发生过改变，即随着九品中正制的推行，变相的官职世袭制流行了一段时间，但隋唐统治者创立科举，迅速改变了官位世袭的风气。因此总体言之，世袭的爵位、等级和特权等在较大的社会范围内失去了影响，家庭内的继承便主要表现为财产的分配，因此诸子均分流行为俗。

汉人诸子均分之起源固然难以考证，但诸子均分得以流行的条件似

① 赵德芹：《中世纪西欧贵族财产实行长子继承制的原因新探》，《重庆文理学院学报》（社会科学版）2009年第2期。

② 李剑农：《先秦两汉经济史稿》，中华书局1962年版，第88页。

可推知一二：其一，世袭的爵位或权位之不存在或衰落。如上所述，若无世袭的爵位或权位，有利于兄弟间的分割性和平等性继承。其二，汉人对血缘之重视。[①]传统汉人社会是父系主义的，同时汉人又较注重血缘联系，而儿子们与父亲具有相等的血缘关系，所以在财产分配中无论嫡庶，儿子们具有相等的财产权利。其三，宗祧继承形式的流变。与宗法制衰落处于同一过程，“大宗祧制”逐渐转化为“小宗祧制”，无论大宗或小宗，皆可祭祀祖先。[②]祭祖在古代具有特殊的意义，宗祧继承之变迁也是兄弟们趋向平等的表现之一，财产上的均分也应与之相应。

综合孝悌观念的变迁及诸子平均析产习俗，我们可以发现：在上层社会虽然曾出现“以兄统弟”的局面，但随着中国古代政治制度由血缘政治走向超血缘政治，皆无爵位可承的兄弟们日趋平等；同时，基层民间一直践行的诸子平均析产习俗，也渐越至法律层面。因此我们可以认为，自秦汉以降，汉人社会的兄弟关系在大、小传统中大体是一种平等和平均的关系。

---

① 由于受到古代宗法制的影响，汉人形成了重血缘关系的文化，血缘关系成为中国人的伦理道德基础。比如《国语・晋语》说“同姓则同德，同德则同心，同心则同志”，《左传・成公四年》说“非我族类，其心必异”等都体现了这一点。

② 丁凌华：《宗祧继承浅说》，《史学集刊》1992 年第 4 期。

第三章　财产分配中的兄弟关系

根据楼庄的情况，未成年之前兄弟们在父母的庇护下尚不存在直接的财产关系；在成年之后和结婚之前这一短暂的时间内，兄弟之间常常共享财产，互相支持和帮助，极少有财产上的分化与争端。一般而言，兄弟之间的财产分化是从结婚时开始的。

婚　前

结婚之前，包括自幼年到成年的较长一段时期。在这一阶段，兄弟们主要处于父母的荫庇之下，尤其在成年之前，他们的生活和经济需求几乎完全依靠父母积攒的财富。在拥有多个儿子且儿子们都未婚的核心家庭中，财产关系一般是以父母为核心，凝聚力较强。

首先，家庭所拥有的财产主要来自父母的积累。

在兄弟们还没有成年和创造财富之前，家庭财产自然是由父母创造或争取的。即便兄弟们已经开始工作赚钱，他们所获得的收入在家庭总财富中所占的份额一般也较小。在传统社会里，兄弟们还没成年时就已帮家里干活了，在人民公社时期未成年的兄弟们也能赚取工分，但是从他们开始赚钱到结婚只是很短的一段时间，在这期间靠自己的劳动所得有限，家庭财产的大部分还是要靠先辈们多年的积累。

如今，楼庄的青年下学后大多外出打工，打工与传统社会里固守土地的农业生产相比，能够赚到更多的钱。但是年轻人结婚前常常有大手大脚花钱的习惯，很少有人能够积攒下较多的钱。我询问村里一些在外打工、尚未结婚的年轻人，他们回答说挣的钱都花了，手里基本上没什么积攒。的确，从他们穿的名牌服装、名牌鞋子以及手里拿的手机可以看出来，他们挣钱的速度未必能赶上他们花钱的速度。穿名牌是年轻人的时尚，尤其是春节时外出打工的年轻人都回来了，你会发现大家衣甲鲜明，打扮潮流。当然，不否认有些人在外面工作时穿得很朴素，但在回家时为了面子也会故意置办一身好的行头。① 尤其是年轻人大多趁春节回来时相亲说媳妇，较好的形象能引起别人的注意而帮忙说媒，而在相亲时较好的衣着打扮更是重要。但总体来说，年轻人受时尚的影响较大，消费观念已不同于中老年的村民，他们非常注重自己的形象，在服装、手机等有关门面的物品上花费较高。另外，年轻人有空时喜欢聚在一起玩，去喝酒、唱歌，等等，花销较大。本村有个年轻人去外地打工，去了之后却懒得工作，有时间就坐在网吧里上网，结果没有挣到钱反而需要向家里要钱花。另外有位青年告诉我，他下学出去打工五年了，现在阜阳市一家装修公司工作，一个月能挣两千多，可是花钱也比较厉害，手里没留下钱。本来还存有几千块钱，前一段买了一辆摩托车就没钱了。根据之前的一件事情可以看出他说的不虚：他很喜欢上网，见到我的笔记本后告诉我他很想买一台，我告诉他现在花两千多元就能配一台很不错的台式机，他说本来今年想买，可是计划必须推迟了，因为刚买了一辆摩托车。

其次，兄弟们共同创造财富，互相支持，互相帮助。在传统社会，兄弟们很小的时候就要开始参加劳动，与父母们一起劳作。他们最初从

---

① 参见袁松：《消费文化、面子竞争与农村的孝道衰落——以打工经济中的顾村为例》，《西北人口》2009 年第 4 期。

简单的活干起，比如拔草、捡麦、拾粪、看牲口，等等，随着年龄的增长，逐渐学习锄地、耕地、耙地、播种、施肥、糙场和扬场等较为沉重和复杂的农业技术。在传统农业社会，农活是农民最基本的生产和生存技术，是否精通于农活是评价一个人的重要标准。比如某人锄地又快又好，就会成为大家称赞的榜样。而年轻人是否擅长干农活，地里庄稼长得如何，也成为女方择偶的一个重要参考标准，这一习惯延续到20世纪80年代。因此，楼庄的长辈们很注重对孩子进行农业技术和吃苦耐劳精神的培养。兄弟们从幼年开始就要和家人一起体验农业劳动的艰辛，在这一过程中他们互相合作，共同创造财富。由于传统的农业生产是以家庭为单位的，一家人共同劳动，家庭财产的支配权为家长所有，兄弟们的日常消费要听从家长的安排。集体化时期，虽然儿子们可以以工分的形式明显计算出自己对家庭的贡献，但是在成年之后和未婚之前的短暂时间内，儿子显然还不可能动摇家长的权威和支配财产的权力，他们创造的财富最终都要汇流到家长手中，由家长在家庭内统一分配。

在今天的市场经济背景下，兄弟们各自外出去打工，他们结婚前所赚的钱一般还会集中起来交给父母，由父母保管，以为他们的婚姻做准备，虽然这些钱并不太多。现在农村结婚花销巨大，很多家庭还需要向亲戚和朋友们借一部分钱。所以长子结婚时，全家必须集中所有财力帮他建新房、备彩礼。结婚花费基本上是靠父母多年省吃俭用的积累，但兄弟有余钱时往往也会拿出来支持家里，这既是支持父母，也是支持兄长。等到兄弟结婚时，受到兄弟支援的哥哥也会准备一些钱支援兄弟。在结婚之前，兄弟们作为一家人，他们在钱财上一般不太会计较，而是非常慷慨地相互帮助。比如有一对兄弟，老大在家做点小生意，赚钱很少，而弟弟在外打工，干得还算不错，积余了几万块钱。哥哥需要建新房以准备结婚，弟弟就把自己积攒的钱拿出来支援哥哥。这位弟弟说，他十六岁初中毕业外出，六年时间攒的三万块钱全部支援哥哥了。在这一过程中，老大的角色很关键，因为老大结婚时常常会得到兄弟的支援，等到兄弟结婚时，老大必须回过头来支援兄弟。也有这种情况：老大结婚后不承认受到兄弟的帮助，而坚持认为那是父母给自己的，是自己应得的，这便会埋下兄弟不和的种子。实际上，随着年龄的增长，兄弟们的自主性也日益增强，尤其是在他们恋爱后，也会开始为自己即将组成的小家庭考虑，有意识地为自己积攒资财，对兄弟的帮助也会有所保留，兄弟间的财产分化初露端倪。但总体而言，在未成年之前，兄弟们在父母的庇护下尚不存在直接的财产竞争关系；在成年之后和结婚之前这一短暂的时间内，兄弟之间常常共享财产，互相支援和帮助，充分体现一家人的亲情，极少财产上的分化与争端。

结　婚

在有多个儿子的核心家庭中，儿子们的结婚带来了家庭结构的重要变化，在核心家庭转变为扩大家庭，或者变为多个核心家庭时，家庭关系也会随之发生变化。因此，结婚是家庭关系变化的分水岭，而这一变化在结婚过程中即已表现出来了。

一、婚嫁程序

1. 相亲

又叫“见面”。在1949年以前，本地农村的婚姻基本上由父母包办，即所谓“父母之命，媒妁之言”。现在农村青年自由恋爱较多，但最普遍的还是通过媒人的介绍。一般情况下，一位青年到了可以谈婚论嫁的年龄（一般是十七八岁），就会有媒人主动帮忙介绍。所谓媒人，多是亲戚、朋友和邻居等较为亲近和熟悉的人。经媒人“说合”后，双方便会约好一个时间“见面”。“见面”时，一般是在女方家里，男孩子或由父母，或由婶子、嫂子等领着到女方家。男孩子备着好烟，到女方家给人让烟，以表礼貌和友好。女方会请近亲和邻居们来家里“目测”男孩怎么样，帮忙判断。通过聊天，双方家庭互相观察对方的孩子，然后让男女青年在客厅里单独谈话，大人们则在外面互相寒暄。最后，男方女方告别，互相“等话”。若见面后，男孩女孩无意见，则两方家长再通过各种关系打探对方的情况，具体包括经济条件和家长的为人处事等。媒人在中间互传意见，若最终双方家长和孩子都无意见，则开始“压帖”。

2. 压帖

所谓压帖，又称“小订婚”，即初步把婚姻定下来，以利于男女双方的进一步交往。20世纪八九十年代时，一般是男女青年及双方的几个女性亲戚一起去“赶集”，帮女方买一些高档的衣服，并在一起吃饭，通过交往交流感情。如今，男方还会给女方家里送一些礼品，另外还会拿一些钱，从几千块到一万多不等。这一过程类似于给女方信物。

3. 订婚

订婚，又叫“定亲”“下礼”或“过礼”。在双方商定的吉日，男方会请来媒人在家里摆上一桌酒席，和自己的亲友一起讨论订婚事宜。下午，媒人和男方的亲属一起带着礼物去女方家，大家坐在一起说说话，算是把婚订下。自20世纪90年代开始，风俗有些改变，即男方直接带着酒菜和订婚礼品，与媒人和亲属一块儿去女方家，这样办事吃饭放在一起，更为方便。如今，一般是男方订好酒席，上午带着礼品去女方家坐着谈话，快到午饭时间，大家再开车或包车去饭店吃饭。订婚时男方会带着各种礼品，其中“四色礼”必不可少。所谓四色礼，内容并不固定，一般包括肉、鱼、果子[①]和酒。另外还要拿礼钱，即彩礼。据说以前订婚还要写帖，又名过庚、传庚、传帖、下定等，即交换允婚庚帖。帖名红绿简、鸳鸯书、允求书、小书子等，是书写男女各方的姓名、生辰及双亲名讳的喜帖。男方在帖中书写“恭求”二字，女方以“敬允”二字回复。现在订婚已无写帖的内容。

4. 择吉

俗谓“看好”，即请人选择或自己确定完婚的“吉日”或“喜期”。当日，男方亲属一行带着礼品去女方家，去要女方的生辰八字。20世纪80年代之前一般只需二斤果子就行了。现在一般会带着四只、六只或十只大红公鸡。四色礼也是必需的。女方若是愿意当年就把姑娘嫁出去，则会把公鸡留下。若是不愿意，想拖一段时间再考虑成婚，则会让男方把公鸡带回去。若是女方同意，男方便带着女孩的生辰八字回去，请算命先生确定举办婚礼的吉日良辰。也有男女双方自己商定结婚日子的。日子选好后，男方还会带着礼物去女方家，告知具体日期。

5. 会亲

又称“会媒人亲家”。在喜期将临时，男方家长和亲属在媒人陪同下，带着四色礼等礼品到女方会见“亲家”，由女方设宴招待。双方具体商定喜期的各项事宜，如结婚时新娘坐轿车还是坐轿子、女方会有多少人过去送亲、需要几辆车、男方需要安排多少桌酒席、女方下车或下轿时需要封多少钱，等等。

---

① 本地的一种传统糕点，种类多样，大多极甜，现在人们一般不爱吃。但是，在节日或一些仪式中果子却是必不可少之物。果子如同钞票一样，在人们的手中转来转去，最后往往超过保质期而扔掉了。果子作为一种重要的礼品，已带有一定的象征意义。人们在节日和仪式中送果子，包含着人情表达的意义。另外，果子作为一种人情或报答的含义，也在人们的口头中用来比喻反面的意思，比如某个人受到欺负，被欺负的人可能会对对方说：“你等着吧，有你好果子吃！”

6. 完婚

完婚，即婚礼，俗称“完亲”。喜日早饭后，男方先往女家抬送四色礼，外加活公鸡一只。然后由新郎的嫂嫂打扫车（轿）后鸣炮启程。车（轿）有一长辈人扛毡引路，车（轿）里有一小男孩，称作“压车（轿）的”。一般还请唢呐队或歌舞队伴奏，隆重一些的还请锣鼓队伴奏同行。另外，现在农村结婚都要请录像师把婚礼过程录下来，留作永久的纪念。

女方留礼品时，不留公鸡并加一活母鸡一块儿送回。回礼后即发嫁，先发陪送的嫁妆，一般为各种家具、电器、车、衣物和被子等。女方的亲属们随嫁妆一起去男方家。新娘乘车或坐轿随嫁妆出嫁。20 世纪 50—70 年代时，出嫁坐轿的很少，特别是“文化大革命”期间，花轿被列为“四旧”毁弃。新娘或者步行，或者骑马，或者坐牛车来到婆家。“文革”后，花轿又在农村出现。不过，现在人们普遍以车代轿，结婚时十几辆或几十辆轿车摆成长龙，浩浩荡荡，男方和女方都觉得很有面子。以前，嫁妆（包括家具和被子等）多是由女方在自己家里制作，然后在成亲当天送到男方家，人们观看热闹时除了看新娘长相外，还要看女方带来的嫁妆多不多。如今，家具和电器等嫁妆多是集市上购买的，这些物件不易来回搬动，一般是直接送货到男方家的新房。所以，现在女方家“抬嫁妆”的亲属直接坐车到男方家，不必费力地搬弄嫁妆了。

到男家停车（轿）后，有四个与新郎同辈的年轻人或小孩分两路执着燃烧的麻秸，挑着事先烧红的犁铧绕车（轿）转一周，然后把一碗醋浇在犁铧上，冒出腾腾热气，称作“打麻秸火”，意在驱邪。新娘下车（轿）后，即在院内摆设的天地桌前与新郎拜天地。天地桌上焚香一把，置斗一只，上贴写有“囍”字或“满斗焚香”的大红方纸，斗里盛满粮食，插着带圆盘的秤，并用一块黑布蒙着。据说，古代完婚是在月朗星明的晚上进行，后来改在白天，于是就以黑布表示黑夜，以秤星代替星星，置铜镜表示月亮。拜天地时，新人的长辈向观礼者撒喜钱和喜糖。

图四　拜堂时的香斗

结婚当天，新人要给祖父母、父母、伯、伯母、叔、婶、姑、姑父、舅、舅妈、姨、姨夫等长辈叩头行礼。长辈接受新人叩头叫作“受头”，受头者要给新人封喜钱，叫“受头礼”。受头礼用红包封着，封的钱数不断升格，20世纪六七十年代一般为二元或四元，80年代最少五元，十元者普遍，多者有几十至百元的，到今天时已经增至数百上千元。亲友乡邻给新人贺喜送现金叫“添箱”，对“添箱”者要设宴招待。赴男方喜宴叫“喝喜酒”，宴席丰盛，菜肴

图五　楼庄的婚礼

多有讲究，多至三四十道。近些年结婚待客之风越来越盛，人们以客多和菜肴丰盛为荣，一般待客二十多桌（每桌 8 人），多者四五十桌。

二、婚姻消费的变迁及其竞争

随着人们经济水平的提高，婚姻花费在互相攀比中越来越高。与婚姻有关的花费大体分为三块：新房、嫁妆和婚礼花费。

1. 新房

20 世纪 80 年代以前，农村结婚并没有先建新房的习惯。那时的房子普遍是土瓦房，即土质的墙，木架梁头，上面覆以茅草或小瓦。而且房子少，一般是三间正屋，两间侧屋。孩子多的家庭，好几个孩子挤在一间屋，甚至一张床上。家里有儿子结婚时，专门为他腾出一间房屋即可。结婚后大家再一起努力，积攒力量为他们建造新居。

从 80 年代起，农村开始兴起另建新房结婚的习惯。特别是有多个儿子的家庭，不建好新居，女方一般不会同意嫁过来。实际上，未建好新房，别人也不方便为之说媒。因为当媒人去女方家提亲时，女方一定会问"房子盖好了吗"？"盖的什么样的房子"？有时还会专门去男方家看一看。现在人们往往提早建房，在孩子十六七岁时就已为他建好新房，这实际上是告诉人们该家庭已经为孩子结婚做好了准备，等待媒人帮忙说媒，随时欢迎姑娘嫁过来。

随着时代的发展，新房的流行式样在不断变化。在 20 世纪 80 年代流行砖瓦房，即青砖或红砖的墙体，梁木起脊结构，上面覆盖以大瓦的房子。当时建一栋三大间的瓦房，大概花费 9000 元左右。到了 90 年代，开始流行平房。平房与瓦房的主要区别是梁木起脊结构变成了水泥预制板，房顶可以晾晒粮食。那时建一栋三间的平房大概需要 15000 元左右。后来人们发现，平房有很多缺陷：平房使房间内的空间变小；除非用浇灌的屋顶，否则雨天很容易漏水；夏天时房间内较热等。到了 90 年代末，又开始流行两层的楼房。楼房的屋顶一般是浇灌式的，墙也更厚，花费也更高，现在建一栋楼房最少也需要 100000 元以上，装修讲究一些的要花费二三十万元甚至更多。到今天，楼房成了结婚的基本条件，何况房子是人们“脸面”或“声望”的突出体现。[①] 人们告诉我：“现在都得要楼，没有楼白（别）想结成婚。嫁女儿住的是平房或者是瓦房，面子上过不去。人家会说你嫁个女儿嫁个穷婆家。所以现在都要楼，借钱也得盖楼，大部分都欠账。”

2. 嫁妆

20 世纪六七十年代时，“女方背个包袱，里面装几件衣服，然后带个门帘子、两床被子，家里条件好一些的再给个柜子或桌子等，这就算全部的嫁妆了”。从 80 年代开始，嫁妆的内容逐渐多了起来，除了衣柜、桌子、脸盆架子等家具之外，还开始出现了所谓“三转一响”——自行车、手表、缝纫机和录音机。到了 90 年代，嫁妆里增加了摩托车以及电视机、电冰箱、洗衣机等各类电器，每逢姑娘出门，拉嫁妆的汽车浩浩荡荡。2000 年以后，嫁妆里又增加了电动车、农用三轮车和电脑等。在本地，嫁妆是女方家庭提供的陪嫁之物，当女儿出嫁时，带的嫁妆越多，女方家越显得有面子，新娘在新家庭中也会有更好的地位。

---

① 在本地农村，房子是家庭财富的主要表现之一，房子成了家庭的门面。因此，作为面子物化的房子成了人们攀比的重要内容。比如在村子里建的新房基本都是楼房，楼上楼下很多房间，但由于家庭子女数的减少以及劳动力的流出，房间大多是空荡荡的无人居住。村民们并非不知道这一点，但受类似于夸富宴的一种心态的影响，人们还是热衷于盖华而不实的楼房。有学者对此从平均主义的角度进行了分析，以农民对房屋的竞争作为集体化对农民平均主义心态影响的切入点及其表现。参见卢晖临：《集体化与农民平均主义心态的形成——关于房屋的故事》，《社会学研究》2006 年第 6 期。但实际上，平均主义主要体现于有限资源的分配和争夺上，可以说是一种建立在既有资源基础上的内向和消极的思想。在市场经济时代，农民们积极外出创造财富，并通过房屋来展现自己的财富，这种房屋上的积极竞争态度已经超越了平均主义的界线，因为它的着眼点不是资源有限前提下的分配，而是无限市场背景下的财富创造，这种外向型特点决定了它追求的显然不是平均，而是力求超出他人，这实际上是一种“不平均”。只有这种不平均，才能解释为什么农村的房屋越建越奢侈。

3. 婚礼花费

婚礼花费主要包括彩礼和请客吃饭。在 20 世纪 60 年代时，由于当时经济条件差，定亲时一般花费很少，经媒人一说，在一起吃个饭就算订婚了。结婚时也不需要什么彩礼，男方一般给女方“扯几尺洋布，掂二斤果子就行了”。男方花费很少，主要花钱的地方在于请客吃饭，加在一起一般不会超过 100 元。到 70 年代时，婚姻花费有所提升，过礼时一般要带几斤猪肉、几斤果子、一条两三斤重的鱼。婚礼后，男方家请亲戚朋友吃饭，花钱一般在 200 元左右。从 80 年代开始，婚姻花费开始上涨。过礼时一般要买一二百块钱的衣服，更多的猪肉，更多的果子，更大的鱼，另外还要带酒。这时男方结婚花费从 80 年代初的数百元逐渐增至千元以上。到了 90 年代，本地开始流行过礼时拿钱的习惯。男方除了给女方买衣服、送四色礼外，还要拿 2000 元以上的彩礼钱。彩礼钱逐年升级，从 90 年代初的一两千元逐渐增至六七千。在 90 年代，男方结婚由千元增至万元。2000 年以后，婚姻花费几乎“一年一个变化”，过礼规格越来越高，比如四色礼中的猪肉由原来的几斤、十几斤增至一爿猪或整只猪，鲤鱼由二三斤重的升级为十几斤重的，果子由二斤或四斤变成几十斤，酒由二到四瓶变成几百上千元一箱的名酒。给女方买衣服就需花两三千元。

彩礼钱也已经突破万元大关，前些年流行所谓“万无一失”，即要拿 15000 元的彩礼才能谈好婚事。15000 元的礼钱也已经落伍了，现在拿出五六万的礼钱才是一般水平，男方主动拿出十几万的情况也很多。不过，女方家庭一般会对彩礼钱原封不动，等到婚礼时一起交给新成立的小家庭。当然，个别家庭会使用彩礼钱买嫁妆，甚至会留一部分自己使用。这种情况目前极少，因为动用小孩彩礼钱的家长会遭人议论，甚至会影响以后的家庭关系。除了礼钱，男方还要买“三金”，即金耳坠、金戒指和金项链，价格不菲。

以前婚礼是由长辈主持，另外邀请一些唢呐队“吹响器”，唱地方戏曲和流行歌曲等，以渲染热闹的气氛。现在一般是请婚庆公司来主持婚礼。婚庆公司用大卡车拉着婚礼上需要的布景、音响、礼炮和机器等设备，并带来专业的婚礼司仪，有时还有锣鼓队和舞狮子队等，这需要几千甚至上万元的花费。另外，还会请影视公司拍摄婚礼视频，以留作永久的纪念。

以前喜宴是在家里举办，买食材、请厨师，在自家的宅子里架起炉灶做饭。现在大多预定了酒店，拜堂之后大家一起去酒店喝喜酒。和以前的方式比，在酒店办喜宴花费相对较多，目前一般每桌酒席花费 500 元左右。

由上可见，各类婚姻消费都处在不断增长的过程中，其直接原因是经济水平的提高，农民越来越有实力把人生礼仪办得更加隆重。在各项婚姻消费中，房子、彩礼和嫁妆是互相关联的，由于新居的流行，客观上需要嫁妆带来家具和家电等基本生活设施，而嫁妆的增多又促成了彩礼钱的增长。结婚后即住进新居，这又促成了家庭关系的变化。尤其在多子的家庭中，住进新居实际上是财产分配的重要内容之一。虽然住进新居的新婚夫妻有一段时间会与大家庭同灶吃饭，但是房子及其中的各项设施都已经是新的小家庭的财产了，而且分家作为必然的结果，新居和嫁妆都是家产分配的一项重要内容。也因为此，从结婚之时开始，兄弟间就可能会产生直接的经济上的竞争。

由于彩礼和新房都是新成立的小家庭的基本财产，它们是新家庭的经济基础，所以彩礼的多寡和新房的优劣对于小家庭非常重要。在独子的家庭中，新娘对彩礼的多寡及新房要求并不是太高，只要男方家庭条件不错，女方不会对彩礼提出过多的要求，甚至会不要彩礼，因为整个家庭的财产最终都要归属唯一的儿子。若是男方家庭有两个以上的儿子，女方家庭则会“狮子大张口”，因为这是兄弟间财产分配的第一步。访谈中大家对此都有共识，“如果男方家里只有一个儿子，女方不会咋要，随男方给，达到一般水平就行啦，要是男孩子弟儿们多，女方就会死命地要，非给你要干不可”。即使高额的彩礼钱已经给过，在新婚当天女方也可能会突然提出新的要求。当男方接亲的车队到达女方家，新娘上车时男方要给“上车钱”，一般用红包封几百块钱就够了，但有时女方会趁此机会要出高额的上车钱，钱不到手就不愿上车。对于男方来说，婚礼的各项事宜都已经准备妥当，亲朋好友都已经在家等候，情况如同箭在弦上不得不发，只能答应女方提出的要求，赶快想办法凑钱给女方送去。这类事情并不鲜见，很多人家娶儿媳时都害怕出现这种情况，尽量在“会亲”时把一切事情说清楚。即便如此，这种事情有时还是难以避免，女方照样会找出新的借口。村里有一户三个儿子的家庭，老三结婚时就出现了这种情况。当迎亲的车队到达女方家时，女方提出了 6000 元的上车费。男方父母很生气，但是没有办法，只好赶快准备好钱让人带去。当然，送去的钱并非归女方家长，而是直接交给新娘，为他们的新家庭做准备。有时，女方给男方加价要钱可能是男孩和女孩事先商量好的，作为儿子在还未结婚时就已经和未过门的妻子联合起来攫取父母的财产。这种行为在表面上发生在儿子和父母之间，其实质是兄弟间的争财竞产，即从父母那里多取一分则其他兄弟就少占一分。

上述情况为学界有关婚姻消费或彩礼的讨论提供了新的角度。学界关于彩礼的分析主要是从族际和代际两个角度入手的。①

族际的角度又有两种：其一，认为彩礼是家族或家庭间的一种经济补偿，是男方家族对女方家族劳动力流失的经济回馈，这正是“婚姻偿付理论”② 的观点。弗里德曼（Maurice Freedman）和克罗尔（Elisabeth Croll）等人支持这一理论③，如弗里德曼认为，彩礼标志着女性权利在

① 针对彩礼的讨论，除了这两个角度以外，还有文化、传统和象征层面的解释，如杨善华等人认为，彩礼和嫁妆既有经济意义，又具有婚姻文化的意义，即它是作为一种婚姻行为规范从而成为该地婚姻文化模式的组成部分而被农民所接受的。参见杨善华：《经济体制改革和中国农村的家庭和婚姻》，北京大学出版社 1995 年版，第 148 页。

② 婚姻偿付理论的前提是偿付，即男方家庭必须为女方的加入向女方家庭提供补偿。在这一解释中，女性成为一种礼物，一种具有生育价值和劳动价值，可以带来人口和财富增长的礼物。参见吉国秀：《婚姻支付的变迁：一个姻亲关系的视角》，《民间文化论坛》2006 年第 1 期。

③ 参见 Freedman，Maurice，*The Study of Chinese Society*，California：Stanford University Press，1979，pp.255–272；Croll，Elisabeth，“The Exchange of Women and Property：Marriage in Post-Revolutionary China”，in Renee Hirschon ed.，*Women and Property — Women as Property*，London：Croom Helm，1984，pp.44–61；Parish，William and Martin Whyte，*Village and Family in Contemporary China*，Chicago：University of Chicago Press，1978。

群体间的转换，表达着男方对女方家庭的感谢。① 其二，认为彩礼是通过经济的手段或契约的手段扩大家族间的联系，促进婚姻稳定的重要措施。如费孝通在《生育制度》中指出："在结婚前，男女双方所履行的各种责任——其重要性是，把个人的婚姻关系扩大成许多人负责的事，同时使婚姻关系从个人情感的爱好扩大为各种复杂的社会联系。在这些必须履行的义务中，最受人注意的是经济性质的相互服务或相互送礼。" ② 对于这一论点，有学者论述的更为具体："从整个婚姻的缔结过程和婚姻缔结以后的姻亲往来来看，聘礼有助于确立和巩固联姻家族之间的姻亲关系，嫁妆则可以维护亲属关系的结构，帮助平衡、协调姻亲之间的正常往来。二者均是联姻家族之间为了建立长久、和谐的姻亲关系而采取的交换体系中的一部分。" ③

代际角度的主要关注点是金钱或财产从父代向子代的流动和转移，根据这种流动或转移的不同特点又发展出两种不同的理论——婚姻资助理论和财产继承理论。婚姻资助理论认为，尽管婚姻花费主要来自男方家长，但一般情况下男女双方家长都要花费一定的钱物，而且在婚姻框架中循环流通的各种财物最终大多数流向了新郎和新娘成立的新家庭。如李银河通过对北京市的婚姻支付进行研究，认为彩礼从两个家庭之间的交易演变为父辈与子辈之间的馈赠。④ 财产继承理论认为，彩礼是新郎和新娘追求小家庭独立性的一种体现，是子代谋求其继承权的一种财产转移方式。如阎云翔在田野中发现，新郎背着自己的父母亲，私下鼓动、支持新娘向他家索要一份高额彩礼，以期攫取更多家产来建立自己的新家。新娘和新郎个人对夫妻独立的追求代替了父母

① Freedman, Maurice, *The Study of Chinese Society*, pp.255–272; *Chinese Lineage and Society: Fukien and Kwangtung*, London: Athlone Press, 1966, p.55.

② 费孝通：《乡土中国　生育制度》，北京大学出版社 1998 年版，第 131 页。

③ 刁统菊：《婚姻偿付制度的地方实践——以红山峪村为例》，《民俗研究》2006 年第 4 期。

④ 李银河：《中国人的性爱和婚姻》，河南人民出版社 1991 年版，第 117 页。

对大家庭利益的考虑，而成为婚姻交换的协商和安排中最主要的决定因素。[①] 婚姻资助理论和财产继承理论的共同关注点是财产以彩礼的形式从父辈向子辈转移，二者的区别在于：前者是自愿的，是父辈出于感情的支付；后者是被动的，是父辈在一种强迫力量下被迫实现的财产转移。

无论是族际的角度还是代际的角度，其分析的落脚点或具体内容都是家庭和家族关系，这些关系都对彩礼的增长及其流动产生了影响。在上面的材料中，女方对单个兄弟的男方家庭很少提出彩礼上的要求，而常常会对多兄弟的家庭索要高额彩礼，不断加码，以致纠缠不清，这表明兄弟关系也是各种家庭关系中影响彩礼的重要一维。从楼庄及其周边的实际来看，也存在上述阎云翔发现的新郎和新娘合谋，通过高额彩礼攫取父母财产的情况，但是应只发生在多兄弟的家庭中。在多兄弟的家庭中，兄弟们终究要对父母的财产进行分割，所以趁结婚的时机争取高额彩礼，以求“先下手为强”，多分一杯羹。而在独子家庭中，父母的财产流向单一，早晚都要归儿子和儿媳所有，所以人们觉得没有必要如此心急。财产继承理论强调的是子辈主动和提前继承父辈财产，但根据楼庄的情况来看，在独子家庭中这种“主动和提前”显得多余可笑，不会有人这样去做。相反，多子家庭中才会发生这种“主动和提前”的行为，但是这种行为主要体现的是兄弟间的财产竞争，虽然这也算是财产继承的内容之一。

在多兄弟的家庭中，结婚所得的新居、嫁妆和彩礼等都属于新婚夫妇组成的小家庭，是兄弟间财产分配的第一步。因此，结婚是兄弟间财产分化的开始，结婚常常标志着兄弟关系进入了一个新的阶段。

---

① 参见阎云翔：《私人生活的变革：一个中国村庄里的爱情、家庭与亲密关系（1949—1999）》，上海书店出版社 2006 年版。

婚　后

一、婚后分家

分家，从最基本的层次来说是对家庭财产的一次再分配，同时它还标志着家庭成员相互之间权利与义务的重新界定以及新的家庭之形成，是“家庭政治”中最重要的事件之一。笔者就何为分家的问题与村民们进行过讨论，他们认为目前农村分家分为三个阶段或部分，即分居、分锅（灶）和父母去世后的分产。虽然分居也是分家的重要内容之一，但一般分锅才是分家的真正标志，因为分锅的同时，田地常常也随之分了。当然也有特例，田地没分但是分开锅吃饭，这种情况极少，目前在村中没找到案例。另外，在传统社会数代同居的大家庭中，当人口众多时，为了生活的方便分灶吃饭也是一种必要的安排。如历史上有名的江西陈氏家族，唐宋年间历经十五代，332 年未分家，聚族而居多达 3900 余人，史称“江州义门陈，天下第一家”。对于此类人数众多的大家庭，虽然没有分家，但为了方便行事，分灶吃饭是很正常的。学界关于“何为分家标志”也有多种讨论，如有学者把家计的分裂作为最初的家庭分裂的主要变量①，还有学者把分灶作为分家的重要指标②。无论是家计、家产、分居或分灶，都是分家的表现和内容，它们在不同的条件下各自具有不同的重要性。

根据楼庄目前的情况，村民们把分锅作为分家的重要标志。但由于分

① Cohen，Myron L.，*House United*，*House Divided*：*The Chinese Family In Taiwan*，New York：Columbia University Press，1976.

② 胡台丽：《合与分之间：台湾农村家庭与工业化》，载乔健编：《中国家庭及其变迁》，香港中文大学社会科学院暨香港亚太研究所 1991 年版，第 213—220 页。转引自麻国庆：《家与中国社会结构》，文物出版社 1999 年版，第 50 页。

家是家庭发展的必然结果，而且分锅常常在分居基础上进行，所以分居也就成了分家的重要内容之一。尤其在多子的家庭中，除了小儿子可能结婚后会与父母一起居住，前面的儿子一般结婚后很快就改变共居的形式，和妻子分离出去。婚后分居亦与本地的经济情况或传统住宅结构有关。

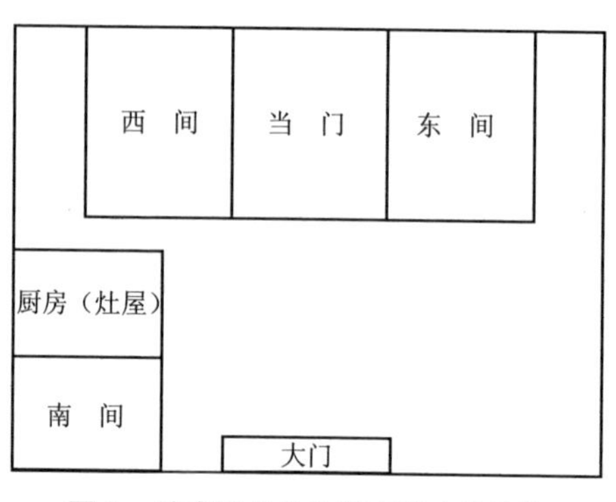

图六　豫东皖北传统的家庭建筑结构

在本地，传统住宅建筑的典型结构如下：三间堂屋坐北朝南，两间侧屋位于院子西侧或东侧。正屋分为当门、东间和西间。当门是客厅，用来接待客人，东西两间是卧室。侧屋靠近堂屋的一间一般是厨房，厨房外的一间当作储藏室或牲口屋。整个院子用围墙圈起，正南中间设大门。旧时人们物质贫乏，周围用的是泥土堆成的矮墙，或者用木棍和玉米秸秆做栅栏。厕所常常设在堂屋的西侧或院子的西南处。实际上，这种结构在从前的一些穷困家庭也只是一种理想状况，很多家庭常常只有两间土坯房，里间用来当卧室，外间兼做客厅、储物室以及卧室等。主屋旁边另搭一个简陋的棚子算作厨房。不少人家除了一些简单的农具外，基本是家徒四壁，甚至连睡觉用的棉被都不够，一床被子往往用一辈子，甚至传给下一代。被子因用之太久，往往失去了原初的松软而发硬，冬天时不易生暖，这种情况应该正是诗句“布衾多年冷似铁”的生活原型。所以，所有的房间都可当作卧室，往往几个人挤一张床。20 世纪 80 年代以后，人们的经济情况逐渐好转，三间正屋、两间侧屋的庭院结构非常普及。

图七　楼庄的旧式院落

在这样的院落结构中，父母住在东间（东边为尊，若有老人时，一般是老人住在东间），儿女们根据不同的情况住在西间和南间，若是家里人口多，房间不够住时，就会在当门放一张床，客厅也就成了卧室。再不足以居住时，有时厨房也会成为卧室。在楼庄 40 岁以上的人中，不少人曾经睡过厨房。一位今年 45 岁，小时睡过厨房的叔叔带着乐观的笑容说道，睡在厨房也有好处——冬天时睡在烧火用的玉米秸或麦秸中显得松软舒适，而且由于烧饭时的余温以及灶里的余火使厨房非常暖和。当然，夏季暑热时就不必住在厨房了，帷天席地，满目繁星，更有一番情调。[①] 在农业社会，一些人家养有牛和马等牲口，院子的东南面还可能设有牲口棚或牲口屋。

① 直到今天，还有一些人会在夏夜睡在室外避暑。当然，由于室内避暑条件的改进以及室外安全的考虑，夜里睡在外面的人越来越少了。其中安全的考虑是最多的，本村有一家人开了个小卖部，夏夜里夫妻二人睡在外面时后墙被人打了个洞，很多物品被盗。

住在充满湿气和特有的牛马粪便味道的牲口屋也是很平常的事，一方面在夜里可以随时起床帮牲口加草料，另一方面可以防止牲口被盗贼牵走。

这种较为简单的住宅结构一方面反映了核心家庭是本区域主要的家庭结构形式，另一方面也反映了多子家庭中儿子婚后即与母家庭分居的习俗。多子家庭的儿子结婚时，或者为他们腾出一间房作为新房，或者为他们准备新居。若是仅腾出一间房，则随着弟弟们婚事的临近，家里的住房显然不足。所以，多子的家庭一般会尽早为结婚的儿子建造新居，让他们分开居住。随着经济条件的好转，现在几乎所有的家庭都让儿子在提前建好的新房内结婚。虽然也有极少数人结婚时还未建好新房，结婚之后会有一段时期与父母和兄弟居住在一起，但是这种情况现在很罕见，而且一般持续时间很短，新婚夫妇总是会想法很快地建好自己的新房并且分开居住。

儿子们结婚多久后与母家庭分锅或分家呢？20 世纪 80 年代以前，尤其是 1949 年之前，传统伦理理想支配的社会舆论迫使儿子们尽量推迟分家的时间。一般而言，长子结婚后常常要等到弟弟也结婚才能提出分锅和分家，所以从结婚到分家常常要间隔三年左右的时间。当然，兄弟年龄差别较大时，长子可能等到自己有孩子后提出分锅，时间段大体差不多。80 年代以后，从结婚到分锅的时间越来越提前，现在一般是在结婚三个月内就分锅了，也即分家。

针对汉人社会分家的原因，很多学者认为平均继承的习俗和同居共财的日常生活之间的矛盾是兄弟分家的根本原因。比如戴维·魏克费尔德（David Wakefield）和弗里德曼都认为，中国家庭日常消费品的分配和诸子均分制度下的儿子潜在财产权之间存在矛盾，这一矛盾的发展将会引起分家。① 平等的财产继承权要求日常消费的平等，而由于各种原

① Wakefield，David，*Fenjia*：*Household Division and Inheritance in Qing and Republican China*，Honolulu：University of Hawaii Press，1998，p.38；弗里德曼著，刘晓春译，王铭铭校：《中国东南的宗族组织》，上海人民出版社 2000 年版，第 29 页。

因，琐碎的日常消费不易均衡，在此基础上矛盾就会萌发和积累。与之类似，王跃生把儿子对祖辈或父辈财产的平均占有权或继承权当作传统私有制状态下分家的深层原因。① 张佩国也认为，“在家族共财制下，家产的权利主体不明确，模糊的家产共有观念是导致家庭冲突的根本原因，一方面这种冲突不断地促成家庭分裂的趋向，从而导致分家；另一方面，即使是分家另居后，不同房支间也仍然有着千丝万缕的财产关系，争夺家产的冲突同样会发生”②。郝瑞也从兄弟间经济利益的角度分析了分家的早或晚，他认为，有一系列向心力和离心力或者将兄弟联合在一起追求共同的经济目标，或者因兄弟彼此及其妻子的相互猜忌而分开。当离心因素较强时，其中的各支之间心理处于紧张状态，没有公共的经济动机将复合家庭保持在一起。因而从循环的角度看，复合阶段是短暂的或不存在的。然而当需要集中劳动力、资本或实行经济多样化时，共同利益的潜力超出共同生活的挫折，复合阶段将很可能持续得比较长。③

其实上述学者们的观点并不新鲜，古人早已从这一角度阐明了兄弟争财的特点。“谓父母之一椽一瓦一丝一粒兄弟各有分焉，一认为分内之物便锱铢尺寸所必较。故从古兄弟之间或为家而争为国而争，皆各见其为分内耳。”④ 另有史者根据古代分家文书，总结了古人自述的分家之直接和间接原因，包括“家政难于统理；各怀嫉妒私心，遇事推诿、坐吃山空、共致贫穷等”⑤，亦同上理。

---

① 王跃生：《20 世纪三四十年代冀南农村分家行为研究》，《近代史研究》2002 年第 4 期。

② 张佩国：《制度与话语：近代江南乡村的分家析产》，《福建论坛》2002 年第 2 期。

③ Harrell, Stevan, “Geography, Demography, and Family Composition in Three Southwestern Villages”, in Deborah Davis and Stevan Harrell eds., *Chinese Families in the Post-Mao Era*, Berkeley: University of California Press, 1993, pp.78–79。转引自肖倩：《制度再生产：中国农民的分家实践》，上海大学博士论文，2006 年。

④ 沈兆沄辑：《篷窗续录》，《续修四库全书》卷一一九八，上海古籍出版社 2002 年版，第 60 页。转引自吴欣：《清代“兄弟争产”诉讼中的法律与社会》，《聊城大学学报》2005 年第 4 期。

⑤ 张研、毛立平：《19 世纪中期中国家庭的社会经济透视》，中国人民大学出版社 2003 年版，第 75 页。

在传统社会，分家一般指的是兄弟间的分家，不是指父子分家。[1]以上关于分家的讨论，也主要针对的是传统社会中的兄弟分家，尤其是同居共财的扩大家庭或联合家庭分家的情况，这种分家往往采用的是一次性析产的方式。而从目前农村的普遍情形来看，分家一方面表现为多次性分家，另一方面主要表现为代际之间的分家。以楼庄目前的情形来看，从长子结婚到新婚夫妇与父母兄弟分锅，常常只有几个月的时间，在这短暂的时间内，兄弟们称不上同居共财：一方面，新婚夫妇有自己的新居，兄弟们作为年轻的劳动力常常在外工作，一家人较少在一起生活；另一方面，兄弟们除了仅供口粮需求的耕地外，他们各有生计，结婚之后共财的程度很小。在短暂的同灶生活中，一般是由父母负责饮食消费，很难说在短短几个月内，兄弟们就会因为日常消费的不均衡而产生矛盾，并且矛盾已积累至要以分家来解决的程度。

财产或经济上的矛盾自然是促成分家的因素之一，但随着目前农村经济环境的变迁，兄弟间在经济方面存在的矛盾越来越小。在传统农业社会，农村的经济生产具有一种内向性，人们“不需要睁眼去看外面的精彩世界，只要不离开土地就能维持一种基本的生活”[2]。土地作为最重要的生产资料，其扩展的空间却极其有限，因此兄弟们的财产获取主要依靠于前几代人的缓慢积累。在这种情况下：父亲往往具有很高的权威，对家庭也具有较强的整合力，兄弟们一般要等到父亲去世后才能对家庭财产进行一次性析分；另外，“内向”的经济特点及有限的生存资料决定了资源分配方式的重要性，特别是艰苦的生存条件使穷困的农民们有时如同站在齐颈的深水里，稍有风浪便面临灭顶之灾，若多分得几分地，在艰苦的年头里对自己小家庭的生存可能起到非常关键的作用，因此兄弟们的财产关系显得较为敏感。而在市场经济发达的今天，农村

① 麻国庆：《家与中国社会结构》，第51页。

② 同上，第70页。

的生计方式已经发生根本变化，农业及土地已经退居次要地位，人们的目光已由世代相传的固定和有限的土地转向广阔无限的市场，农业生产所得的收入在人们的总收入中所占的比例日益减小。并且，兄弟们常常各自外出打工或做生意，兄弟之间在生计上的关联度已经微不足道了。在这种情况下，财产或经济因素作为分家的原因，其重要性似乎越来越小了。

古今人们相传的因财分家逻辑自有其现实生活根源，而分家实践在这一过程中却已成为一种民俗。作为一种民俗文化，分家习俗本身亦已成为分家的重要原因之一。因此，古人曰："礼有分异之义，家有别居之道"(《后汉书·许荆传》)；"兄弟当分，宜早有所定。兄弟相爱，虽异居异财，亦不害为孝义"(《袁氏世范·睦亲》)。并且俗语也常说："树大分杈，人大分家。"兄弟分家析产，和儒家的孝悌观念渐能调和，在人们的观念中成为"极为平常、天经地义的事情"①。在这种情况下，人们已不考虑为何分家的问题，转而进一步考虑何时分家与如何分家等问题。②

在问及村民们分家原因时，他们提出了以下各种具体的生活细节问题。(1)饮食习惯。老年人喜欢吃清淡的食物，而年轻人喜欢吃味道浓重的，尤其是辣的菜肴。饮食上的区别，常常在做饭问题上产生分歧，老人做的饭年轻人不喜欢吃，年轻人爱吃的饭老年人不习惯。同时，老年人一般很节俭，对食物非常珍惜，反对年轻人把剩菜剩饭倒掉，容易唠叨。(2)生活习惯。老年人喜欢早起，年轻人多喜欢睡懒觉，但老年人喜欢很早起来做好饭，催年轻人起床。老年人嫌年轻人懒而不高

① 邢铁：《我国古代的诸子平均析产问题》，《中国史研究》1995 年第 1 期。

② 当然，上述所论偏及民间小传统，上层法律仍反对或限定父子及兄弟分家。如唐宋时规定："诸祖父母、父母在而子孙别籍析财者，徒三年"(《唐律疏议》卷十二《户婚》)；"诸居父母丧，生子及兄弟别籍异财者，徒一年"(《宋刑统》卷十二《户婚律》)。但民间的实践渐使律令成为缺乏强制力的空泛道德说教。

兴，年轻人也因为被打扰了休息也不高兴。（3）消费观念。在老年人看来，年轻人喜欢大手大脚花钱，消费观念不统一，日常消费上的矛盾就产生了。（4）个人隐私。年轻夫妻喜欢自己的私人空间，一家人住一起常有不便，尤其是本地农村常常男女同厕，而厕所又无门，多有不便。①（5）互相推诿责任。无论是做饭还是庄稼地里的活，儿媳和儿子们一般不积极去干，容易产生矛盾。由此可见，当下导致分家的矛盾较为突出地表现为代际间的生活习惯和观念的差别，经济上的因素所占比重较少。

由于以上类型的具体问题的存在，年轻人和父母都想追求自己小家庭的独立性，从而避免一系列的生活问题。可以说，对核心家庭生活独立性的追求成为目前农村分家的重要原因。这种对核心家庭独立性的追求从根本上来说是源自社会的变迁。社会的变迁一方面使家庭代际间和兄弟间的生计关联度变小，另一方面促使年轻人追求生活自主性和私密性，而经济因素仅仅成为独立性要求的内容之一。

二、分家后的日常争夺

20世纪80年代以来，兄弟们结婚即分居，婚后又很快分灶的形式使兄弟们对家庭财产的继承过程分解了，相对于传统社会中较为流行的一次性析分，兄弟间存在的财产竞争的焦点转移或发散了。如果说结婚揭开了兄弟间财产分化的序幕，那么分锅后漫长的日常生活更为兄弟们提供了争财竞产的广阔舞台。

兄弟们结婚分家后，父母常常还正处于壮年。本地农村一般结婚较早，虽然我国《婚姻法》第六条规定结婚男不得早于22周岁，女不得早于20周岁，但很多人不到二十岁就结婚了，甚至十七八岁即结婚的

① 不过，随着农村建筑的翻新，目前这种情况已经改善，厕所或者上门，或者分隔男女。

也非鲜见。面对婚姻法的法定年龄，村民们自有变通的办法，其中较为流行的是早在为孩子报户口时就多报两三岁，这样就能提前结婚了。更为普遍的情况是，人们会在办好仪式一两年后再去领结婚证。甚至结婚很多年，孩子很大了，还没领结婚证的情况也有。由于结婚偏早，很多父母刚过四十岁就已经为子女办完了婚事，成为年轻的公公婆婆。另外，随着生活水平的提升，人均预期寿命也大大提高。有学者根据 2010 年中国第六次人口普查提供的全国人口数据资料计算，中国人口平均预期寿命已经达到 73.65 岁[①]，这与 60 多年前人均寿命只有 35 岁相比，已有很大进步[②]。20 世纪 30 年代在中国农村调查的人类学家奥歌兰（Lang Olga）发现，人们的平均寿命在 50 岁以下。[③]村中的老人们说，从前人过五十就变得苍老，看起来就像现在的六七十岁，尤其是女人们。由于农村的早婚习俗以及人均寿命的提高，当儿子的婚姻大事完成之后，父母们依旧较年轻，往往还正处于壮年。同时，刚结婚的儿子们获得经济上的自立，但他们的生活消费水平往往较高，在遇到经济上的困难时还会依赖父母。由于自身的困难以及父母尚可依赖，兄弟们有时会有意无意地从父母那里争夺各种利益。

具体来说，分锅后的日常争夺主要表现为以下三种形式：

蹭吃。分灶后，儿子儿媳在父母家吃顿饭本来很正常，但是有些人去父母家吃饭的出发点是占便宜，这实际上是回去蹭饭。一位兄弟回去蹭饭，别的兄弟看不下去又不好说，于是也回去蹭饭。父母也不好意思赶他们走，只好忍气吞声。有一家兄弟三个，都已结婚，父母为他们操办完婚事后年近六十，分锅后父母与老三住在老

① 舒星宇、温勇、宗占红、周建芳：《对我国人口平均预期寿命的间接估算及评价——基于第六次全国人口普查数据》，《人口学刊》2014 年第 5 期。

② 参见蒋乃君、唐珍：《世界卫生组织报告全球生存现状》，《决策与信息》2007 年第 7 期。

③ Olga，Lang，*Chinese Family and Society*，New Haven：Yale University Press，1946。转引自麻国庆：《家与中国社会结构》，第 24 页。

宅上，同居不同灶。逢春节时，父母买了些年货，包括鸡鱼肉蛋和各种蔬菜，计划和老三合锅，一起过年。老大老二觉得老三占便宜了，都带着孩子回来蹭吃蹭喝，每到吃饭时间就赖着不走。父母没办法，有时说今天不饿不想吃饭了，两个儿子和儿媳就自己拿着菜做饭吃。本来父母准备和老三合灶过年，这样一来，父母必须要和老三分开吃，并且置办的年货早早就被吃完。老夫妻很郁闷却不敢明说，怕以后儿子儿媳们找到借口对他们不孝顺，只能偶尔对着邻居们倒倒苦水。

干活。楼庄的年轻人一般多在外面打工，父母必须为他们照看耕地。在一些多个儿子的家庭中，只要父母为一个儿子照看了庄稼，另外的儿子也会要求父母去他们的田地里干活，哪怕他们没有外出打工。父母为其中一个孩子干活了，有时就必须为另外的儿子干活，或者通过别的途径弥补，不然就会有人觉得自己吃亏，不满意，提意见。庄稼活沉重而枯燥，尤其是夏季天气炎热时，除草、施肥和收获都非常辛苦，很多年轻人怕吃苦，就把地里的责任尽量交给父母。老人们抱怨说："现在很多年轻媳妇娇生惯养，在娘家时就没下过地，出了门子你想让她给你下地干活？门儿都没有！"的确，现在的年轻人从小就在学校里，下学后外出打工，地里沉重的庄稼活不太能干，当父母的只好代劳了。在楼庄我们有时会看到这样的情景：儿子们外出打工了，年轻的儿媳们在家打麻将看电视，中老年的父母们成为他们免费的劳动力，顶着烈日在田地里辛苦地劳动。

照顾小孩。年轻人大多外出打工或做生意，孩子只好放在家里由父母照顾，这也造成了所谓留守儿童的问题。儿子、儿媳们在外长年累月不回来，小孩的花销必须由父母先垫着。父母照顾了老大的孩子也得照顾老二的孩子，不然儿子和儿媳以后就可能会说闲话抱怨，并以之当作借口逃避赡养责任。①

以上所言针对的大体是20世纪90年代及以后的情况，在这一阶段由于分锅后父母一般还较年轻，还有很多精力去干活和赚钱，这便给儿子们提供了较多的可供争夺的金钱、物品和劳务。对于单子的家庭来说，父母的财产和劳务具有单一的流向，儿子和儿媳不必急切地榨取。而对于多子的家庭，由于父母财产的多种流向，难免会出现不均衡，因此容易产生不满和抱怨，多个儿子的小家庭之间就会产生争夺。但是，目前农村兄弟们的小家庭对父母的争夺相对而言是隐性的，他们的争夺都指向父母，而兄弟们之间极少发生正面的对立和冲突。

以之与20世纪90年代以前的情况做对比，则可知兄弟关系的特点有所变化。在90年代以前，从结婚到分锅一般有两三年时间的大家庭生活，大家庭生活中的兄弟们以及儿媳们要共同面对生活中的各种琐事，在这一过程中兄弟间产生矛盾的可能性较高。而且一旦产生矛盾，这种矛盾就显得十分明显和直接，强度也较大。另外，在90年代以前，人们大多固守在村子里，主要靠农业生产维持生计，分家时有限的土地和其他生产和生活资料显得十分重要。尤其在农业生产水平较低的时代，土地的多少甚至直接关系到自己小家庭的生存。长时间大家庭内矛盾的积累，再加上分家过程中土地等

① 王崧兴在龟山岛的汉人渔村调研时也发现类似的情况，年老父母“得留心利益公平分配的问题。最重要的是财产之均分，父母绝不能有所偏心，否则不只引起兄弟间之争纷，且也会遭人物议。弟弟因多结了一次婚，多花了一次父亲的钱，兄弟间产生了不公平的情形，故做父亲的就必须拿些现金和金饰贴补大媳妇，以弥补因小叔多结一次婚所受的损失”，而且父母给老大家挑地瓜了，那么老二和老三家的也非去挑不可。给老三家生火做饭了，那么必须要去给老大老二家做饭，所以一大早起来要奔跑于三个炉灶间生火。另外，“奉养父母之义务，跟承继父母之遗产或获取父母之利益是相对应的。义务之分摊，遗产或利益之分配，都如同分配渔获物一样，算得很精细而合理”。可见汉人诸子要求平均之普遍性，并未因生计方式的改变而不同。参见王崧兴：《龟山岛——汉人渔村社会之研究》，台北“中央研究院”民族学研究所1967年版，第134页。

各种财产关系生存的重要性，兄弟间产生激烈竞争和矛盾的概率相对较高。

20 世纪 90 年代以来，随着分家过程的分解以及分家的提前，兄弟间财产分配的过程相对比较缓和。一般在结婚之时，大部分的财产分配已经完成，分灶后父母所占的份额已经很小，一般只有少量的老屋和较少的耕地。随着市场经济的发展，人们的生计方式逐渐从以农业为主转向以市场为主，外在的市场机会促使他们把关注点转移到农业和耕地以外，因此他们一般不会太耗精力去争夺“鸡肋”般的土地。涂尔干在《社会分工论》中也谈道：“一旦他可以频繁地外出远行……他的视线就会从身边的各种事物中间转移开来。他所关注的生活中心已经不局限在生他养他的地方了，他对他的邻里也失去了兴趣，这些人在他的生活中只占了很小的比重。”[①] 因此，昔日宝贵的土地在他们的心目中重要性大大降低了，甚至很多人主动把耕地转给别人，以更专注地从市场获取利润。

另外，随着农村劳动力的转移，兄弟们常常各自外出打工或做生意，他们可能常年见不到面，只有春节时才能相聚。较少的相聚时间也减少了兄弟们的小家庭间可能产生的各种摩擦。尤其是春节时共同祭祖，共同拜见长辈和亲戚等仪式性活动，反而会加深他们的感情。因此，相对而言，分家较早且常年在外工作的兄弟们关系较好。

一天傍晚，我与五六位村民站在村里的大路边聊天，大家讨论后都认为，40 岁以上年龄段的兄弟们关系普遍不好，很多兄弟常年不说话，路上相逢如同陌生人。而年轻的兄弟们相对来说关系都不错，闹矛盾的比较少。从根本上来说，市场经济的发展大大改变了人们的生计方式，这客观上大大降低了兄弟们闹矛盾的概率。兄弟

① 涂尔干著，渠东译：《社会分工论》，生活 · 读书 · 新知三联书店 2000 年版，第 257 页。

们常常作为农民工离开家人各自飘零，在外经历着生活的艰险，饱尝人情的冷漠，每逢春节回家时尤其会觉得亲情的可贵，兄弟关系作为亲情之一维也会让兄弟们觉得温暖。虽然有时同样会发生各种矛盾，但是其发生概率和激烈程度显然已经大大降低了。

养　老

一、养老的方式

楼庄的养老模式主要有如下几种：

1. 从子居

在多子家庭中，老人多与老小住在一起，别的儿子提供一定的粮食和钱物。目前来看，这种情况很少，独子家庭中存在较多。

2. 独居

即老人自己居住，自己做饭吃，儿子们平均提供粮食和钱等。当儿子们都结婚后，父母们或者住在旧居，或者是另外找个地方建一个简易的房子居住，或者借别人家的空房子居住，自己做饭吃。这种情况非常普遍，只要老人还有能力在生活上照顾自己，他们也喜欢分开居住和吃饭。若与儿子儿媳在一起吃住，饮食偏好上有差异，父母往往还要干很多家务，容易产生各种矛盾。分开吃住减少了一些不必要的家庭矛盾，老人们可以很方便地做自己喜欢吃的饭菜，平时事情也较少，相对来说比较自由。

一位邻居八十多岁了，在村子里一块闲置的空地上搭建了一栋小屋，自己做饭吃。她有两个儿子和一个女儿，儿子们每年给她一定的米面，每月又给她 100 元钱，并轮流帮她换煤气，老人每天想吃什么饭自己做，非常方便。另外，女儿时常带着礼物来看她。她没事就坐在外面和一些老人聊天，看起来很安闲而幸福。

现代科技的发展给人们的生活带来很大的便利，同时也改变了人们的家庭结构，农村老人们独居方式的流行，应与各种便利的生活设施的出现有关。我与老人们讨论独居生活时，他们谈及了现代生活设施的便利性。从前老人们独居有很大的困难，比如要去较远的地方挑水，因为村中只有两个可以饮用的“甜水井”，一个在村子北边，一个在村西头。打水，对于老人而言是一件很困难的事情。现在有了抽水机或压水井，在家门口甚至在厨房里可以直接取到清水，非常方便。2011 年，楼庄又通了自来水，用水更为方便了。此外，从前做饭时常常要早起推磨，把玉米或小麦磨成面，这活儿沉重而枯燥，老人们常常力不能堪。现在老人可以带着粮食去打面站打面，或者直接去面店里用小麦换面，省去了很多麻烦。从前做饭需要烧秸秆或柴禾，人们要收集和储存大量的秸秆或柴禾。而且，用柴禾烧饭产生大量的烟，房间里常常乌烟瘴气。现在独居的老人大多用煤球、液化气和电磁炉，方便而洁净。由于当今的生活是如此轻松方便，老人们只要身体还能行动，他们就能很好地照顾自己，也乐于和孩子们分开住。

3. 分养

在两个儿子的家庭中，分别包养父母。楼庄曾有一对八十多岁的老人，身体都不好，已不能相互照顾和自我照顾，于是两个儿子把他们分开分别照顾赡养。这种情况很鲜见，目前暂无这种情况。

4. 轮养

老人能够照顾自己时，一般不会采用轮养的方式，被轮养的老人常常是身体出现了问题，行动不便或者是生活不能自理。轮养与分养发生的原因类似，只是轮养的情况发生在一位老人身上，而分养发生在两位老人身上。

图八　楼庄的老人们

在 20 世纪 90 年代以前，第一种养老方式最为普遍，即老人和老大或老小同居共食，别的儿子提供一定的粮食和财物。再往前推，传统社会的情况也大抵如此，那时老人一般有着很高的权威，对家庭有着较高的整合能力，甚至父母在时儿子们不分家。自 90 年代以来，随着市场经济的发展以及父辈权威的下降，父亲对家庭的控制能力大大降低，儿子们早早分家，并且分家越来越体现在代际之间。因此，第二种养老方式变得日益普遍，目前占楼庄养老形式的绝大多数。第三种和第四种养老方式往往发生在第二种养老的末期，即当老人衰老或患病至不能自我照顾时，人们不得不采取的养老方式。

二、养老中的矛盾

在多子家庭中，由于赡养父母是兄弟们共同的责任，所以无论采用以上何种养老形式，其中必然贯穿着“平均”这一基本原则。

在第一种从子居的养老方式中，老人与诸子中的一子同居共食，其他各子提供一定量的粮食或财物，而提供粮食和财物的多少，常常是经过详细的考量与计算的。假若老人与小儿子同居共食，兄长们在提供粮食和钱物时则要考虑以下内容：父母的身体条件，父母在兄弟家能做什么事（比如看家、照看小孩等），亲戚们（主要是外嫁的姊妹）平时给老人礼物的多少等。有一家兄弟四个，父母和老四住在一起，老四夫妇都外出打工了，留下孩子让老人照顾，并且由老人帮忙照顾庄稼。三个哥哥认为父母为老四帮了很多忙，理应老四赡养，他们平时并不提供粮食或钱物等，只是逢年过节时送一点鱼肉和果品等表示一下孝敬。在这种养老方式中，由于劳务和饮食等难以具体量化，很容易产生分歧，造成矛盾，这也是目前此种养老方式较少的原因之一。相对而言，第二种老人独居的养老方式则很容易操作。在第二种方式中，老人独居，兄弟们可以平均地计算各人应承担的粮食和钱数。从这一角度而言，很多老人选择独居也有此考量，因可以清晰地划分责任，可以有效避免养老中出现矛盾。第三种分养和第四种轮养也与之类似，兄弟们较易平均计算出各自的责任。

“平均”作为多子家庭赡养老人的重要原则，是与诸子平均继承父辈的财产相联系的。汉人社会有诸子平均继承家产的习俗，这种习俗对于兄弟们来说，一方面表现为财产的获得，另一方面体现着义务的承担，而且这两方面是密切相关的。若是一位兄弟觉得父母的财产分配并不平均，自己未能获取应得的份额，那么他就可能于若干年后，把自己的不满在养老的过程中表现出来。养老中产生的各种矛盾往往归根于此，即有个别兄弟认为当年父母偏心，所以受到父母偏爱者应当承担更多的责任，由此自己可以少承担责任甚至是不承担责任。请看如下案例：

一位老人有四个儿子，老人在20世纪70年代时曾是某国有企业职工，他提前退休让大儿子接了班，老大当了一名企业工人。大儿子吃上了人人羡慕的公家饭，所以老大结婚时老人没有给他建新房。结婚几年后，老大夫妇自己建了新房。另外几个儿子结婚时，老人都帮他们建了砖瓦房。老大夫妇觉得父母为兄弟们建房，唯独没有给自己建房，觉得父母偏心，心中留下了阴影。四个儿子结婚后相继分家，老人和老伴住在老宅。90年代末老伴因病去世，老人不能照顾自己，于是在族内长辈的主持下，兄弟们一起商量老人的赡养问题。首先提出的方案是轮吃，四个月为一周期，每个儿子家吃一个月。这时老人依旧住在老宅，到吃饭时间时赶去儿子家吃饭。但不久出现了问题，儿子家做饭时间不固定，去早了不太方便，去晚了常吃剩饭，老人要面子，认为这样安排感觉自己像要饭的，尤其是大儿媳常常给脸色。而且老人当时已经八十多岁，逢到下雨下雪天行走不便，于是又请族内长辈重新安排。经过商议，老人不再各家跑着吃饭，改为各家做好饭后给他送去。但是问题又出现了，虽然儿子家距老宅都不远，但是大儿媳常常送去凉饭，尤其是冬天时老人吃凉饭胃里受不了。最后大家又在一块商议，长辈建议由送饭改为拿钱，四个儿子每人每月给老人60元钱，让老人自己在村子南边的饭店里买着吃。老大家却反对，他觉得出的钱太多，接着明确提出了父母没有给他们建房子的旧事，认为兄弟们应该多拿，自己少拿甚至不拿，兄弟们吵了起来……

在上述案例中，兄弟们在一起商量的几种养老方案都很好地体现了平均的原则，看起来都很合情合理、易于操作，但是在具体的实践中却总是出现问题。因为当前的养老问题与往昔家产分配相关，老大家不念父亲给自己安排了好的工作，而把心思纠结到多年以前父亲未给自己建新房的事情上，这成为老大夫妇心中长久以来的阴影。虽然老大家在四位兄弟中经济条件最好，但是依然在赡养老人的事情上斤斤计较。从根本上来说，这是兄弟间要求凡事平均的表现，但是要达到绝对的平均实属不易。上述案例中，老人认为获得好的工作比得到房子更为实惠，给老大安排工作而给其余的儿子建新房应该可以实现平均了。但是，老大的关注点却局限在父母未给自己建房子这件事情上，大家对平均的理解产生了差异，并由此产生矛盾。

在访谈中，当问及人们“父母是否偏心”时，老年人几乎都说自己不偏心，因为“都是自己的孩子，对谁的心情都一样，想让每个孩子都过好”。他们承认自己可能帮某个孩子多一些，但往往是因为这个孩子“过得差一些，想拉他一把”。并且常常举例子说，“孩子就像手指头，每个手指头都连着心”。但是，在问及年轻人时，很多年轻人却多认为父母的偏心是存在的，他们也举手指头的例子说，“虽然都是手指头，但每个手指头长短不一样”。其实老人和年轻人所谈的并不矛盾，只是关注的点不一样。老人认为做父母的不偏心，其言语的核心在于父母对孩子的慈爱之情；年轻人认为父母偏心，其侧重点在于父母对孩子关爱的不同表现。前者是内在的情感，后者是实际的行为，二者之间难免会有偏差。但是，中国的父母较为含蓄，不善表达情感，孩子所能感受到的常常只能是实际的行为和行动。仅仅从父母为自己所做的多少去理解父母的情感，有时显然失之偏颇。

有些人逃避赡养父母的责任，这在表面上看来似乎是单纯的代际关系。但是，若我们把独子家庭和多子家庭做一比较就可发现，寻找种种借口逃避赡养老人责任的事情全部发生于多子的家庭中。在楼庄，独子家庭相对较少。在独子家庭中，代际关系一般都较好，没听说过独子家庭代际间产生冲突的事情，也没有发现儿子不赡养老人的案例。在赡养老人问题上，多子家庭和独子家庭的不同可能有两种解释：其一，不赡养老人的行为看起来是代际矛盾，但实质上是兄弟之间的竞争和不和，导致他们在赡养老人的问题上不能达成一致，老人成了兄弟不和的牺牲品；其二，不赡养老人的行为终究还是代际问题，只是由于在独子家庭中儿子无法把责任推卸给别人，只好自己承担，而在多子家庭中兄弟们容易找到借口让别的兄弟承担起赡养老人的责任。我提出这两种解释与人们进行讨论时，他们多数支持第一种解释，认为赡养老人中出现的问题主要体现的是兄弟间的矛盾。他们的解释是：无论父母如何偏心，父母终究把孩子养大成人，做孩子的应当报答父母的恩情，所以不至于完全推卸掉责任。另外，孝道是做人的根本，每个人都认同孝道，而且儿子们成家后也多当了父母，所以更能体会父母的心情。之所以出现推卸和逃避赡养父母的事情，主要是由于兄弟间斗气，认为“我不养难道你也不养”。无论兄弟间如何闹，矛盾的发起人心中都有个前提——老人终究是有人养活的，我不养活你就必须养活。所以，无论兄弟间如何闹，他们的行动表现得如何对父亲不敬，一般在内心深处却认同老人理应得到赡养，只是把责任推卸给自己的兄弟罢了，老人因此成了兄弟们斗气的牺牲品。上述四兄弟赡养老人闹矛盾的例子中，老四很孝顺，提及老人所受的苦时他常常泪流满面，但是在赡养老人的具体问题的商议中他也坚持兄弟们应该平均，他说无论让他拿多少钱他都同意，只要哥哥们拿出一样多。

还有一个极端的例子，赤裸裸地反映了兄弟争财行为：

某家兄弟四个，老大今年六十岁左右，他在20世纪70年代初结的婚，结婚时父母为他建的是两间土坯房。后面的兄弟们也分别在70年代和80年代结了婚，父母为老二建的是三间土坯房，老三和老四建的分别是三间瓦房。老大认为父母偏心，为自己盖的房子最差。兄弟们随着结婚逐个分家，最后父母剩余8分地，自己种些粮食，在老宅上开火做饭。分家后母亲患了青光眼，需要花钱做手术，兄弟们平均承担了医疗费。2000年左右母亲去世，兄弟们必须平均出钱安葬，老大不愿意出钱，理由是父母偏心，自己结婚时花钱太少，远远不及兄弟们的花费。最后，在几位表兄弟的威胁下，拿出了应该承担的1500元。母亲去世后，老父亲在老四家吃住。由于老四一家外出打工，老父亲在家帮他看门、照顾孩子。后来父亲患病，生活上难以自理，于是在三个儿子家轮养，老大没有参与。2009年老父亲去世，老大突然很积极，主动出钱和兄弟们一起办丧事。丧事办完后，兄弟们商议如何分配父母留下的8分地。老大认为8分地应该全部归他，理由是结婚时兄弟们的新房以及花费都比自己多。兄弟们不同意，最后在族人的调解下同意了平均分配，即每位兄弟得2分地。过了两天老大突然又反悔，要求兄弟们退还自己为母亲看病以及安葬父母所花的各项费用。三位兄弟非常气愤，他们一起去老大家把老大打了一顿，然后扔给他5000元钱，与其断绝了关系。

在这个例子中，老大认为父母为自己盖的房子差，以此为推卸责任的重要借口。在本地，父母为儿子盖房娶媳妇是一种义务。但随着时代和潮流的变化，父母为每个儿子盖的房子难免会有差别。70年代时，一般建的是土坯房，80年代和90年代初，三间砖瓦房较为普遍，到90年代中后期，平房成为潮流，而现在一般要楼房才能达到标准。即便是同样的房子，由于物价的变动和其他原因，花的钱也会有较大差别。这一差别常常成为逃避赡养责任的借口。① 在上述案例中，父母均已去世，

① 本地流行的一种反映农村生活的农民影视中，有不少有关代际矛盾的电影。其中，以父母偏心为理由，与父母发生争辩，甚至打架和拒绝赡养父母的情况很普遍。比如在影片《两个儿不如一个儿》中，父母有病需要花钱时，老大借口父母为老二建的房子好，花的钱多，把责任推卸给老二，拒绝给钱看病。老二借口说给父母看病应该两兄弟平摊，老大不出钱他也不能出钱，结果父母无钱就医。

老大此时争财显然并非针对父母，而是同兄弟们争财。虽然是与兄弟们争财，但却以父母当年分家不均等原因为借口。父母及其所谓的不公平行为，以及要求实现平均的各种理由，都只是兄弟争财的幌子罢了。

除了养老，老人去世后的丧葬仪式以及周年祭仪式，也需要兄弟们在经济上进行合作，这一过程也突出表现了兄弟们对平均原则的追求。老人去世后，要举办隆重的葬礼和前三年每年一次的周年祭，在这些仪式中有很多亲戚和朋友带着礼品和礼金前来悼念，这就涉及兄弟们在经济上的合作与分配。各种仪式的举行都要以经济作为基础，在仪式举办之前，兄弟们常常请来族内的长辈在一起商量事情该如何办，每家出多少钱，收到的礼钱和礼品如何分配，等等。在仪式之前要准备好足够的烟酒和菜肴等招待客人的物品，这需要事先根据客人的多少进行预算，兄弟们根据预算共同出资采购。这一过程中一般没什么争议，兄弟们平均出资即可。收到的礼金也较易分配，对于共同的亲戚和朋友，收到的礼金平均分配，各自的亲戚和朋友则分别交给各自的手中。事情办完后，请客剩下的鸡鱼肉蛋和烟酒等，由族内帮忙的人分为等额的几份，由兄弟们去挑拣分配。楼庄有一家兄弟三个在为父亲办完丧事后，饭菜已上桌完毕，但客人们还在吃喝着没走，老二的媳妇便让自己的孩子把一锅剩下的“白肉”[①]端到自己家去。老三儿媳见状也赶紧让自己孩子把用剩的一些炸好的鱼块带回自己家。表面上看，儿子和儿媳们还在忙着招待客人，暗地里已经开始让孩子往自己家里抢东西了。

有时，由于兄弟们不和，他们也不同意在一起办事。这样一来，三年的周年祭便分别由不同的儿子各自承担。有一家兄弟三个，母亲去世较早，因为赡养父亲的事三家不和，甚至妯娌间大打出手，兄弟们形同路人。在父亲的葬礼上勉强在一起合作办事，而后来的三次周年祭上，

① 用开水煮熟后的猪瘦肉，颜色发白，滑而不腻，本地厨师喜欢做菜前先准备一些白肉，方便用于各种凉调菜、炒菜以及汤菜等。

三个兄弟每人负责一年，互不合作，这样既达到了平均的要求，也避免了可能会产生的矛盾。

为了达到平均，某家的兄弟们做到了极致。该家有弟兄五个，他们一起办完父母的后事之后，把父母留下的财产进行平均分配。父母的一切财物都被分成等额的五份，其中包括砖瓦以及烧剩的纸钱。当兄弟们在一起一张张清点廉价的纸钱、一块块分配破旧的砖瓦时，他们并非是在乎物品的价值，而是要通过这种仪式似的行为表明兄弟间是公平和平均的，杜绝以后可能以某处不均为借口而发生的矛盾。

实际上，葬礼以及周年祭仪式常常是兄弟们最后的经济合作。此后，兄弟间的经济交往一般体现在各种仪式中所拿的礼钱上，比如侄子、侄女结婚和生子时，妯娌的父母去世时，兄弟们会参加仪式并拿出较高额的礼钱，体现出血缘的亲近和感情。但是，在仪式性场合或需要兄弟联合起来的情境外，兄弟间的行为一般大致和普通邻居一样，除了长相较为相似，仅仅靠外在的日常生活几乎看不出他们的兄弟关系。常常是在一些仪式性的场合，我才发现某某和某某之间原来是兄弟关系。对于关系不好的兄弟来说，三周年祭以后，兄弟间经济往来就和普通人一样了，有的甚至断绝了一切的经济交往，连侄子或侄女的婚礼等也不参加了。

另外，我在访谈中询问人们的借钱对象时，得到的答案主要是向亲戚和朋友借钱。人们大多认为，兄弟之间很少有相互借钱的，因为“弟儿们之间容易赖账，赖账后还能找到很多理由。外人一般就不敢赖账了”。由于兄弟间在财产分割过程中常常出现一些竞争或矛盾，所以他们的财产或经济关系就显得比较敏感，在分家以后往往尽量少地牵涉金钱上的关系。

从这部分的分析来看，本章似乎较多关注于兄弟关系的反面，即兄弟间的竞争、矛盾和冲突。实际上，据调研情况，兄弟不和只是少数，而且兄弟间的纷争又易消弭。笔者认为，通过对矛盾或冲突的分析，更易发现本文化中指导兄弟关系的规范或原则，其中“平等”和“平均”的理念最显而易见。甚至可以说，兄弟纷争正是兄弟合作的某种表现形式，强调兄弟友爱的悌道理念也因之产生。毕竟，作为理想类型的理念其实是对不完美的客观实践的某种规范、指导或冀望。有学者认为，“在人类关系中，冲突是自然的、不可避免的，与其强调秩序、平衡，或功能主义式的系统存在，不如把注意力集中到冲突的调理上；与其把冲突看成是‘坏事’，看成是对社会制度、人类关系的破坏，不如说冲突是一切制度和关系，包括家庭制度和婚姻关系存在的条件”①。当然，这一逻辑也和常人方法学的所谓“打破常规来揭示常规；违反共同的理解来表明这些理解”②的思路相似。

回顾兄弟间经济关系的整个过程，结婚常常是兄弟间经济分割与争夺的起点。大体而言，在 20 世纪 90 年代以前，以至在传统社会期间，结婚后普遍流行的较长时间的同灶共食生活，给兄弟们在直接的日常消费上可能产生的各种矛盾提供了较大空间，平均的财产权和不易均衡的日常消费间的矛盾，往往直接促成了分家的实践。而自 20 世纪 90 年代以来，随着分家的提前及分家过程的分解，兄弟间的财产关系更多地以代际关系表现出来，即在结婚过程中通过新房和彩礼等手段无声无息地完成了兄弟间的财产分割，兄弟间的经济关系变得日益间接与缓和。同样，分家后不同的兄弟家庭对父母劳动力和财力的日常争夺，也体现了兄弟财产关系的间接化，如通过蹭吃、让父母帮忙照顾小孩以及照顾庄稼等这些表面上看起来合理而委婉的方法继续获取利益。在以上各种过程中，平均主义是利益获取的重要手段，兄弟们习惯于以平均为借口从父母和兄弟那里获取权利。同样，等到父母年老体衰后，兄弟们在赡养

① J. 罗斯·埃什尔曼著，潘允康等译：《家庭导论》，中国社会科学出版社 1991 年版，第 58—59 页。

② 伊恩·罗伯逊著，黄育馥译：《社会学》，商务印书馆 1990 年版，第 184 页。

父母的过程中亦遵循平均主义思想，即赡养老人的责任也应该平均。从权利的平均到义务的平均伴随着很长的人生历程，其中包含着结婚和分家等重要家庭事件，以及分家后对父母的日常计较和争夺等。在这一连串的生活事件中，兄弟们处处追求平等，一旦某一环节出现问题，则后面的环节亦不好解决。所以，多子家庭中养老出现的问题常常与结婚和分家时的陈年往事分不开。① 平均思想从汉人家庭财产的诸子均分习俗开始，并由之扩大至兄弟们围绕父母所产生的各项权利、责任、行动和事件中。

另外，兄弟间的经济关系随着经济环境的变迁发生着变化。由于生计方式的变迁，一方面兄弟们生计的关联度大大降低，另一方面兄弟们在一起的机会减少，这客观上促使兄弟们产生矛盾的各种因素越来越薄弱，所以若根据年龄对兄弟不和的发生概率进行划分，大致可以 45 岁为分界点，45 岁以上的兄弟产生矛盾的较多，45 岁以下的兄弟间矛盾相对较少。需要指出的是，这一分界点并不体现明显的变化，而只是在过渡阶段中进行的权宜性或模糊性选择，或许也可以选择 40 岁或 50 岁。45 岁以上的人大部分是在 20 世纪 90 年代之前结的婚和分的家，那时市场经济对本地的影响尚不够深广，所以兄弟们较多地关注于土地及分家所得。当然，经济原因并非影响兄弟关系的唯一要素，比如土改以前兄弟间也面临同样的情况，但为什么在访谈中发现当时兄弟之间闹矛盾的也相对较少呢？本章主要集中于经济的讨论，仅仅从经济的角度显然不能解释这一问题，下文将结合其他角度的分析对这一问题进行回答。

① 比如有一家兄弟三个都已经六十多岁了，他们一旦因为一点小事闹起矛盾，就会提起几十年前的各种旧账，原来生活中的问题都是相互连接的，新的矛盾往往根源于旧的矛盾。

第四章　家庭关系系统中的兄弟关系

> 有一次兄弟俩在金翼之家的正厅里殴打起来，他们的妻子也彼此互骂。二哥个儿虽小但十分强壮，大哥却有些招架不住。眼看打得越来越厉害，大嫂招呼儿子少台参战帮助父亲。拳打脚踢，翻桌掷椅，直到双方都筋疲力尽才停止。
>
> 从此以后大哥二哥之间的争吵越来越频繁，而且他们妻子间的冲突也日益激烈。伯母林氏再也不知该如何去阻止他们了。有时，伯母林氏发觉自己就是他们争吵的原因。如果她帮助大嫂，二嫂肯定要抱怨，反之亦然。只要她参加干涉无论是儿子们或儿媳们之间的争吵，得到的只是挫折和伤心。她是一个可怜的老母亲，忍受着她的儿子们的吵闹和折磨。当这对兄弟之间的冲突愈演愈烈时，以某种形式分家看来是必不可免了。但是要调和他们双方对于共同财富的无止境的贪欲却是绝对困难的。①

在一个大家庭内，妯娌关系、夫妻关系和代际关系等都会直接或间接地影响到兄弟关系，兄弟关系的不和甚至会影响到下一代——即堂兄弟的关系。家庭关系就像一个复杂的系统，其中的各种关系是相互影响的。对此，我们可以借鉴系统理论的思想观点，把家庭当作一个系统来

① 林耀华：《金翼》，生活·读书·新知三联书店 1999 年版，第 111 页。

进行分析。

系统理论是生物学家路德维希·冯·贝塔朗菲（Ludwig von Bertalanffy）于1904年提出的，起初运用于自然科学，后来为社会科学领域及医疗界广泛采用。系统理论的要义在于：提倡研究整个系统中各部分的互动关系，而不只是研究每部分的构造。若我们借鉴系统理论来分析家庭，则可把家庭作为一个整体，每个成员只是其中的一部分；各部分按照一定的规则组合，他们之间在一定的条件下保持着平衡；各个家庭成员之间存在着互动关系，其中一种关系改变时，就会引起其他关系做出改变，继而要求整个系统做出相应的调整，以达到一种新的平衡。心理学者借鉴系统论的思想，在家庭心理治疗中发展出了“家庭系统理论”，该理论将家庭看成一个完整的单位或系统，家庭成员是系统内的组成部分，每个成员之间都是交互作用的，如果脱离了家庭中的其他成员，就不可能对某个单独成员进行充分的了解。因此，家庭系统理论把家庭看成是相互联系的关系网络，并且揭示出这种关系格局对于个人的思维、情感和行为的影响。人类学在家庭关系的研究中体现系统论思想的研究也较多，如林耀华的“竹竿和橡皮带所组成的框架结构”，费孝通的“家庭三角”，许烺光的“家庭之轴”，等等。借鉴以上思想，既然家庭关系是一个整体，其内部具有不同的部分，各部分之间互相影响，我们对兄弟关系的研究就应放置于整个家庭系统中去，在家庭关系系统中去分析其他各种家庭关系与兄弟关系的互动影响。本章主要从代际关系、夫妻关系、妯娌关系去理解和分析兄弟关系。

代际关系与兄弟关系

即使在不久以前，老一代仍然可以毫无愧色地训斥年轻一代：

> “你应该明白，在这个世界上我曾年轻过，而你却未老过。”但是，现在的年轻一代却能够理直气壮地回答：“在今天这个世界上，我是年轻的，而你却从未年轻过，并且永远不可能再年轻。”①

这是玛格丽特·米德（Margaret Mead）在《文化与承诺》中的一段话，这段话描述的是一种较为普遍的全球性现象，本地农村也未能幸免。因为这个世界变化太快，在生活的很多层面上，老年人已经难以给年轻一代提供经验了，甚至需要向年轻一代学习。米德从代际间文化关系的角度把文化类型划分为“前喻文化”“并喻文化”和“后喻文化”。若按照米德划分的文化类别，则中国传统的农业社会应当归属于前喻文化。鉴于米德对这种文化类型划分所做的描述既生动又形象，我们不妨在这里多分享一些原文。

> 在前喻文化中，整个社会的变化十分迟缓微弱，以至于祖父母们决不会想到，尚在襁褓之中的新生的孙儿们的前途会和他们过去的生活有什么不同。长辈的过去就是每一新生世代的未来，他们已为新一代的生活奠定了根基。孩子们的前途已经纳入常规，他们的父辈在无拘的童年飘逝之后所经历的一切，也将是他们成人之后将要经历的一切。②

> 那些精神矍铄的长者人数很少，但他们的文化阅历最深，公认的生活方式体现在他们的音容笑貌和举手投足之中。正是如此，他们成了年轻一代的行为楷模。他们敏锐的目光、健壮的四肢以及永不倦怠的勤勉，既延续了生命也维系了文化。要使这样一种文化生

① 玛格丽特·米德著，周晓虹、周怡译：《文化与承诺——一项有关代沟问题的研究》，河北人民出版社1987年版，第74页。

② 同上，第27页。

> 息不灭，就不能缺少年长的一辈，他们不仅能在饥荒的年代引导同族同舟共济，而且他们本身也就提供了一种完整的生活模式。在他们生命之烛行将熄灭之时，人们为他们的死唱着悲切的挽歌，献上祭品，最后让他们长眠于早已选好的安息之地——每一个人，都根据自己的年龄和性别，知识和气质，竭尽毕生的努力体现着他们赖以生存的整个文化。①

但是，随着近代以来社会变革的加剧，社会文化普遍表现为一种后喻文化。在后喻文化中，老人们的知识和经验似乎不再具有宝贵或神圣的价值，老人们的权威自然也就随之衰落了。

> 无论年轻人生活于其中的社会是多么的遥远和简单；整个世界却没有哪一处的长辈知道晚辈所知道的一切。过去存在若干长者，凭借着在特定的文化系统中日渐积累的经验而比青年们知道得多。但今天却不再如此。不仅父辈已不再是人生的向导，而且根本不再存在向导，无论是在自己的祖国还是在整个世界，人们都无法找到指引人生的导师。没有任何一位长者能够知晓这20年里成长起来的年轻一代对他们生活于其中的世界有何了解。②

楼庄老人们对于自己权威的衰落深有体会。在他们小时，长辈和老人都具有很高的威严，无论在生产还是生活中，一般都是老人当家做主，哪怕老人说得不正确，晚辈常常也只有默默遵从。特别是在分家之前，儿子们都处于父亲的身影下，生活中的一切大多是父亲决定。只

① 玛格丽特·米德著，周晓虹、周怡译：《文化与承诺——一项有关代沟问题的研究》，第28—29页。

② 同上，第28页。

有在分家后，儿子们继承了父亲的财产，获得一定的独立，地位才会有所提升。但是，在传统孝道伦理的约束下，长辈始终具有难以撼动的权威，而且在多数家庭中，家庭关系都具有很强的家长制特点。人们给我举例子说，某某的爷爷活了九十多岁，20世纪80年代初去世，他老年时脾气很暴躁，看到哪个孩子觉得不顺眼就骂就打，自己的儿子都当爷爷了，还经常被他用拐棍敲打。一大家子的人都很畏惧他，怕惹他生气。若今天楼庄还出现这样的事，大家都会觉得很不平常。现在最普遍的是年轻人当家，老年人越来越没有发言权，越来越没有地位。尤其是年纪大到不能劳动，在家成为“吃闲饭”的人后，只能看年轻人的脸色行事，凡事也只能用商量的口气。另外，受到年轻人虐待的老人越来越多，老年人更是人人自危，害怕自己以后像他们一样悲惨。

一位老人快八十岁了，和儿子居住在一起。儿子和儿媳非常讨厌他，和他分锅吃饭。老人得过脑梗，一次在厕所里突然发病，摔倒在地上站不起来，赶忙喊儿子，让儿子带他去看病。儿子听到了回答说：“我才不拉你去看病呢，病好了有力气出去说我坏话啊？”老人没有办法，只好自己从厕所里爬出来，喊了一位邻居，让邻居拉着他去医院。有次这对父子之间拌嘴时，儿子非常直接地对父亲说，“你快去死吧”，“你怎么还不死啊”。虽然这是极端的案例，但也只能发生在老人地位衰落的大环境下。也因为此，多数老人觉得只要儿子和儿媳给足自己吃的就行，更高层次的所谓态度和精神上的赡养已不敢奢求了。孔子曾言：“今之孝者是谓能养，至于牛马皆能有养，不敬，何以别乎？”但是，今天在很多老人们的心目中，孩子愿意养活自己已经算是孝了。一位邻居快八十岁了，三个儿子在村里为她搭建了一个小屋，让她独自生活，一般只有节日或需要提供面粉和钱时，儿子们才会来住处见她一面。夏天时曾和她一起坐在树下聊天，她对自己的生活很满意。相对于很多同龄的老人还在为孩子操劳着，甚至有人八十多岁了还靠捡破烂过活，她觉得儿子们很孝顺，自己过得已经算很不错了。

在传统的农耕社会中，老人的权威具有坚实的经济、政治和文化基础。第一，父母是家庭财产的所有者，家长控制着一切的生活和生产资料，违抗父母的权威就有可能失去生活来源。即使儿子们通过分家从父亲手中继承了财产，但在农业生产上，老人们长期积累的经验和智慧也是必不可少的。比如在农时的安排上，包括何时播种和何时收获等，老人的指导都显得非常重要。尤其在靠天吃饭的时代，老年人有判断天气的丰富经验，这对农业生产非常重要。所以，从前本地流行一句话“不听老人言，吃亏在眼前”。第二，国家宣扬的道德伦理强化着家长的特权，以尊老和敬老为核心的孝道伦理像法律一样具有强制性的力量。国家赋予父亲对子女进行各种处置的权力，其中包括买卖甚至是处死。如瞿同祖在《中国的法律与中国社会》一书中谈道：“不但家财是属于父或家长的，便是他的子孙也被认为是财产。严格说来，父亲实是子女之所有者，他可以将他们典质或出卖于人……父或家长为一家之主，他的意思即命令，全家人口皆在其绝对的统治之下。”① 第三，汉人社会具有祖先崇拜的信仰，老人逝去后，其灵魂和坟地也将会庇佑整个家族的繁衍和兴旺。如杨庆堃认为，“中国家庭生活中最重要的宗教内容还是祭祖，一种有助于中国社会基本单位——家庭整合和延续的仪式……去世的祖先在家庭活动中仍占有一席之地，不仅在阴间继续照看家庭成员的一举一动，并且以看不见的方式保佑家庭的幸福和兴旺。事实上，后人所获得的幸福和成功都被看作是祖先功业的延续，是祖先荫庇的结果”②。针对老人在传统汉人社会中的地位特点，费孝通称之为“长老统治”③。

① 瞿同祖：《中国的法律与中国社会》，商务印书馆 2010 年版，第 18—19 页。

② 杨庆堃：《中国社会中的宗教——宗教的现代社会功能与其历史因素之研究》，上海人民出版社 2007 年版，第 42 页。

③ 费孝通：《乡土中国　生育制度》，第 68 页。

然而近代以来，随着剧烈的社会变革，上述的情况发生了变化。首先，在市场经济的冲击下，传统社会老人权威的经济基础已经不复存在。年轻人的目光不再专注于父辈传下的有限土地，而是投向广阔的市场，并从中创造出超出父辈想象的巨大财富。老人们在家种地一年收成也只能卖几千元，而年轻人在外打工或做生意，一个月赚的钱可能超过老人一年的劳动。其次，老人们积累的知识和经验在日新月异的社会环境中迅速贬值，特别是随着家庭的教育功能向社会转移，年轻人在家庭外学到的新知识显得更为实用，因此在知识结构和某些社会经验上年轻人很容易超越老年人。比如，楼庄一位少年曾在县一高读书，原来成绩非常优秀，但由于早恋成绩严重下滑。对他寄予厚望的父亲很生气，觉得他花钱很多儿子却不好好学习，要求他退学外出打工。这位少年在家大闹后无效，于是状告父亲剥夺自己上学的权利。父亲想不到儿子竟然会采用法律手段，只好让步。可见，外界的知识和权威已成为年轻人超越父辈的重要手段。最后，由于一系列社会运动的开展，人们的信仰和各种价值理念受到冲击，祖先崇拜作为其中的重要内容一定程度上也被祛魅了，老人们因此失去了往昔笼罩在身上的神圣而威严的光芒，传统社会尊老和重老的思想基础日渐削弱。从前不同辈分之间界限明显，晚辈见到长辈要毕恭毕敬。村里的老人看到做错事的孩子可以训斥和体罚，有时甚至不管这个孩子是否是自己家的，或者是否是一个“门”的，因为老人本身就有权力教训年轻人。现在不同了，年轻人见到老人有时根本不理会，孙子在路上遇到自己爷爷时甚至都不说话。以前年轻人经过村子，若骑车的话逢人就需下车，见到路边坐着说话的老人和长辈都要很礼貌地问候。现在村子里路边也常常坐着老年人，但常见的是年轻人骑着摩托车飞驰而过，只留给老年人一阵飞扬的尘土。老人们回想起从前村中尊敬老人的规矩时，觉得现在的情况在当时是不可想象的。再如，一家人吃饭时，晚辈必须先给老人盛饭，老人没开始吃饭时谁都不准吃，看着老人动筷之后大家才开始吃饭。这样的情况，在今天习惯于让小孩子先吃的年轻人看来是不可思议的。

总而言之，当晚辈的资源财富、知识结构和权力声望等都超过他们的长辈，而且尊重和崇拜老人的信仰基础也日渐削弱时，老人的权威也就随之衰落了。

老人权威衰落在家庭中的突出表现是老人对家庭的整合力和控制力大大降低，控制力和整合力的降低对于兄弟关系有直接的影响。比如在传统社会，分家行为发生的早晚与父母去世时间有很大的关系。这客观上与传统的儒家思想有关，如儒家要求“父母在，无私财”(《礼记·曲礼》)，“子妇无私货，无私蓄”(《礼记·内则》)。儒家的这种观念进而影响到了封建法制，如按照唐代的法律，“别籍异财”是“不孝”的罪状之一，而“不孝”乃“十恶”之一。对此，《唐律疏议》解释说：“祖父母、父母在，子孙就养无方，出告反面，无自专之道。而有异财、别籍，情无至孝之心，名义以之俱沦，情节于兹并弃。稽之典礼，罪恶难容。二事既不相须，违者并当十恶。”虽然古代中国的法规律令可操作性并不强，但唐律中的这一思想一直影响到后世。

王跃生根据中国第一历史档案馆所藏乾隆朝刑科题本婚姻家庭类档案中获得的个案资料，对18世纪中后期的中国家庭结构进行了考察，其中有对兄弟分家与父母存亡的关系的统计分析。在407个兄弟分爨的案例中，有51个是在父母均在世时进行的，占12.53%；父亲在世母亲去世状态下的分爨为27个，占6.63%；父故母存类型的分爨为108个，占26.54%；父母去世类型为221个，占总数的54.30%。而父母在世或父亲在世时兄弟分爨的比例较低，两者合计为78个，占19.16%。① 基于这一资料似可推论，在多数情况下父亲延迟了兄弟间的分爨行为，这

① 王跃生：《十八世纪中后期的中国家庭结构》，《中国社会科学》2000年第2期。

客观上是由于父亲权威的存在抑制了兄弟间的分裂。

楼庄的情况也是如此，旧时父亲及其权威的存在很大程度上延缓了兄弟间的分家行为。因为即便兄弟们已经结婚，但若父亲仍有很大的精力和较强的控制能力，那么他也就能更长时间地控制家庭的财产，维持大家庭的生活。老人们告诉我，从前兄弟们分家常发生在父亲去世后，因为那时老人“说话算话”。

以上是从正面的角度讨论代际关系对兄弟关系的影响，同样，若代际关系处理不好，也容易激起兄弟间的矛盾。

楼庄有一家兄弟四个，老大夫妇对待父母态度不好，尤其是大儿媳曾和婆婆吵架，甚至互相在村子里骂街。老四性格倔强，脾气暴烈，他从外面打工回来，听说大嫂和母亲发生冲突的事情后火冒三丈，立刻赶去老大家里质问老大，老大夫妇和他争辩起来。老四怒不可遏，狠狠打了大嫂一耳光，老大见状去推老四，兄弟两个打了起来，以致两兄弟鼻青脸肿。

在多子家庭中，父母不是一人之父母，而是众兄弟之父母，其中某一兄弟虐待父母或与父母关系不和，自然会影响兄弟间的关系。在上述例子中，兄弟之间大打出手，即是因为老大夫妇和父母关系不好。代际之间发生直接冲突的例子毕竟少见，较多的是子辈在赡养老人中逃避责任或虐待父辈。

同样，兄弟关系也会反过来影响代际关系，实际上二者之间是互相影响的。前一章中所举的例子中，兄弟们会因为赡养老人而产生争端，也会因为兄弟之间产生矛盾而互相推诿赡养老人的责任，这些属于代际关系和兄弟关系互相影响的情况，此处不再进行举例说明。

站在历史的角度，老人权威的衰落对于兄弟关系产生了什么样的影响呢？老人权威衰落，老人的控制力也就随之减弱。在此情况下，兄弟们也就缺少了来自父母的外在的约束力，他们之间隐藏的各种矛盾和纷争也就容易显现和爆发出来。同时，随着老人权威的衰落，代际关系更易恶化，从而发生代际矛盾，代际关系的恶化及代际矛盾的发生又会影响兄弟关系，而兄弟不和又常常会造成在赡养老人上的行动不力。由此看来，老人权威的衰落造成了一个恶性的循环。①

上一章从经济的角度对兄弟关系进行分析时曾提出一个问题：土改以前楼庄的兄弟关系面临的经济情况和20世纪八九十年代类似，即市场对本地农村的影响还不是特别深入，可为什么在访谈中发现当时兄弟之间闹矛盾的也相对较少呢？以上两个问题可以用同一个答案来回答，即在土改以前及更久远的传统社会，由于老人们一般还具有较高的权威和较强的整合力，兄弟间的矛盾常常隐而未发。在20世纪七八十年代，老人权威趋于下降而市场经济的影响尚不够深入，兄弟们一方面重视对父母财产的竞争，另一方面由于老人权威的衰落而缺少了控制力，在这一过渡性的间隙中，兄弟之间纷争迭起。

夫妻关系与兄弟关系

夫妻和于鼎饪，兄弟穆于清风。

——《全隋文·兄弟论》

在传统汉人社会，妇女的地位较为卑下。尤其是到了宋代，理学家们更把“男尊女卑”和“三从四德”等提高到“天理”的高度。其中，朱熹

① 老人权威的衰落及代际关系的恶化在各地农村具有一定的普遍性，以致不少学者认为孝道衰落了。关于孝道是否衰落的讨论，应从不同的层次来展开，这些层次可能包括日常生活实践、伦理观念、人类情感、官方意识形态以及宗教信仰等。当然，上述这些层次多有重合，难以截然分割。人类生活本来混沌一体，试图对人类生活进行清晰分割，或许也是学术分析的强迫症之一。权且按上述层次来分析的话，关于孝道是否衰落的结论并不确定。比如，从作为文化的伦理观念的角度来分析，孝道具有明显的延续性。而从日常的生活实践看，因受时代环境制约，孝道实践的表现形式发生了巨大改变，尤其与传统时代相较时，似乎呈现出“衰落”的迹象。但这些“迹象”可能并不宜直接推断为“衰落”；它们或许只是一种调适性变迁。

把“夫为妻纲”提高到“三纲”（君为臣纲，父为子纲，夫为妻纲）之一的位置，并要求女性必须从一而终、恪守贞节，等等。在上层文化宣扬的道德伦理中，女人缺少自主性，成为男人的附庸。因此，在汉人亲属制度的研究中，多以男性为谱系和重心，一定程度上忽视了女性在汉人家庭关系中的作用。自 20 世纪 80 年代中后期以来，随着实践理论和女性主义思想的兴起，人类学者们更多地从妇女的视角关注汉人的家庭关系和亲属制度。其中，沃尔夫（Margery Wolf）提出的“子宫家庭”（the uterine family）的概念较具代表性。她认为当一个女人嫁进一个父系家庭之后，娘家已不再是她的家，但她对此并不甘心，在夫方的家以她为中心形成新的家庭，使其逐渐在嫁入宗族中确立地位，并进而享有一定的权威。子宫家庭的建立显然是对扩大家庭的离心和分裂，子宫家庭也成为对汉人分家的一种解释。①“子宫家庭”理论的意义在于突出了女性在适应男性谱系的基础上可能发挥的主观能动性。虽然从根本上来说，所谓“父子首足也，夫妻牉合也，昆弟四体也，故昆弟之义无分。然而有分者，则辟子之私也”（《仪礼·丧服》），兄弟之间“有分”而关注自己小家庭的过程源于男系的“辟子之私”，而非“牉合”之妻，但妻子的情感和利益计算多契合并促进男人的“辟子之私”。在传统社会，由于自身权力和地位的低下，女性要使自己的小家庭获得独立，最终必须获得丈夫的支持。要获得丈夫的支持，其重要前提是维持较好的夫妻关系，甚至索性在夫妻关系中占主导。许多家庭事务上，表面上是男人当家，实际上男人的决策往往受到女人的影响，这种影响常常是在妻子日常生活的唠叨里潜移默化地实现的。

许烺光在分析家庭关系时提出了“轴”的概念。所谓“轴”，具体指家庭中夫妻、父子、母子、兄弟、姊妹之间的两人联结成的关系。其中有一个轴起着主导作用，这个轴便是“主轴”。在一个亲属体系内，

---

① Wolf，Margery，*Women and the Family in Rural Taiwan*，Stanford：Stanford University Press，1972.

主轴的重要特性决定了个体的态度和行为模式，个人也就根据这个模式发展出对该体系内其他轴的相应关系以及体系外的关系。许烺光认为传统中国家庭内父子轴是主轴，所以纵向的父子关系造成了中国家庭的延续性、包容性、权威性等特征。[①]这些特征决定了汉人对大家庭理想的向往。但是在现代化的过程中，传统中国家庭的主轴正由“父子之轴”向“夫妻之轴”转变[②]，这一转变与女人地位的日益提升有关。

很多调查研究表明，汉人家庭内妻子日益获得与丈夫平等的地位。徐安琪的《中国婚姻质量研究》调查结果显示：在回答夫妻中谁较豁达、忍让，调查对象首肯“妻子”的相对较少，占16.3%，“差不多”的为51.2%，丈夫更大度、谦让的占32.6%；在谁拥有家庭经济事务的处理权和家政决策权问题上，回答“差不多”的占52.6%，丈夫拥有更多实权的占16.1%。可见，夫妻关系呈现出平等的趋向。[③]2002年中国社会科学院实施的“全国家庭道德状况调查报告”表明，家庭内部夫妻权力虽有差距，但趋于平等。首先，就家庭经济收入的管理模式而言，夫妻共同参与经济管理的城市占76.25%，农村占80.99%。其次，家庭经济收入的支配权也主要是夫妻共同行使为主（城镇超过一半，达57.7%；农村也占48.1%）。农村丈夫在经济支配方面比妻子更占优势（高12.7个百分点）；而城市妻子对家庭经济的支配则比丈夫更具优势（高8.4个百分点）。[④]另外还有调查显示，当意见不同时夫妻认同的最好解决方法是“共同商量”——城市分别占87.12%和94.65%，农村分别占79.72%和87.77%。可见，大多数人都能以夫妻关系为重，双方互相主动让步。[⑤]

---

① 夏建忠：《文化人类学理论学派》，中国人民大学出版社1997年版，第204—205页。
② 李银河、郑宏霞：《一爷之孙——中国家庭关系的个案研究》，上海文化出版社2001年版，前言。
③ 徐安琪：《中国婚姻质量研究》，中国社会科学出版社1999年版，第236页。
④ 沙吉才主编：《中国妇女地位研究》，中国人口出版社1998年版，第72页。
⑤ 同上，第31页。

一系列的实证调查显示，在有着几千年男尊女卑、夫主妻从男权文化传统的中国，已婚女性的人格和地位在过去的几十年间获得了显著的改善和提升，从过去的依附、遵从丈夫演变为今天与丈夫共担双重角色、同商家庭决策，成为日益平等的婚姻伙伴。

在访谈中人们也普遍认为妇女在家庭中的地位获得了空前提高，绝大多数夫妻关系都是平等的，在一些家庭，女人的地位甚至超过了男人。

对于本地妇女地位的提升，《沈丘县志》有生动的论述：

> 建国前，男尊女卑，很不平等，男为主，女为奴，丈夫打妻子是家常便饭，故有“娶的妻，买的马，任我骑，任我打”之说。据对莲池120对夫妇调查，丈夫打妻子的113人，占94%，但因受“一女不嫁二夫”封建礼教影响，妇女挨了打骂，除睡觉、回娘家甚至自杀以外，别无他法。建国后，《婚姻法》的贯彻，特别是离婚一条，对夫权威胁很大。加之妇女参加社会活动，参加集体生产，也成了家庭财富的创造者，又有了政治和法律的保障，新型的夫妇关系逐渐建立，丈夫打妻子的现象逐渐减少。60年代，首先在双职工中出现丈夫分担家务，后又在农村中普遍提倡男女共同分担家务，彻底打破了传统的男尊女卑观念。70年代以来夫妇共同分担家务已为常事，有不少妇女不但在治内上处于支配地位，在治外方面也超出了丈夫。据1984年调查，夫妇关系相处好的占70%，一般的占28%，感情恶化，经常打骂妻子的只占2%。①

以前招待客人吃饭时女人不上桌，包括女性客人，只能帮忙做饭，

① 沈丘县志编纂委员会编：《沈丘县志》，第568页。

然后在厨房吃些男人吃剩的饭菜。现在，女性和男人坐在一起吃饭喝酒，不分高低。从前夫妻之间闹矛盾时，女人基本上只有忍气吞声，现在夫妻之间闹矛盾时很多女性敢于与丈夫吵闹甚至动手打架。楼庄夫妻之间互相对骂和打架的事并不鲜见。一位妻子和丈夫发生了冲突，由于丈夫瘦小而妻子肥胖，这位妻子把丈夫压倒在地，一直打到求饶为止。访谈中有人针对夫妻闹矛盾的事情评论说："女的一般没文化，素质低，大道理你跟她讲不清，得罪了她，她就又哭又闹，男人好面子，只好让着她。逼急了以喝药上吊威胁，碰到不讲道理的女人实在没有办法。要是哪一家娶到一个蛮横不讲理的儿媳，全家都要遭殃。"比如，本地一位儿媳很霸道，对待丈夫和老人苛刻。丈夫在妻子面前低声下气，常被她吵骂。有一次这位妻子用棍敲打丈夫头部，丈夫昏倒在地很久才醒。公公和婆婆也常受她虐待。诸如此类的事情，常常使老人们大发感慨。

女人地位的提升，客观上给家庭关系带来了一系列变化。老人们回忆说，1949 年之前儿媳地位很低下，结婚后要非常小心地看丈夫和婆婆的脸色做事，干着繁重的家务和农活。以做饭为例，儿媳做好饭后必须先给家里的长辈盛饭，然后再为家里的其他人盛饭，最后才能轮到自己。做饭量的控制也很重要，做得少了，自己只有饿着不吃，做得多了，自己撑着也要把剩饭全部吃完，不然老人就会生气责备。清人陆圻在《新妇谱》中这样形容新婚女子："事公姑不敢伸眉，待丈夫不敢使气，遇下人不敢呵骂，一味小心谨慎，则公姑丈夫皆喜……事姑事夫和而敬，事翁肃而敬。妇人贤不贤，全在声音高低、语言多寡。声低即是贤，高即不贤；言寡即是贤，多即不贤。"

女人地位的提升，不仅表现于夫妻关系上，婆媳关系也因之发生巨大变化。

对于此种情况，《沈丘县志》也有相关描述：

> 从封建时代到民国，媳妇进门即承担全部家务，起在人前，睡在人后，孝敬公婆，侍奉丈夫，封建地主家庭，每天媳妇还要给公婆问安，铺床、叠被、端尿盆，稍不如意，不打即骂。有的公婆亲自动手打媳妇，唆使儿子打媳妇者更是屡见不鲜。建国后，随着妇女的解放，媳妇成了家庭生产的主力，地位渐渐提高，婆婆退居次要地位。50 年代后期，首先在女职工中，出现媳妇上班，婆婆带孩子、操办家务等情况。60 年代初，农村娶媳妇不易，公婆盼望孩子成家，不但不虐待，而且对媳妇过于疼爱迁就。有了孩子，也是公公看孩子，婆婆操家务，媳妇参加农业生产。生产地位的变化，使个别媳妇视公婆为累赘，甚至虐待遗弃老人。社会上出现了“娶个媳妇卖个儿”，“媳妇好当，婆婆难做”的俗语。[①]

所以有老人说：“现在的儿媳就像从前的婆婆，从前是儿媳伺候婆婆，现在婆婆伺候儿媳。”儿媳地位提高之后，她们敢于直接按照自己的意愿组织家庭生活。

具体到兄弟关系上，儿媳们能够通过各种手段影响或控制丈夫进行家庭利益的争夺。实际上，兄弟之间本来就存在利益上的竞争，而妻子们作为没有血缘关系的“外人”，她们进行利益争夺的要求也就更为强烈。随着女人地位的提升以及夫妻关系的平等化，女人们更多地参与家庭的决策行为，这就易于加强兄弟间争产的强度。在访谈中人们常说：“兄弟之间关系一般都没啥，主要是女人在后面捣鼓的。”随着夫妻关系的平等以及夫妻日益成为家庭的主轴，妻子对于兄弟关系的影响显然也随之增强了。

---

① 沈丘县志编纂委员会编：《沈丘县志》，第 568 页。

妯娌关系与兄弟关系

在儿童期，兄弟是玩伴，地位差不多是平等的。他们之间的打架也不禁止。往后，兄弟关系有了限制，哥哥要对弟弟友爱，弟弟要尊重哥哥。在兄弟都未结婚或在大哥结婚后，他们相处得还很融洽。他们在父亲的指挥下一起在田间或家里干活，虽然可能有竞争甚至偶尔有冲突，但他们保持着合作、互助和相互信任。在他们都结婚后，他们之间很少能有良好的关系。起先，他们尽量保持原来的友谊，但渐渐他们的努力归于无效，因为他们不能不受妻子的暗示和孩子抱怨的影响，争吵和不信任极易表面化。如果父母不能充当仲裁者或调解者，家庭很可能就会破裂。①

兄弟的妻子之间的关系可以很和睦，但却经常由于竞争而变糟。媳妇们形成一支由婆婆指挥的队伍，她们相互帮助，相互照看孩子，相互借些小东西如一根针、一团线、一件衣服、一点钱。她们都同意为给各人留出回娘家的时间而进行的劳动安排。有这样媳妇的家庭被当成模范，并为所有村民称赞。可惜的是，这样的例子实在太少。在许多大家庭中，因为妻子们都要争宠于婆婆，竞争压倒了和睦。媳妇可能觉得婆婆偏爱其他媳妇，于是发生争吵。如果孩子们把相互攻击的坏话传来传去，敌对情绪会更加激烈。父亲们也可能卷入冲突中，起初抱怨，继而愤恨，最后甚至发展到打架。②

① 杨懋春：《一个中国乡村：山东台头》，江苏人民出版社 2001 年版，第 64 页。
② 同上，第 66—67 页。

按照杨懋春对山东农村的描述，兄弟们都结婚之后，兄弟关系会发生阶段性变化，原来融洽的兄弟关系变得“很少能有良好的关系”。在这一过程中，妯娌们的作用不容忽视，而妯娌之间在烦琐细微的日常生活中，却经常由于误解和竞争而变糟，可能会发生争吵甚至打架等各种矛盾。关于妯娌关系对兄弟关系的影响，不少学者也有相关论述。如前文提到的“子宫家庭”概念，也可引入此处讨论。一个大家庭内产生新的小家庭，家庭显然容易出现分裂。尤其是当妯娌们各自以己为中心，为自己的小家庭考虑时，妯娌之间就会容易出现分歧和矛盾，进而影响兄弟之间的关系以至造成分家。弗里德曼认为，家长在世时儿子不具有行使个人权利的能力，兄弟之间在经济上的竞争关系和利益冲突关系不易直接表达，常常只能由妯娌们来表演。[①] 沃尔夫从女性的视角，强调女性的主体地位及其主体性考虑，而弗里德曼则是偏向于男性的视角，仅仅把女性行为当作男性利益关系的表现或表达。

在传统时代，妇女的身份主要体现为对男人的依附关系。比如女性常常被称之为“某某氏”，在父亲家时称“父姓＋氏”，出嫁之后称“夫姓＋父姓＋氏”。女人出嫁之后，很大程度上不再属于自己出生的家庭[②]，而更多地属于夫方家庭，在这种情况下她们只有紧紧依靠自己的丈夫，融入夫方家庭，才能获得最好的生活。因此，女人在生活中要处处为自己的男人及其家庭考虑，以至于似乎否定了自己也是独立的个体。比如老人们曾给我讲过的一个例子：从前去别人家串门，对着人家的院子喊一声“有人在家吗”？若是只有女人在家，里面可能会回应说“没人”。从表面上看来，女人的行为表现的确是以男人为出发点，具体到

① Freedman，Maurice，*Chinese Lineage and Society*：*Fukien and Kwangtung*.

② 某家老人去世办丧事时，他们家嫁出去的女儿回来参与和指点孝布的使用等具体问题。这位女儿上过大学，有一番事业，但在她指点兄弟办事这件事情上却被人批评不懂事。大家觉得，嫁出去的女儿已经不是这个家的人了，只能由她的兄弟和弟媳们决定家里的事情，她已没资格参与，只能作为外面回来的亲戚，听从安排。

家庭关系中，妯娌之间的行为和表现也体现着自己男人的立场和利益。但是，这些表面上的观察和推理并不能否定女人们内心的自我考虑，甚至我们可以反过来说，她们的这些行为可能只是从自我利益出发而生的一些必要策略，是对男权文化以柔克刚般的巧妙利用。因此，弗里德曼和沃尔夫并不矛盾，他们基于不同的视角却进行了类似的分析，即都侧重于妯娌关系对兄弟关系的离心作用。本部分要论的是妯娌关系和兄弟关系之间的关系，这一论题本身即已横跨了女性视角和男性视角，因此在具体分析中必须综合考虑。

在访谈中问及人们村子里妯娌关系怎么样时，人们大多回答说“没有几个好哩”，虽然很多妯娌之间没有公开闹过，但是暗地里钩心斗角，互相说坏话的比较常见。总体而言，妯娌之间的关系趋向于互斥或分裂。妯娌来自不同的家庭，她们具有不同的生活环境和生活经历，成年后因为自己的男人及其兄弟而走到了一起。这就使妯娌关系至少具有以下两个特点：其一，由于她们不像兄弟姐妹一样从小生活在一起，因此彼此间缺少深厚的感情基础。其二，由于彼此之间了解较少，尤其是不熟悉对方的性格和脾气时，很容易抱有戒心，产生猜疑。以上两点是直接从妯娌本身进行的分析，而在家庭关系系统内，妯娌关系是通过丈夫及其兄弟实现的，因此一定程度上可以说妯娌之间的感情是间接的，妯娌关系直接受到兄弟关系的影响。关于传统社会兄弟之间在经济上存在的竞争和分裂关系，前文已经详细分析过，此处不再多论。妯娌受到兄弟们这一特征的影响，她们首先考虑的往往不是如何维持和发展大家庭，而是自己与丈夫所组成的小家庭，更具体来说，分家单过是绝大多数儿媳的愿望。又由于分家是汉人家庭发展的潜在趋势和必然结果，妯娌们自然容易产生所谓“反正要分家，不能当傻瓜”的念头。杨懋春也曾描述过妯娌们的这种心理：

> 妻子们总是考虑分家时能分到多少亩地、多少间房子。当公共财产中增加一块新地时，她们也感到高兴，但她们的高兴不同于原有的家庭成员，不仅淡漠得多，而且每个妻子私下里都希望这块田地成为她小家庭的财产。她可能会认为这块地主要是她丈夫努力的结果，因此觉得把它当作公共财产在兄弟间平分不公平。她还会劝说丈夫如果有收入的话，就把部分收入藏起来或攫取一部分家庭收入，以此积累个人的财产。①

由于此类心理的存在，妯娌们就会倾向于在日常生活中斤斤计较，唯恐自己吃亏受气。大家庭的东西能多拿就多拿，干活时能推卸就推卸。由于现在农村普遍结婚即分家，传统的大家庭生活很少见了，但是分家后兄弟们及其小家庭如果仍然留在村庄里工作和生活，妯娌同样会有机会和较大的可能性在一些生活琐事上竞争和计较。比如一起在父母家里蹭吃蹭喝或者拿东西，借口老人偏心而推卸一些应尽的责任等。在访谈中，人们认为妯娌之间关系不好大多是因为“争东西”。妯娌都以平均为口号，尽量多占父母的东西，并由此产生矛盾和纷争，妯娌的这种行为显然和兄弟争财同途同归。兄弟之间的竞争性情境，以及妯娌之间的非血缘特点，一起造成了妯娌多争的现实。对此，古人有精练的总结：“娣姒②者，多争之地也。使骨肉居之，亦不若各归四海，感霜露而相思，伫日月之相望也。况以行路之人，处多争之地，能无间者，鲜矣。”(《颜氏家训·兄弟第三》)

当然，妯娌矛盾的最初起因并不一定是财产，性格上的差异及由之产生的些微误会等都可能扩大成妯娌以至兄弟间的矛盾或不和。外人的看法往往是妯娌因为争东西而产生矛盾，但是在访谈一些闹矛盾的妯

① 杨懋春：《一个中国乡村：山东台头》，第 80 页。
② 兄妻为姒，弟妻为娣。《尔雅·释亲》：“长妇谓稚妇为娣妇，娣妇谓长妇为姒妇。”

娌时，她们的回答往往可以归结到个性的差异上，比如说对方“不讲理”“麻胡”[①]，等等。其中有一对妯娌都已经六十多岁了，我访谈时问其中一位她们妯娌关系怎么样，她说：“几十年不说话了，你说关系好不好?”我问：“为什么不好?”她说：“啥原因啊！没啥原因，就是不对脾气，一见面就烦。”我问：“年轻时争过东西没有?”她回答说：“那时家里有啥东西啊?”的确，她们结婚时是在20世纪60年代末期，那时楼庄还处于人民公社时期，吃的是大锅饭，家里似乎没有什么东西值得去争。即便当时因为争东西闹过矛盾，但是几十年过后还是未能恢复关系，个性上的原因的确很突出。然而，从个性差异到矛盾的形成总会有一个具体的生活过程，其中兄弟之间的平等地位和平均习俗，以及由之而产生的妯娌之间的互相攀比和竞争，并不止于家庭财产，这也正是家庭关系复杂性的表现之一。

由于在外在表现上，妯娌之间常常在家庭财产的分配上斤斤计较，纷争不已，而且兄弟之间的矛盾很少直接地显现出来，所以人们往往认为妯娌是兄弟不和的“罪魁祸首”。在访谈中，问及“妯娌关系对兄弟关系有什么影响”的问题时，人们所持的基本上是“女人误国”的论调：“弟儿们之间关系一般都没啥，主要是女的在后面拽的”；“还是弟儿们之间知道亲，只是被女的在后面捣坏了”。本地县志中也说，“一般说兄弟关系较好，妯娌关系较差。兄弟不和，也多因妯娌不和引起”[②]。人们认为，兄弟之间一般情况下不太会计较自己和兄弟相比是不是吃亏

① 麻胡，本地方言中指厉害、霸道、强悍或爱欺负人的意思。麻胡一词历史悠久，唐代李匡乂在《资暇集》说：“俗怖婴儿曰‘麻胡来’。”宋代《野客丛书》中也说道：“今人称‘麻胡来’，以怖小儿，其说甚多。”《朝野佥载》云：“伪赵石虎以麻将军秋帅师。秋，胡人，暴戾好杀……有儿啼，母辄恐之曰：‘麻胡来！’啼声即绝。”又《大业拾遗》云：“炀帝将去江都，令将军麻祜浚阪。祜虐用其民，百姓惴栗，呼‘麻祜来’以恐小儿，转祜为胡。”本地方言中的麻胡可能源于古文献所述，但其含义逐渐由名词转化为形容词了。

② 沈丘县志编纂委员会编：《沈丘县志》，第569页。

了，父母是否偏心，等等，往往是女人在男人耳边不停地添油加醋，煽风点火，时间久了就会影响到兄弟关系。所以人们对我说，兄弟之间闹矛盾时往往是妯娌先闹，然后导致兄弟之间闹。

可见，在妯娌之间的矛盾关系中，妯娌间个性上的矛盾和源于兄弟竞财的利益争夺往往杂糅到一起，很难进行剥离和辨认。妯娌之间不仅仅会因为兄弟竞财而产生矛盾，也会因妯娌本身产生的一些矛盾而激起兄弟争财。这即是说，妯娌矛盾既可能源于兄弟间的竞财，也可能源于她们自身的个性等其他原因而祸及兄弟关系。显见，妯娌关系和兄弟关系是相互影响的，且不管孰先孰后的问题，结合上述妯娌间易发生不和的情况，我们在此可以推论：在本地农村的现实生活中，偏向于不和的妯娌关系实际上成为了兄弟关系的离心力。这让人想起古语所说："兄弟一块肉，妇人是刀锥；兄弟一釜羹，妇人是盐梅。"(《增广贤文》)

本章分别从代际关系、夫妻关系以及妯娌关系这三个方面分析了它们对兄弟关系的影响，这里可以综合林耀华和费孝通的家庭关系理论进行总结分析。

首先，费孝通在《生育制度》中提出了著名的"家庭三角形理论"，该理论把丈夫、妻子以及子女视作家庭的三大要素，把其中的每两个要素之间用一条线连接起来，就形成一个家庭三角形，三角形的每一边都代表一种家庭关系。相对于没有子女的夫妻所组成的仅有一条线的家庭关系，拥有子女的三角形架构的家庭更为稳固。[①]费先生借鉴几何学的基本原理，意图说明家庭关系的互相牵制和影响，具体来说，亲子关系有利于夫妻关系的稳固和持久。当然，三角形理论对家庭关系之概括尚限于核心家庭内，而在汉人社会中大家庭的理想及其实践表现着更为复

① 参见费孝通：《乡土中国　生育制度》。

杂的家庭关系，尚需进一步提炼。

林耀华在《金翼》中用动态平衡理论分析了黄家与张家的人际关系或家庭关系，他勾画了一个由竹竿和橡皮带所组成的框架结构，认为“任何时候任何一个有弹性的皮带和一个竹竿的变化都可以使整个框架瓦解。人类行为的平衡，也是由类似这种人际关系的网络所组成。每一点都代表着单一的个体，而每个个体的变动都在这个体系中发生影响，反之他也受其他个体变动的影响”①。他对动态平衡理论的应用并未止于家庭关系，还在更为广阔的人际关系和社会环境中阐述了动态平衡思想。按照林耀华的竹竿和橡皮带框架结构，竹竿代表各个家庭成员，弹性的橡皮带代表家庭成员之间的关系，其中的任何一点或任何一种关系的变化都会影响到其他关系以至家庭全部。与三角形理论相比，竹竿和橡皮带的结构更为复杂，它不但设置了更多的点，论及了各点的变化对整个结构的影响，另外还突出了各点之间连接线的强度变化及其对整个结构造成的影响。

结合上述两位前辈的理论，我们在此可以根据文章的论述，画出整个家庭系统的结点及其关系的示意图。

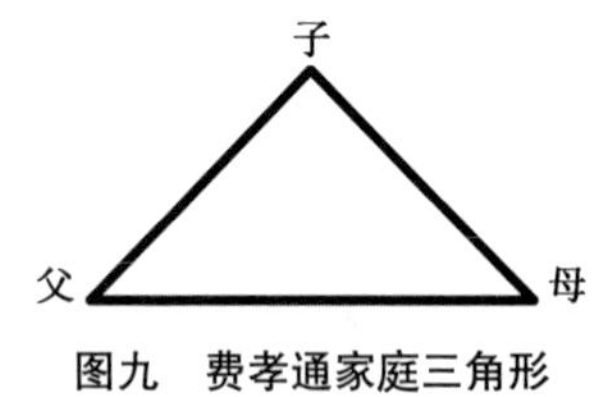

图九　费孝通家庭三角形

上图是费孝通的家庭三角形，分别以夫、妻和子代为点形成一个简单的三角形。根据文章探讨兄弟关系的主题，我们可以把父母合在一起当作一个点，而把兄弟们分别作点，以简单的两个兄弟为例，可以以“父母”“子一”“子二”为点，形成一个新的三角形，参见

---

① 林耀华:《金翼》，第 221 页。

下图。

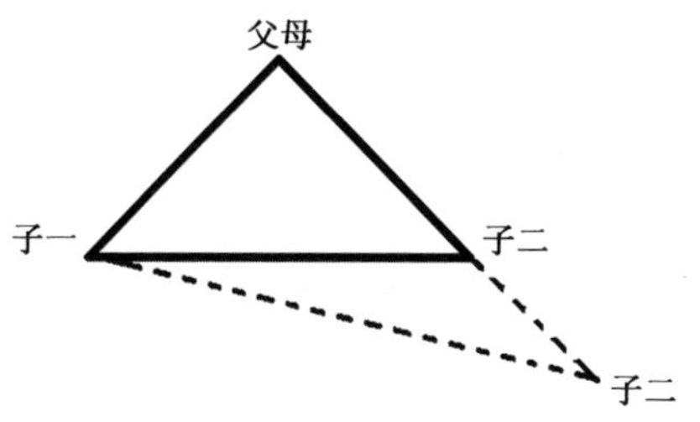

图十 突出兄弟关系的家庭三角形

在上图中，兄弟们以父母为中心而相互连接。首先，从三角形结构各点的角度来分析：兄弟之所以为兄弟，源于他们共同的父母，所以在强调孝道的汉人社会里，兄弟们如手足一般互敬互爱即是孝道的题中之义。从这一角度而言，父母显然是兄弟间的合心力。其次，从三角形各边的强弱程度来分析：把三角形的各边当作橡皮筋，若“父母”之点对“子一”和“子二”两线之间的强度不同，则整个框架结构就会发生变动，只有当力度达到平衡之后，三角形结构才能够稳定。比如，当“父母”点和“子一”点之间的强度更大，那么这两点之间的距离就会逐渐变短，而其他两条线的距离就会相对显得较长（虚线分别表示变化后的距离）。在上文中，有些兄弟极端地追求平均，并常常以父母不平均为借口逃避和推卸赡养父母的责任，淡漠了代际关系，这便是图中上面一条虚线的表现。同时，兄弟一方若对父母不够孝敬，而使代际关系淡漠，兄弟之间往往就会产生矛盾以至距离越来越远，这便是图中下一条虚线所表现的内容。但是，作为兄弟的两点是由父母之点产生出来的，由于其血缘的先天性及文化的象征性，三点之间的线永不能断裂。因此，代际关系和兄弟关系虽然在相互影响中不断发生着各种变化，但是从根本上来说，父母始终是兄弟关系的向心力，即便父母去世了依旧如此。

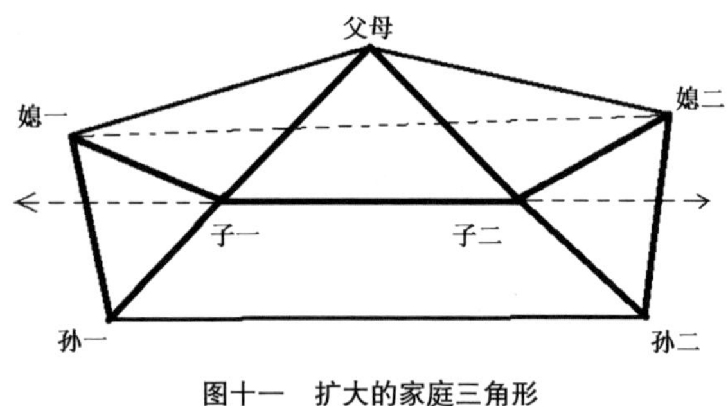

图十一　扩大的家庭三角形

除了代际关系，文章更牵涉到夫妻关系和妯娌关系，因此我们还可以把它们纳入到家庭关系中，从而形成更为复杂的“扩大的家庭三角形”图示。在该图中，随着儿子们成家生子，以他们为点又分别形成了新的三角形。这样一来，大家庭中的关系结构就变得非常复杂。根据前文所述：其一，夫妻关系趋向于平等，妻子在家庭生活中的力量越来越大；其二，在农村的现实生活中，妯娌关系往往趋向于矛盾和分离。把这两个方面表现在图上，我们可以清晰地看到整个结构的变化。由于第一个方面的情况，“媳一”和“媳二”往往具备了较强的牵引力；由于第二个方面的情况，“媳一”和“媳二”拉力的方向往往朝外。在这种情况下，“媳一”和“媳二”分别有较强的力量把“子一”和“子二”往外牵引。这一共同牵引的后果很明显，会直接拉长“子一”和“子二”之间的距离。更进一步，“子一”和“子二”与“父母”之间的线也会随之受到影响。最为极端的是“媳一”“子一”“子二”和“媳二”在一条直线上拉扯，“媳一”和“媳二”对“子一”和“子二”的拉力完全成为“子一”和“子二”之间的张力。可见，这种分析也与前文所论的“妯娌关系往往倾向于成为兄弟关系的离心力”相吻合。

根据图形，我们还可以从更下一代进行分析，比如子代和孙代之间的关系对子代兄弟关系的影响，以及孙代内部（即堂兄弟）的关系特征等。可以直观地看出，“子一”“子二”“孙一”“孙二”形成了一个上紧下松的梯形，其稳定性和紧密性显然不及各类三角形。由于笔者在田野调查中对这方面的关注不多，且这些关系对兄弟关系的影响不是特别明显，所以希望以后有机会再做进一步的探讨。

总而言之，本章借鉴系统理论的思想，并把人类学学科内的家庭关系理论进行综合，用以分析家庭关系系统内的兄弟关系。结果发现，代际关系、夫妻关系和妯娌关系都是影响兄弟关系的重要因素。首先，代际关系从根本上来说是兄弟关系的合心力，但是在具体的生活中合力和张力往往相伴而生，代际关系处理不当反而可能造成兄弟不和；其次，随着夫妻关系越来越成为家庭关系的主轴，其对兄弟关系的影响越来越大；最后，妯娌关系作为汉人社会家庭关系中的宿病，往往成为兄弟关系的离心力。

第五章　扩大的兄弟关系

分分合合的兄弟

常棣之华，鄂不韡韡。凡今之人，莫如兄弟。
死丧之威，兄弟孔怀。原隰裒矣，兄弟求矣。
脊令在原，兄弟急难。每有良朋，况也永叹。
兄弟阋于墙，外御其务。每有良朋，烝也无戎。
丧乱既平，既安且宁。虽有兄弟，不如友生。
傧尔笾豆，饮酒之饫。兄弟既具，和乐且孺。
妻子好合，如鼓瑟琴。兄弟既翕，和乐且湛。
宜尔室家，乐尔妻帑。是究是图，亶其然乎？

——《诗经·常棣》

由于天然而密切的血缘联系，兄弟之间的感情似乎具有穿越时空的特性。《诗经》中这首两千多年前周人描述兄弟亲情的诗歌，至今仍适于表达汉人的兄弟关系。尤其是“兄弟阋于墙，外御其务”，不时为人引用。煮豆燃萁，斗粟尺布。[①] 虽然史书和生活中兄弟纷争不已，但兄弟

① 煮豆燃萁：魏文帝曹丕继位后，嫉妒兄弟曹植的才华，想杀掉他，令他在七步之内作诗，曹植诗曰：“煮豆燃豆萁，豆在釜中泣。本是同根生，相煎何太急？”后世用煮豆燃萁比喻兄弟间互相残杀。斗粟尺布：汉文帝的弟弟淮南王刘长谋反，事败后被流放到蜀地，绝食而死。百姓作歌曰：“一尺布，尚可缝，一斗粟，尚可舂，兄弟二人不相容。”

之间患难相顾，外人难以取代的特点，令人感慨“虽曰安宁之日，不如友生；其实凡今之人，莫如兄弟”（《幼学琼林·兄弟》）。

前文论述了兄弟间追求平等和平均的要求，和在这一过程中所产生的各种矛盾和争斗，可以说是兄弟间“分”的一面。当然，兄弟之间更多存在着“合”的一面，尤其是受到外力压迫的时候，兄弟们常常能够暂时压抑矛盾而实现联合对外。

案例1：一对兄弟都已六十多岁，他们年轻时曾经因为家产的问题闹矛盾，以至于二十多年没有来往，路上相遇也互不搭理。2006年，因为宅基地的问题，老二和邻居发生了矛盾并且打了起来。老二害怕自己一家人斗不过邻居，于是去找自己的大哥帮忙。兄弟之间虽然二十多年形同陌路，可是一旦受到外部的压力，他们首先考虑的还是自己的血缘兄弟。

案例2：一家兄弟三个，老大和老二关系不好，见面就“抬杠”（吵架），常常因为家庭问题发生矛盾，甚至大打出手，老大曾经被老二打得头破血流。在本村，老大还和别人发生过争斗，最后吃了亏。一次老二喝醉酒了，他在路上遇到那位曾经欺负过老大的村民。虽然老二和老大关系不好，但他在半醉半醒里想到此人曾经欺负过自己大哥，于是装作和对方说话，突然抬脚踢中了对方裆部……

案例3：一家兄弟三个，年龄都在六十多岁，他们的老母亲年近九十。因为养老的问题，妯娌和兄弟之间常常发生矛盾，甚至动起手脚。可是，矛盾发生之后他们又会在几天之内很快和好如初。而且，一旦三兄弟中某一家和外人发生矛盾，其他两位兄弟就会全家出动帮忙。三位兄弟又有六个儿子，再加上儿媳，在对外时一大家人一拥而上。男的带着“家伙”站在一旁，女的一起叫骂，对方往往躲在家里不敢出来，一般的人家不敢招惹他们。村里人评价说，“他们家就像个马蜂窝，不能戳”。

在兄弟们的心目中，家庭内的矛盾和家庭外的矛盾有着根本的区别。在家庭内部，无论兄弟们如何争斗，他们一般自始至终都认为这是自己家庭内部的事，外人可以帮忙调解，但必须把握一个度，尤其是不能横加干涉。假如闹矛盾的兄弟之一不满于外人的调解，只需要一句话“这是我们的家务事，不麻烦外人操心”，则负责调解的长辈或邻居只能知趣地退出。同样，当外部出现矛盾时，兄弟们常常能够立即搁置矛盾，调整好自己的状态，一致对外。“古人有言曰：‘兄弟谗阋，侮人百里。’周文公之诗曰：‘兄弟阋于墙，外御其侮。’若是则阋乃内侮，而虽阋不败亲也。”（《国语·周语中》）在兄弟们心中有非常清晰的内和外的界线，而维持这种界线的显然是兄弟间的直系血缘。

无论兄弟之间如何争斗，他们天然的血缘关系是无法改变的，更何况他们还有以父母为中心而在长期的生活中形成的亲情。直系血缘的人们之间是否存在着某种先天的神秘情感或情感的倾向性，我们不得而知。因为即使存在着所谓的先天情感，我们也难以把它和后天的生活经历以及所处的文化环境相剥离。但无疑，具有直系血缘的兄弟之间客观存在的很多相似性有利于他们相互爱护之心的产生。他们或者是长相相似，或者是神态和气质接近，所谓“同声相应，同气相求”，他们之间的相似性应该有利于互相的认同或珍惜，进而产生互相爱护的感情。对此，笔者有切身的体会：曾经当得知自己的兄弟被人欺负时，突然迸发的愤怒之情，甚于屈辱施于己身。

同样，由于血缘上的原因，兄弟之间发生矛盾时，易产生一种爱恨交织的复杂感情。因矛盾而产生的不满和怨恨与原初的手足之情相互碰撞，个人的情感没有中间的道路可走，只能在爱和恨的两点之间徘徊游荡，难以停留在任何一处。把这种情感和对外人的情感做对比则较为清楚：假若一个人与没有血缘的外人发生矛盾和冲突，则情感易于走向一个固定的端点，即是单纯的恨意，他可以把对方变成单纯的敌人或仇人，而不必反复和纠结。兄弟们之间可以打得头破血流，不久再和好如初，甚至关系好过从前，所谓“望深则易怨，地亲则易弭”。而一般朋友之间若发生激烈的冲突，冲突双方的关系常常就此破裂，不易再复。兄弟之间的这种特点是由于兄弟间处于一种张力和合力并存的状态。

无论是张力还是合力，它们都是内生的，都是以不能割断的血缘关系、由此形成的亲情以及长久的共同生活为基础而产生的。对于兄弟间的合力较易理解，即是人们所常说的“手足之情”和“同气连枝”，等等。兄弟间的张力与兄弟间的合力分不开，由于兄弟间的长久相处及对共同利益的关注，他们之间难免会产生各种竞争、矛盾和分裂。兄弟间的张力主要源于家庭内部的各种利益关系和性格差别。关于兄弟间因财产利益上的缘故以及复杂的家庭关系而产生的竞争，前文已有所述。因性格上的差别而产生的兄弟矛盾似乎可以脱离利益关系而存在。比如楼庄有一对兄弟，老大性格豪爽，不拘小节，老二性格谨慎，做事老练。老大挣了不少钱，但是爱交朋友，挥金如土，没有存下多少钱，也没有建成一座像样的房子。老二生活极为节俭，家里的房子却非常气派。他们两人虽然没有利益上的争夺，但是对对方的性格以及行为都不满意，因此常常在具体问题上互相争执，可是都不能改变对方，最后发展到冷漠相待和互相看不起。其实正是由于他们是亲近的兄弟关系，所以才会产生性格上的碰撞从而产生这样的张力。可以说，兄弟间的张力其实是由他们之间的亲近性和共同利益促生的。由于亲近性的存在，兄弟之间存在各种相对较高的期待性，由此易于互相批评和要求，从而产生矛盾和分歧。另外，经济利益上的争夺看似与共同的利益相矛盾，却也是以曾经的共同利益为前提的。

兄弟之间合力与张力并存，但是对于外部而言，兄弟关系更多地体现出合力，尤其是外界来的压力和危机常常能够激起兄弟间的爱惜之情，进而产生极大的合力。某家与别人发生冲突后吃了大亏，兄弟们几个在一起商量，发狠话说让老二去把对方杀掉，然后老二一人顶罪，老大和老三负责照顾老二的孩子。当然，这只是一时的激愤之言，且立即遭到父母的训斥没有实施。不过，这在一定程度上显示出面对外在压力和危机时兄弟合力的巨大潜能。

总而言之，兄弟们由于在利益上密切相关，他们在利益分配的过程中常常因为追求理想中的“平等”和“平均”而产生矛盾和分裂。同时，由于兄弟们在血缘和情感上的亲近性，他们在产生张力和矛盾的同时亦存在着一定的合力，这种合力往往能够促使兄弟间的矛盾和争斗维持在一定的限度。当然，自古至今兄弟父子反目成仇，甚至互相残杀的事情也时有发生，但终归较为罕见，或可算作例外。从实际的普遍情况来看，兄弟之间张力与合力并存，内部的差别和竞争促使他们产生各种矛盾，但矛盾往往局限于一定的限度之内，而外在的压力又易于促使他们联合起来。实际上，所谓的张力常常是因合力而生，因此合力应是兄弟之间的首要力量。

“门头”之间

一、“院”与“门头”

中国地域广大，影响人们组织方式的自然和社会因素众多，家族[①]组

① 在汉人社会研究中，学者们常把“家族”视作包括姻亲的亲属群体，而把“宗族”限定为父系的亲属群体。本文把“家族”作为一种宽泛的概念来使用，“宗族”可成为“家族”形态之一种。

织作为重血缘和亲缘的汉人的基本组织，呈现出多样化的形态。弗里德曼在《中国东南的宗族组织》一书中以中国东南边陲的家族形态为个案，论述了东南宗族组织形式的内外特点及其形成原因等内容，并由此开创了汉人社会研究的所谓“宗族范式”，后来大批英美学者在中国台湾和香港的研究，以及杜赞奇（Prasenjit Duara）、兰林友、杜靖和石峰等在华北的研究都避不开弗里德曼的影响，并不免与之对话。[①]不同家族形态的研究之所以能够形成紧密而连续的学术脉络，其根本原因在于汉人多元的家族组织统一于相通的家族文化中。比如林耀华先生认为，汉人的家族、宗族制度实由汉人的“拜祖思想”衍生而来。[②]各地家族或宗族形态有差异，但内在的拜祖思想却是一致的。陈其南针对弗里德曼功能主义宗族理论所提出的“系谱体系”理论，也是以汉人的“家族理念”或“宗祧理念”来超越具体的家族或宗族组织形式。[③]汉人的此类“理念”或思想，实际上“为哲学家所发明、政治家所强化、教育家和乡土文人传播，并最终由农人（甚至所有中国人）所实践，从而成为中国人及其族群的精神支柱与行为准则”[④]。所以，汉人一以贯之的各类“理念”，是超越功能、超越组织、超越地域、超越历史的基本文化逻辑。

---

① Pasternak，Burton，*Kinship and Community in Two Chinese Villages*，Stanford：Stanford University Press，1972；Baker，H.D.R，*Chinese Family and Kinship*，London：Macmillan Press，1979；Potter，J.M.，*Capitalism and the Chinese Peasant*，Berkeley and Los Angeles：University of California Press，1968；Watson，J.L.，*Emigration and the Chinese Lineage*，Berkeley：University of California Press，1975；Faure，David，*The Structure of Chinese Rural Society：Lineage and Village in the Eastern New Territories，Hong Kong*，Oxford：Oxford University Press，1986；杜赞奇著，王福明译：《文化、权力与国家》，江苏人民出版社 1996 年版；兰林友：《庙无寻处——华北满铁调查村落的人类学再研究》，黑龙江人民出版社 2007 年版；杜靖：《九族与乡土——一个汉人世界里的喷泉社会》，知识产权出版社 2012 年版；石峰：《非宗族乡村》，中国社会科学出版社 2009 年版。

② 林耀华：《拜祖》，载《义序的宗族研究》，生活·读书·新知三联书店 2000 年，第 229—258 页。

③ 参见陈其南：《房与传统中国家族制度》，《汉学研究》1985 年第 1 期；《汉人宗族制度的研究——傅里曼宗族理论的批判》，《考古人类学刊》1991 年第 47 期。

④ 参见庄孔韶：《银翅——中国的地方社会与文化变迁》，第 277 页。

兰林友在研究“华北宗族”时发现：“华北宗族的外在物化标志，即起着功能性作用的宗族聚合手段很少见，但在宗族的象征文化方面则呈现较显著的迹象。与华南的弗里德曼式的宗族相比，华北的宗族是表达性的、文化性的，或者说是意识形态性的。当然，从完备的宗族要素角度来审视，华北宗族是一种残缺宗族。”[①]我们在此必须避开“何为宗族”“华北有无宗族”以及是否“南方宗族本位”等讨论，兰林友的论述与上述几位学者的思想一致，突出表现了人类学者对“文化”这一关键词的把握。

家族形态作为汉人社会的基本组织之一，无论其呈现出何种复杂或简单的形态，无论学者们把它命名为何种术语，人类学对它的研究最终都是要指向“文化”。只有从“文化”这一人类学核心概念进行洞察和把握，才能真正理解各种千变万化的人类组织，这也是庄孔韶教授强调的“作为文化的组织”思想和“理念先在”思想的要义之一。[②]由于南北汉人具有相通的家族文化，在多元的家族组织中可以寻找到相通的血缘和亲缘伦理，因此下文对本地家族内各种关系的论述中，会间或引入南方宗族的研究。

豫东和皖北地区的家族组织一般较为松散，缺少族田、族谱和祠堂等标志物，而且也没有“宗族”“房”和“支”等概念。在家族内部，类似南方房支概念的是“院”和“门头”，“门头”简称“门”。韩敏曾对皖北的“院”进行过描述，“院是表示亲属关系的地方术语，具体地说，它表示居住在一个村落内的同姓宗族内部的分支”[③]。院原先产生于具体的“四合院”或“集中的建筑群”里，“经过几代之后，虽然由于房支内部

---

① 兰林友：《论华北宗族的典型特征》，《中央民族大学学报》2004 年第 1 期。

② 庄孔韶、李飞：《人类学对现代组织及其文化的研究》，《民族研究》2008 年第 3 期；杜靖：《“理念先在”与汉人社会研究——庄孔韶人类学实践中的“理念观”》，《民族论坛》2011 年第 12 期。

③ 韩敏：《回应革命与改革》，江苏人民出版社 2007 年版，第 45 页。

的人口增加，一些人搬出他们原来居住的院子，在自己所属的原来院子附近或远处盖房。不过，搬出之后的人仍被称作原来院子的成员。久而久之，‘院’这个术语失去了它原来的表示居住范围的含义，而它的父系血缘集团的意义却加强了。甚至对那些移居河北、陕西、台湾的李氏族人，人们仍以他们原来所属的‘院’来称呼他们。对那些故去的也是一样。也就是说，‘院’表示一种永久的归属，不会因为李氏成员在空间上和时间上的移动而产生归属上的变化”①。韩敏的田野点是皖北的萧县，在电子地图上与楼庄的直线距离大约是 180 千米，这段距离在平坦的黄淮平原上并不能带来太大的文化差异。楼庄人关于“院”的概念与之类似，但是它所包含的范围和时间跨度似乎都比韩敏描述的小很多。

楼庄人言语中的“院”最初也源于几位兄弟的不同居住方位。比如，三位兄弟分家后分开居住，分别住在村北、村南和村中间，那么他们便会被分别称作“北院”“南院”和“当中院”②。兄弟们既然分家分居，一般是各自都已结婚甚至是有了孩子。所以，院在本地的最小范围应是一核心家庭，而且可以在此基础上不断扩展。但是院一般只能从起源开始扩展到三至四代，再往下就会出现新的院，算作是院的更替。当然，院的更替受到人口情况的影响，若以某几位兄弟作为源头的院，其各自的后代人口较少和缺少发散，则“院”的叫法可能会延续得久一些。为了研究的方便，可区分不同类型的院，笔者把核心家庭组成的院称作“小院”，由小院生长发展而形成的延续多代并包括众多核心家庭的较大的院为“大院”。

比“院”大一级的单位称作“门”，一般是由上述的几个大院组成。为什么“门”比“院”大呢？笔者推测，可能是因为组成不同的

① 韩敏：《回应革命与改革》，第 7 页。

② 在本地方言中，“当中院”发音为“dang-chun-yuan-er”，未能问询出“chun”应如何写，只好根据意思写作“中”字，人们同意这一写法。

“院”的兄弟们是从同一个大门——即父母居住的老宅里走出来的，所以不同的“院”可以组成较大的一个“门”。同一门的人因关系较近，互称“近门的”。对于这一概念，笔者与一位报道人有过热烈讨论。即同一门的人，应写作“近门的”，还是写作“进门的”。笔者最初认为，因为是一个门的人，“进”入同一个门，可称“进门”。但该报道人认为，是因为关系或血缘“近”才可称作“近门”。且重点强调的不是大家要进入一个门，而是说大家是从同一个门出来的，同一个门“出”来的，自然较“近”。笔者比较后，深以为然，肃然佩服对方的智慧。由同一门“出”，即已包含门内有门，不止一门，族系延续的动态性内涵。

基于日常的生活实践，人们倾向于认为“五服的算作一门”，“一个老祖爷的算作一门”[①]。这样算来，门头的范围似乎和五服的范围基本一致。在华北地区，五服不仅是文化性的单位，还是实际的功能单位。杜靖在山东地区的调研发现，乡村基层的日常生活和仪式活动往往以五服为基本运作单位，人们依靠范围较小的五服和姻亲框架便足以处理好生活中的各种问题，从而不必形成华南那样支系庞大的宗族组织。基于此，杜靖把每一个五服群体比喻成一个喷射到一定高度便自行坠落的喷泉，并把五服概念和亲属组织及地方社会相结合，提炼出颇具新意的“喷泉社会”理论。[②]如果说五服是一个具有清晰范围，且由于功能性考量而自然脱落的喷泉单位的话，那么门的范围在理念上并无清晰的界线。汉人的一些亲属用语，如家、族、家族和房等，在不同的时期和情境下具有不同的指涉范围[③]，“门”这一概念的实际使用范围也可根据具体情况延伸或缩小。虽然在访谈中人们大体认为五服和门头范围相符。因为人们

① 在本地的亲属称谓中，“老祖爷”指高祖父。

② 杜靖：《九族与乡土——一个汉人世界里的喷泉社会》，知识产权出版社，2012年版。

③ 陈其南：《房与中国家族制度——兼论西方人类学的中国家族研究》，《汉学研究》1985年第1期。

承认，门头由“老祖爷”及其兄弟们分别繁衍而来，但若已分的门头各自继续繁衍，则门之划分已不止于“老祖爷”辈。陈其南在论述汉人的房支概念时，认为兄弟相对于他们的父亲才称为房，强调的是族系划分时自下而上的内涵。① 而本地人族系之划分似乎更多强调的是自上而下的内涵，即兄弟们并不自然地构成“门”，而只有在他们各自繁衍到一定的世代时才形成“门”。而且，现有的族内各门，并无固定和清晰的兄弟节点，门不是因于上溯到某同胞兄弟或共同的父亲而得以划分，而是基于多种脉络并相对分离的族属端簇。调研发现，一些人能说清楚和自己门头较近的门头之间的关系，但对于自己门头和村内其他门头之间的关系却已不能追溯。从这一角度而言，似乎华南宗族支派之划分更重谱系。实际上，相对而言，华南宗族支系划分之所以要追溯清晰的谱系，可能源于其相对华北宗族更加迫切的功能性需求。在现实生活中，为了组织起更多的族众，久远却清晰的系谱就成为重要的整合性力量。

二、门头内外

如前所述，本地的“院”可能只是小的核心家庭，院之间可能是兄弟关系或堂兄弟关系，而不同的院组合到一起形成门头。因此，我们要论述扩大的兄弟关系时，可把研究视野放置到包含着一些大院的“门头”这一概念上。在门头内外，不仅包含着兄弟关系，而且包含着堂兄弟、再从兄弟以及族兄弟等相对扩大的兄弟关系。

1. 门头内外的合作

门头内的各院在血缘和伦理上是一种平等互助的关系，互相帮助的

① 陈其南：《房与中国家族制度——兼论西方人类学的中国家族研究》，《汉学研究》1985 年第 1 期。

责任及其实践体现着平均主义原则，而且门内门外也具有一定的界线，这体现在各种利益的分配及对内对外的各种行为和态度上。

首先，门头内各院在血缘和伦理上处于平等的地位。

门内各院是由兄弟关系发散和扩展而成的，其中横向的相同辈分间具有平等的地位，互相以兄弟称呼。在某一平辈的兄弟还较为年轻时，他们称呼兄长时还以各自家庭内的排行称呼。待到这一辈分的人都做父亲和爷爷时，他们的儿辈和孙辈们便会按照他们的年龄给一个总的排行，以孙辈的称呼为例，可以从大爷、二爷、三爷等一直排下去。这时，他们的兄弟关系表现得更为明显了。后辈们以他们为核心集聚起来，逢年过节时，后辈们结伴去给他们拜年，他们是门内共同的长者，哪个家庭发生了矛盾，他们每一个人都有权力去劝解与调和，甚至是呵斥或推行强制性的命令。当然，随着老人权威的日渐衰落，长辈们对于门内事务的管理也越来越力不从心了。但是，在伦理和礼俗上，长辈们在门头内的威望得以延续。

其次，门头内各院承担相同的义务。

根据伦理习俗或规范，无论各院在人口、财富、声望和权势上有多大差异，各院之间彼此承担着相同的责任和义务，这些责任和义务主要是“红白典事”时的帮忙。门内各院的关系在平时很少体现，大家可能彼此联系很少，但是逢到某一家“办事”时，门内的关系便体现出来了。“近门的”办事，各家都要有人去参与帮忙，即便在干活或工作，也得暂时放一下，虽然这可能会带来一些收入损失。

门内的某一家办事，门内各院的人聚到一起，对各项事宜进行讨论和分工，共同努力把事情办得圆满。在礼仪性的事务上，人们喜欢讲究排场，特别是在结婚的喜事上，往往大摆筵席，村内关系较熟的人一般都会来祝贺，村内别的门的“爷们”也会来捧场，另外还有很多外村的亲朋好友。要招待众多的客人，主要靠自己“近门的”帮忙。在招待客人时，“近门的”根据分工做着接待客人、搬东西、洗菜、刷碗、端菜等杂活，一刻不得闲，往往来不及吃饭。等到把客人们全部送走之后，帮忙的才坐在一起，把客人吃剩的饭菜凑一两桌，再找一些客人们喝剩的酒底儿，大家一块吃点喝点。本地人含蓄，这时主家会简单说一点感谢“近门的”来帮忙的话，更多的是给大家写酒（倒酒）、敬酒，大家又累又饿，不客气地吃着喝着。另外，主家还会把客人们吃剩的、倒在大缸或大盆中的剩菜，用小盆或袋子装一些，让“近门的”打包带回家热着吃。

在帮“近门的”做事时，大家一般都很尽心，因为今天你家为他家帮忙，明天他家也会为你家帮忙。而帮忙时是否用心，一门的人都看着呢。况且，事情办得如何也是本门力量的一次展示。相反，若是“近门的”办事不去帮忙，那么大家都会不满，轮到自家办事时大家可能也不过来帮忙了。在某家办事的时候，不止“近门的”来帮忙，往往不是“近门的”也会因为关系较好而来帮忙，另外房屋挨着的邻居也可能会来帮忙。若不是“近门的”，来不来帮忙无所谓，因为他们不存在帮忙的义务，但是“近门的”不来帮忙就说不过去了，很容易“得罪人”。

有个人懒散而孤僻，别人家办事时他很少出头，甚至“近门的”办事时也不去帮忙。后来他的父亲去世出殡时没有人去抬棺，他跪在路边不停地给别人磕头，又请村干部在大广播里吆喝，最后一些好心的人看不下去了才过去帮忙抬棺。这是一个典型的反面例子，可能这样的事情从前也曾发生过，人们对那些“近门的”办事时不去帮忙的人最大的警告即是“小心恁老哩（即父母）老了没人抬（棺）”。不过，现在已经出现了专门用来承载棺材的机械化出殡车，不用人抬照样能够顺利出殡，传统的村民间义务上的约束力正趋于弱化。

第三，门头内的优先考虑。

门头内的合作关系当然不止于仪式或礼仪，若有实际的利益上的分配时，门内的人也具有优先权。比如，当上级政府发放一定的好处时，村干部就获得了利益的分配权，在利益的分配上可能会倾向于优先考虑与自己关系最近的人，其中自然包括“近门的”。最近几年，上级政府给农村年龄过 60 岁的人发放每月 60 元的补助。一些村庄的村干部把村内符合条件的老人的名额报了上去，并且分别拍了照片，但是并非每个符合条件的老人都能够拿到补助，而与村干部近门的老人理所当然地可以获得补助。由于沈丘县是国家级贫困县，国家对于本地农村的补助还有低保、危房改造费、贫困救济等，这些好处往往也按照同样的方式进行分配。不少村庄的村干部在利益分配中优先考虑自己及自己近门的，这在本地是一个较为普遍的现象。比如我所掌握的信息中有楼庄附近的某村，村干部把国家每年下拨的低保用款在自己的门头内及好朋友间分配，真正的困难户反而吃不到低保；在计划生育工作中，允许自己“近门的”超生，可以不罚款，不是自己“近门的”则要多罚款，或者向他们出售准生证。这类的村干部在自己捞取好处时也会想办法照顾到本门，村干部选举的时候本门的自然也会支持他。不少村庄并无所谓的村民自治选举，乡政府把选票发给村干部，村干部拿着选票自己填写，然后交上去了事。虽然缺乏实际的选举案例，但据笔者的观察和理解，若是真正公平选举的话，同门内的人一般应会优先考虑，除非与候选人关系不好，或者该候选人水平或人品等较差。因为无论如何，本门的人当村干部，在利益分配上优先考虑本门的机会就会大很多。

一般而言，村民们很少以门头为单位进行各种联系，各个家庭、院以及门根据需要进行自我组织。把各个门头合并到一起自然就是整个村庄了，所以门之间的合作实际上就是村庄的整体性行动。

近些年，村庄组织各种活动时，往往以集体化时期的生产队为单位。楼庄的生产队当时大体上是按片划分的，因为居住靠近的家庭便于组织，在往田里去做工时生产队长喊一声大家都能听到。同时，居住较近的家庭同一门的也较多，且同一门的家庭也更倾向于加入同一个生产队。所以，楼庄以生产队为单位的各种行动，也可以在一定程度上表现出门之间的合作关系。

村庄组织的整体性行动往往源于共同的利益或外部的压力。比如，在20世纪90年代，本地农村治安不好，尤其是秋收之后或春节之前，农村失盗事件严重。为了防止失盗，楼庄会以生产队为单位派青壮年男子在夜里巡逻，各个生产队又会根据户头每家轮流出人巡逻。又如，雨季里连下暴雨时，由于村内和田地里水渠不畅（往往是一些人贪图方便，除草时把田地里的草直接扔弃到路边的沟渠中），常常会有大量的积水排不出去，村干部也会按生产队组织人员进行疏通。当然，有时事情紧急，村内的合作行动可能就来不及进行计划和组织了。在此可以讲述以下两个事件：

案例4：20世纪80年代时，有次楼庄几位青年在常胜沟上的铁路桥玩耍，和对面某个村子的青年发生了矛盾，打起架来。该村庄的人吃亏了，于是回去喊了一大帮人回来打架。楼庄的这几位青年见状，立即派人跑回村子喊人。当时村中的劳动力大多在家闲着没事，突然听到村里呼喊说外村的人要来打架，纷纷拿起铁锹和棍棒冲了上去。与楼庄发生矛盾的村庄人少，看到楼庄突然冲出很多人，慌忙逃走。楼庄的男人们一直追入对方的村庄……

案例5：20世纪80年代末期，漯阜铁路的河南沈丘至安徽界首段施工到楼庄时，铁路线阻断了村庄通往楼庄主要田地的道路，楼庄人要靠这条路运送肥料和收获庄稼。铁路下面有个涵洞，其实是原来的水沟，时常积水，旱季时水干了还能通行，一旦雨季来临，就需绕道很远才能通过。楼庄人要求铁路施工队再照着原来的道路建一座高一些的涵洞，这样才能不影响楼庄的农事。铁路施工队不答应，大家都很气愤，有人在村里呼喊“不挖涵洞我们不让他们施工”，于是一呼百应，全村一千多人全部涌往铁路，阻止施工。铁路局的人请来了警察，警察把年轻人赶到一边，但是村里的老年人不害怕，他们坐在施工车前面挡住道路，又哭又骂，施工队和公安局的人无可奈何，最后只好更改施工方案，挖开已经铺好的路基，修建了一个涵洞。

在上述两个事件中，由于事情紧急和突然，所以村内一旦有人呼叫，大家就会一拥而上，缺少事前的计划和组织。可见，在不同的事件中，村庄共同行动的组织特点也有不同。在日常的合作中，村庄的行动具有较强的计划性，其组织方式较为明显地体现着平均的特点。而在紧急的情况下，虽然来不及组织，但大家依旧会很自觉地积极参与，这实际上是平时生活中的习惯使然。因为在村庄面临压力和危险时，个人或家庭的消极逃避会在事后遭到邻居的议论和不满。从这一角度来说，在紧急的情况下，村庄内的合作依旧暗含着平均的思想。

相较于南方的宗族房支，本地宗族的各门之间缺少合作的明显表现。在村庄的一些实务合作中，门与门在界线上变得模糊或褪隐了，但是这些合作中所体现的平均思想依旧可以在“兄弟—院—门或村”这一脉络找到发展轨迹。

2. 门头内外的矛盾

一般而言，村内的矛盾主要是家庭与家庭之间的矛盾，而家庭之间的矛盾很少能扩大为家庭组合的院之间的矛盾，更不会发展成门之间的矛盾。同一门内的家庭之间发生的矛盾，与不同门之间的家庭发生的矛盾，其原因基本上没有什么区别，大多是因为宅子和田地的地界、言语上的不和以及小孩打架之类。但是在问题出现后，矛盾的表现形式是有区别的。

比如，一个门内的人在互相叫骂时，不可能对骂较远的长辈，因为他们具有相同的祖先和长辈，他们只有骂矛盾对象本人、矛盾对象的姻亲以及其下一代。即便叫骂对方的长辈，也要算好对方的长辈和自己长辈的分支之处，这样才能骂到对方的分支而避开自己的分支。不同门之间的叫骂也与之类似，只是其范围更大一些而已。所以，村内人们骂架往往集中于对方的姻亲上。村内叫骂“十八代祖宗”之类的是没有的，除非是骂外姓。一次，楼庄两门之间的两户人家发生矛盾并对骂起来，一家人叫骂对方的长辈，骂的内容扩及到了对方同门的共同长辈。对方同门的人听不下去了，几个人过去威胁说“嘴巴放干净点”。可见，骂人是有讲究的，通过骂人有时可以看出矛盾双方的关系。

小院内的矛盾相对较多，一般是亲兄弟间的矛盾或者由兄弟间的矛盾促成的下一代的堂兄弟间的不和。大院之间的矛盾很罕见，因为院与院除了在红白事中合作以及互相赠送礼钱外，很少发生利益上的联系，更不易产生经济上的争端。潘光旦谈及传统中国家庭的内部矛盾时说：

> 大抵即在家庭范围以内，可以容忍的只限于见解信仰一类比较抽象的东西，它们原是生活的一些幌子或点缀品，一到实际的权利，便往往各不相让，所以兄弟争产，打起官司来，要比什么官司都凶狠，甚至于祖传的紫荆树还要劈分为三，三兄弟各得一份。①

实际的经济利益矛盾往往是家庭矛盾的根本原因，思想上的东西只要不违背家庭伦理便无关紧要。院与院之间的关系虽然由兄弟关系延展

① 潘光旦：《中国之家庭与社会》，载《潘光旦选集》第一卷，光明日报出版社 1999 年版，第 202 页。

而来，但是与同胞兄弟相比，他们的联系主要体现在血缘和伦理上，经济联系相对很少，所以造成矛盾的因素也因之减弱了。同样，门头之间发生矛盾的也很罕见，因为它们之间同样缺少经济利益上的紧密联系。关于这一点，在与南方宗族的对比中更易理解。

按照汉人基本的伦理逻辑，南方的宗族支系与豫东和皖北地区的门一样，都是由共同的祖先繁衍而来，他们按照或明或晦的家族谱系往上追溯，最终必然归结到某几位先祖之间的兄弟关系。但是，由源头的数位兄弟分作几个“门”或几个“房”之后，它们之间的联系方式却存在着各种差异。一般而言，南方宗族组织发达，不同的房或支之间存在着更为密切的联系，集中表现在经济、祭祀和政治上。比如，南方宗族往往具有公共的族田，共同祭拜的祠堂，各房房长组成的宗族委员会以及共同制定的族约等。以祖产为例，南方宗族房支间会采用“轮年”的方式进行管理和收益。[①] 而这种经济上的联系，往往会成为房支间竞争的重要原因。比如，林耀华在《义序的宗族研究》中曾针对族内的诉讼提到：“子弟犯法，大率以各支派争占产业，或分产不均而酿成争斗者居多。”[②]

根据华东军政委员会的统计，福建族田达到29.36%，浙江为16.35%，安徽为4.17%，苏南为5.9%，独立统计的南京、上海分别为8.58%、9.9%，江西12.8%。[③] 在广东，族田数量极多，“按照最低的估计，广东约有4200万亩耕地，而族田和其他公田要占这一面积的35%以上”[④]。可见，族田在南方宗族组织发达地区占有很大的比例。族田作为宗族之公共财产，主要用于保证赋税、祭祀、修谱、修祠、助学和赡

① 关于南方宗族祖产和轮年的情况，参见林耀华：《义序的宗族研究》，第49页。
② 林耀华：《义序的宗族研究》，第57页。
③ 傅建成：《20世纪上半期中国农村族田问题及中共政策分析》，《咸阳师范专科学校学报》2000年第4期。
④ 陈瀚生：《解放前的地主与农民》，中国社会科学出版社1984年版，第38页。

族等，在族田的管理和分配过程中容易出现分歧和竞争，基于现实的利益冲突就成为房支矛盾的根源。有时因族产广富，甚至成为宗族横暴乡里的缘由。对此，古人有清醒而深刻的认识：

> 自范文正公置义庄，当时引为美谈，至今慕而仿之者几遍及天下，而其害亦不可胜言，甚至议禁议毁，大吏形之奏牍，此岂文正所计及哉！作始也小，其将毕也巨。法立弊生，势固然也。子曰，以约失之者鲜矣。夫裕后之道，贻之以德，不闻以财。贫穷鳏寡，自有睦姻任恤之教在。欲以祖宗而尽养其子孙，虽帝王不能。置产愈多，觊觎愈起，开争端，滋狱讼，是教以参商也。利源既广，鸱张必生，恃族大财多，横暴乡里，有急辄相助讦控，甚至斗狠不顾，是教以犯上作乱也。①

宗族拥有一定族产，族产在各房支之间轮流掌置时，易于生发各种矛盾，此种案例众多。在此可以参考清嘉庆元年（1796年）浙江某县一个王氏家族的例子：

> 王沅科系王得政小功服侄，素无嫌隙。王沅科曾祖王章成生子四人，向有祭田四房轮值，每于除夕、元旦，点大庆一对、烧锭六千，系值年之人办理。嘉庆元年，轮应王沅科值年，除夕悬像仅点小庆一对、烧锭一千，王得政辱骂，并称不许值年，两人争吵。第二天晚上，王沅科砍死了王得政。②

① 《养一斋集·文集》卷九《祠堂记》。转引自冯尔康：《18世纪以来中国家族制度的现代转向》，上海人民出版社2005年版，第163页。

② “王沅科砍伤小功堂叔王得政身死案”，载郑秦、赵雄主编：《清代“服制”命案——刑科题本档案选编》，中国政法大学出版社1999年版，第416页。转引自张佩国：《近代江南乡村的族产分配与家庭伦理》，《江苏社会科学》2002年第2期。

我们再看初创于清乾隆初年的无锡县荡口镇华老义庄的例子：

> 本房后裔如系贫户，而非鳏、寡、孤、独者，亦可向义庄借米，往往是有借不还，特别是二流子、“白面鬼”等经常去强借。故在经济上，宗族内部经常发生矛盾，族中少数子弟，曾一度要求分拆义庄而未果。……把持义庄的人均是有钱有势的封建代表人物，账目亦不公开，常贪污中饱，分配赡养费时亦极不公平，有面子就有办法，懦弱者则可欺。如本族华宗祐母亲说：“义庄像一只米窝，旁边小虫竞米钻空了；或像个饭碗，碗边大家吃，碗中主管人吃！”选举主管人，亦是明里选，暗里通，事先勾结拉拢好，选举是官样文章。因有利可图，经管者无有不发财的。①

由于南方宗族支系间存在着更直接和密切的经济利益联系，宗族内部的分歧和争斗就显得相对较多。尤其是在利益的分配上，宗族内的各个房支之间同样追求平均。然而，平均往往只是一种理想，在追求平均的实践中可能会发生各种偏离，于是各种矛盾和冲突便伴随而来。

总而言之，由于存在较为紧密的经济利益联系，南方的宗族支系一方面遵循和追求着“平均”的原则和理想，另一方面所谓的“平均”又在实践过程中产生着各种矛盾和冲突，这是理想和现实之间必然存在的差距。② 相对而言，楼庄的各门之间缺少相互联系的经济纽带，他们之

---

① 中共无锡县委：《无锡县荡口镇义庄田情况调查》，载华东军政委员会土地改革委员会编：《江苏省农村调查》，第 262 页。转引自张佩国：《近代江南乡村的族产分配与家庭伦理》，《江苏社会科学》2002 年第 2 期。

② 比如，针对一些理想化的研究，弗里德曼认为“非平等地获得公共财产的利益，是汉人的大规模宗族组织的永久特点”。参见弗里德曼著，刘晓春译，王铭铭校：《中国东南的宗族组织》，第 95 页。

间的连接主要体现在各种节日庆典及人生礼仪上，也即是说门与门之间的连接几乎主要是伦理规范和道德原则。而这些内容在实际生活中几乎只是“抽象之物”和“生活的幌子”，不必斤斤计较，因此它们之间也就很少发生矛盾了。

本地宗族内门之间的合作和竞争，虽然与南方宗族房支间的合作和竞争在具体表现形式上存在着很大的差异，但是它们之间的内在组织逻辑是相同的。本地各门之间由于在实际物质联系上的薄弱性，造成它们之间的竞争和合作关系也就相对较弱，但在这种较为弱化和模糊的关系中，我们依旧可以探寻到各门之间追求平均的潜在逻辑以及由之产生的竞争态势。

村庄之际

本地的村庄基本上以单姓村为主，村名多体现村庄内的姓氏，如“姓氏＋庄”“姓氏＋营”“姓氏＋寨”“姓氏＋楼”“姓氏＋桥”等，若临近的两个村庄同姓氏，则可分别在前面加“大小”“前后”“东西”或“南北”等。这些村庄内或杂有别姓，但人数往往较少。若是村庄内两个姓氏的人数量差不多，村庄的名称也会体现出来，往往以“姓氏甲＋姓氏乙＋庄、营、寨等”的形式命名，如以邓姓和王姓为主组成的村庄叫邓王庄。从这些村名可见，本地的宗族虽然没有形成发达的宗族组织，但是在村庄的形成过程中，血缘关系也发挥了极其重要的作用。可以说，本地的村庄往往是一个个血缘的结合体，尤其在传统社会，村庄之间的关系常常体现为不同姓氏或宗族间的关系。

秦汉以降，国家对乡村社会的管理先后经历了乡亭制、乡里制、里甲制、保甲制，等等，但乡村管理体制的基本内涵却没有发生根本性的变化，乡村社会的权力结构一直带有浓厚的宗法伦理色彩。虽然不同时期和不同地域情况有不同，但大体上可以认为国家权力或皇权对基层社会的控制是一种微弱和无为的状态。在这种情况下，基于家庭和宗族的社会组织和伦理道德就成为传统社会维持社会秩序的重要力量。有关中国传统社会的权力结构，学者们的论述汗牛充栋，其中秦晖的表述流传甚广，即所谓“国权不下县，县下惟宗族，宗族皆自治，自治靠伦理，伦理造乡绅”[①]。当然，秦晖本人并不支持这一论断，他在同一篇文章中根据走马楼吴简等资料对上述观点进行了批判性思考，认为非宗族化的吏民社会或编户齐民社会才是传统国家存在的逻辑基础。还有学者更为细致和明确地论证了秦晖的反思：“古代中国的皇权专制集权统治就是以县令为主官，下设若干僚属和胥吏、衙役，上有都、府州层层节制，下有乡、里、保甲基层组织相维护，从而形成了自上而下、左右关联、层层递进的纵深型网状控制体系，以达到国家统一治理的效果……与其说古代中国社会是‘皇权不下县，县下皆自治’，还不如说是‘国家的公共服务职能不下县’更加准确一些。”[②]关于“国权”或“王权”是否下县，学者们观点不一。在此，我们不必加入辩论，因为不论“皇权”力量的大小，以及政府力量的触角是否有效深入到乡村的角落，都不可否认各类地方组织力量的存在和独立性。同时，地方各类组织与上层政府组织之间还应有相互呼应的过程。在这一前提下，宗族等各类地方组织的力量不容忽视。

可以认为，近代以前村庄在权力上具有较强的自主性，国家对乡村或基层的控制依旧要靠地方力量的支持。近代以来，国家为了汲取乡村治理资源，不断把行政权力向乡村社会渗透，对乡村的权力结构产生了

---

① 秦晖：《传统中华帝国的乡村基层控制》，载《传统十论——本土社会的制度、文化及其变革》，复旦大学出版社 2003 年版，第 1—44 页。

② 张新光：《质疑古代中国社会“皇权不下县、县下皆自治”之说》，《学习与实践》2007 年第 4 期。

很大的影响，如杜赞奇谈道："进入20世纪之后，国家权力的扩大及深入极大地侵蚀了地方权威的基础。"[①]1949年以后，国家力量继续往乡村社会渗透，尤其是1958年后全国普遍推行人民公社，国家对乡村的控制达到空前的强度，上层的每一个决定或政策都会在广大农村掀起波澜。80年代左右，随着人民公社的解体，国家政权逐渐退出乡村的生产领域，国家的权力在基层收缩，家庭和宗族的权力得到一定的恢复。但是，此时的村庄已非以往的传统社会时的相对封闭状态，村庄与外界的联系形式日益纷繁多样，村庄精英以及村庄的劳动力都往外转移，有些村庄甚至成为所谓的"空壳村"，村庄很少能够再作为一个利益和血缘整体而得以对外发生作用。

可见，随着近代以来国家对乡村的渗透与控制，基层村庄之间发生的直接的合作和冲突日益减少，它们更多地与上层发生联系，村庄之间的关系往往是间接地通过上层政府得以实现的。在这种情况下，除了与行政上级的联系以外，村庄作为一个整体与别的村庄直接发生横向关系情况比较罕见。而在传统社会，具有较强自主性的村庄之间往往直接发生各种关系。鉴于此，在介绍和分析了较近时期的村庄关系后，可以更进一步地回溯到传统社会时的村庄关系，以求对村庄关系有更深入细致的探讨。而且，由于传统时代的村庄常常是更为集中的主体，文中对传统社会中村庄或宗族关系的探讨将花费较多的笔墨。

村庄权力及其组织形式的变化是一个渐进的连续性过程，其中既有行政制度的直接影响，也有经济环境的缓慢制约，所以在介绍村庄之间的关系时并没有必要做非常明确的时间分期，而只需大致截取两个有代表性的时间段进行分析即可，即分别介绍"较近时期的村庄关系"和"传统时代的村庄关系"。所谓"较近时期"，并无明确的时间界限，大

---

① 杜赞奇著，王福明译：《文化、权力与国家》，第247页。

致以田野访谈可及为限。至于“传统时代”，本研究选取晚清时捻军起义的相关史料做表述。

这种安排实际上已经产生了一个问题：针对研究主题，家庭范围内的研究使用现时的田野资料，而对家庭外，尤其是讨论宗族或村庄间的关系时却使用历史材料，这在时间跨度和研究方法上是否存在裂痕？或者说，今日的田野调研和久远的历史材料能否放置到一起共同论证主题呢？答案应是肯定的。因为如果我们承认汉人的某些文化逻辑是连续的，那么晚清的历史资料和当今的生活实践就可以放在一起，共同说明某些具体的文化特质。

一、较近时期的村庄关系

2009 年 11 月底，在我弟弟婚宴后，我和一位长辈坐在我家的老屋里聊天。这位长辈六十多岁，性格豪爽，喜好饮酒，当天喝了不少，醺醺带着醉意。我给他倒了杯茶，表示要向他请教一些村中的事情。他很高兴，热情地答应，“问吧，只要我知道的全都告诉你”。我先问了一些有关村庄历史的问题，然后提及村庄之间的关系。

“以前村之间的关系怎么样？”

“怎么样？跟弟儿们之间的关系一样。”

我这位长辈居然直接把村庄之间的关系和我的研究主题相连接。我回去调查时，只是说要做一个关于农村社会关系的研究，大家并不知道我的研究主题是什么。

庄孔韶在《银翅》中解释“文化直觉主义”时谈道：

> 人们习惯于以一种径直的主客融合的整体思维方式体认和顿悟周围的世界（自然界的、社会的和人事的）。由于中国道德传统之

> 稳固性，故人民的直觉认知在相似的场合具有类同性反应，即传统的、恒定的道德体系（在不同意识形态下，传统道德哲学均变通地存在）旨在敦促人们在个人修养实践中确立人生意义，不断地融会贯通不同时代众多的道德知识和说教的涵义，以致不断衍生出思维与言行上的意识、无意识、“觉悟”和直觉。①

我的这位长辈的无心之语其实正是这种类似的直觉思维的表现，这让我很兴奋——可见我的研究推论和本地民众的直觉思维达到了一致，即在本地人们的直觉思维中，村庄之间的关系类同于家庭内的兄弟关系，这两种关系实践在现实生活中构成了“相似的场合”，因此也具有共通的文化和伦理逻辑。

“为啥说跟弟儿们一样？”

“肩膀头一般高，有时在一起打架，不像弟儿们像啥？”他的意思是村庄之间相互平等，且像兄弟一样容易闹矛盾。

“为什么说肩膀头一般高？”

“像咱们村和大楼庄还有小楼庄，就是弟儿们。”前文已经介绍，大楼庄、楼庄和小楼庄最初是由山西来的三位兄弟发展而来。

“那外姓之间呢？”

“外姓之间通过结婚不就成弟儿们了吗？你跟明磊不就是弟儿们吗？村之间也一样。”

明磊是我姑姑家的孩子，是我的表弟。我这位长辈的意思是说通过平等的相互通婚，村之间也就形成了类似兄弟的关系。20 世纪 90 年代之前，本地的通婚半径小，临近的村庄间通婚频率高。两个村庄一旦通婚，两个通婚家族就会有频繁的走动，各类“兄弟关系”便由之产

① 庄孔韶：《银翅——中国的地方社会与文化变迁》，第 498 页。

生。除了通婚，不同村庄的同龄人因其他各种情境密切交往时，都会形成兄弟一般的关系。如果两个村庄不同年龄段的村民之间多有互称“兄弟”的关系，那么这两个村庄在整体性的层面上便体现出同一种关系特性。

“从前的时候，咱们这一带村与村之间打架的事多吗？”

“多得很。”

“为什么打架？”

“没啥大事，都是小事，因为地边子，因为小孩，因为婚姻上的事……”

我听说过 1949 年之前的一个例子：楼庄的一位女子出嫁后受男方的气，楼庄的一些人作为娘家人去帮忙出气，致使两个村发生械斗。

“打到什么程度？”

“打死人也是常有的事。即使是现在，农村里打架不也有打死人的？”

“咱们村与哪些村打过架？”

“都打过。咱们村是英雄村，没受过欺负，一般是咱们打别人。”

“为什么咱村这么厉害？是因为人多吗？”

“人多是一方面，主要是咱村的人抱团，而且咱村出人才。比如民国时咱村有人是太和县（当时楼庄属于太和县）县武装的头，控制着县里的武装力量。纸店（沈丘县纸店镇，位于楼庄以西，距楼庄六公里左右）那边的土匪头子唐二很厉害，手下有上千人，自任总司令，势力强大，经常带兵到处抢劫。① 可是唐二带兵从咱村经过时头都不回。主要是咱们村上面有人，再往前推咱们村也都有人在上面……”

---

① 沈丘县中共党史资料载：“唐二，名唐立斋，是沈丘县罪恶昭著、独霸一方的大匪首。曾率匪徒血洗过毛营，多次杀害我地下党员，袭击我地方政权。他集结了沙河两岸土匪二百多人，组织所谓沙北剿共支队，自封支队司令。”中共沈丘县委党史办公室编：《中共沈丘县党史资料汇编》第一辑，1990 年。

“当时与外村打架时是怎么组织的？”

“不需要咋组织，一吆喝大家就都带着家伙出来了。”

“村跟村之间打架后会不会结成仇，以至于一直打下去？”

“村跟村之间打架跟弟儿们打架一样，打完之后会有人调解，调解好就没事了。”

“这种事什么人能调解呢？”

“上面的人。”

……

我这位长辈所说的情况主要集中在1949年之前，在他的认识中村庄之间常常因为一些鸡毛蒜皮的事情而打架。由于这次访谈安排在酒后，他所说的可能有一些夸大，但结合我对别人的访谈，1949年之前村庄之间的械斗确实是比较常见的，这与前文所引的汤来若论民国时本地民风的情况相印证。通过这次访谈，我们大致可以获得这样的信息：村庄之间是一种平等的关系；村庄之间因通婚等各种交往形成类似于兄弟的关系；村庄之间常常发生矛盾。

虽然很多人都说1949年之前本地村庄之间的械斗之风很强，但是在问及村庄间械斗的具体原因时，他们往往语焉不详，只是推想说可能是因为地边子或小孩之间的矛盾。与前文提及的村庄之间小孩互相打仗的事情一样，若追查具体原因往往不可得，因为很多争斗仅仅是源于村庄之间个别人的口角或争斗，进而扩展及村庄之间。很多人听说和外村打架，往往不问缘由就操起棍棒直接加入。因此，老人们之所以说不清械斗的原因，可能是因为村庄之间的械斗更多地源于所谓的睚眦小忿与争强好胜。当不同村庄的两个人因为一些微小的事情发生争执或者打斗时，同村的人往往就会帮忙，规模也就不断扩大，最后发展到村庄之间的械斗。

在我的记忆中，楼庄也曾与外村发生过械斗，如前文案例4的所述，即是因为村庄间个别人的争斗所引发的。当然，村庄之间因为土地发生械斗的事情也有，最近的一次发生在 20 世纪 80 年代初。

案例 6：20 世纪 50 年代末期，沈丘县组织人民公社。人民公社实行工资制，开办公共食堂，在这种情况下人们“干多干少一个样”。在土改以前，楼庄的耕地较多，各个生产大队的财产又是由互助组、初级合作社以至高级合作社的道路实现的。所以，楼庄人虽然耕种更多的土地，付出更多的劳动，获得的收益却不比其他村庄的人多。为此，楼庄的村干部请外村的干部吃饭，希望能够把耕地分给他们一部分。最后，少地的郭庄和刘庄接受了楼庄的土地。80 年代，“大锅饭”被打破以后，尤其是实行家庭联产承包责任制以后，耕地的多少直接和家庭收入挂钩，楼庄人重新认识到土地的重要性，于是想把转给两个村庄的土地再要回来。楼庄的村干部和这两个村庄交涉，并且请示上级领导要求收回原有的土地而未果。楼庄的一些人不满意，就去郭庄耕地里割庄稼，或者搞破坏，受到对方的阻挡，双方之间发生了争斗。有人跑回村里喊人，村庄里很多人带着武器冲过去，追赶到对方的村庄。对方的村庄人少，不敢抵抗，一时间纷纷逃走……事情发生后，上级政府很快派人下来，逮捕了几位闹事的群众，对人们进行了批评教育。

在这个案例中，楼庄最初以平均为借口要把土地分给别人，后来随着国家政策的改变，这种平均也就不能实现了。在这种情况下，楼庄的人认为恢复原初的局面才是公平的表现，所以又要求收回土地。村庄之间处理各种利益关系时，所谓的公平或平均就成了解决问题的重要原则或规范。请看下面两个案例：

案例7：20世纪80年代末期，陈寨乡（今刘湾镇的前身）计划征用楼庄附近的耕地，建设“陈寨二中”。当时乡里补助的钱较少，附近的三个村庄都不愿意本村的耕地被占，都去乡政府跟领导商量。最后乡领导和三个村庄的干部在一起协调后决定，先把校址划出来，然后根据学校的占地面积进行分配，再协调土地，从而实现了从这三个村庄征用相同数量耕地的目的。

案例8：最近几年，随着学龄儿童数量的减少以及农村私立学校的发展，各个村庄的公办小学逐渐衰落，班级人数大减，甚至一个班级只有一二十个学生。2001年，为了节省教育资源，乡政府决定把附近一些村庄的小学合并。在楼庄附近的三个村庄中，由于楼庄小学的教学质量最好且历史悠久，乡教委决定把孙庄小学和刘庄小学并入楼庄小学。这一决定立即遭到另外两个村庄的反对，他们借口小孩子们上学较远，不安全，不停去上级说情。最后，孙庄和刘庄小学保留二年级以前的班级，三年级以后再统一前往楼庄小学就读。

在上述两个案例中，村庄之间都是通过国家的行政力量而间接地发生关系，这种间接的关系同样体现着平均的逻辑。在案例7中，三个村庄的人都不愿意自己的耕地被占，最后只能在三个村庄里均摊，这样人们便获得了心理上的平衡。在案例8中，小学教育资源的集中也需要考虑各个村庄的要求，各个村庄都要保留部分资源，最后只能实现部分的集中。可见，村庄之间的平均主义原则并不因国家力量的介入而发生改变，它会通过形式的变化而获得新的实现。

案例9：2002年南漯高速建设期间，高速公路建设工程队征用了附近两个村庄的田地当作工程队居住的营地。因各种原因，工程队时常破坏到非征用土地范围内的庄稼。人们对此很不满，却无能为力。一次一位农民看到自家的庄稼被破坏，就对旁边的工程人员表示不满，结果竟然被工程队的人打了一顿。这两个村庄的人知道消息后，压抑已久的情绪爆发了，两个村庄的村民包围了工程队营地，要求惩办打人的凶手，赔偿被毁的庄稼……

由案例9可见，当两个村庄的利益同时受到侵害时，村庄之间会联合起来共同对外。相对于本地人而言，高速公路的施工人员是外地的，他们的破坏行动给本地人们造成了共同的压力，因此受到侵害的村庄就会联合起来一致对外。

总而言之，从田野调查可及的情况可推想：不同村庄的人们通过各种途径结成兄弟式关系；村庄之间是一种平等和竞争的关系，尤其在市场经济发达以前，村庄之间容易发生械斗；当村庄之间发生利益关系时，平均就成为处理关系的重要原则或目标；当利益受到共同的威胁或破坏时，不同的村庄联合起来一致对外就成了必选之策。

近些年，极少听说村庄之间再发生纠纷，村庄之间也很少再作为一个整体而发生矛盾了。2008年发生过一件事，似乎还能看到村庄作为一个整体对外行动的影子：

案例10：某村一位村民在集市上与人发生了争执，打了一架。这位村民准备了一大捆钢管，在村里吆喝大家出去帮他打架，村里未外出的二十多个青壮年一下子集中起来了，大家持着钢管准备包车前去打架。后来听说那边的人关系较硬，有公安局的背景，最后只好作罢。

在这次事件中，参与行动的人已经极少，而且这位村民所能动员的主要是平时和他关系较近的。在更大的村庄范围内，一般人不大可能因为某个人自身的事情而帮忙出头打架。目前，村庄之间的联系和交流越来越表现为个人或家庭之间的互动，家庭和个人之间的矛盾很难再上升为村庄之间的矛盾了。村庄关系的这一变化，实际上源于村庄自身的变化。在20世纪七八十年代以前，市场经济的影响尚不深入，人们主要以农业作为主要的生计方式，劳动力大多集中在村子里。这时，村庄作为一个整体，其关注的视野主要在村庄内部及其周边，村庄较易形成一个整体。在这种情况下，村庄之间互相作为整体而发生关系的情况还较多。随着市场经济的发展，农村的劳动力大量往外转移，人们的目光主要集中在外界的广阔世界，而且人们的观念也发生了巨大的变化，村庄本身的整合力量大大降低，村庄很难再以整体的形式获得联合。在这种情况下，村庄之间的关系也就随之发生变迁。

相对而言，传统社会的村庄具有较强的自主性和整合性。一方面，国家的力量对基层权力的渗透还较小，村庄之间往往在无国家力量介入的情况下直接发生各种关系；另一方面，村庄的凝聚力量较强，村庄常常形成一个坚实的整体对外发生关系。因此，把目光转回较远的传统社会，将有利于我们更为清晰地分析村庄之间的关系特点。

二、传统社会中的宗族关系

关于传统社会中本地村庄或宗族间的关系，笔者阅读了一些相关史料，如关于联庄会、红枪会以及捻军运动等的资料。通过比较，笔者认为利用捻军运动的材料分析传统社会的村庄和宗族关系最为合适。一方面，在捻军运动的过程中，村庄和宗族之间的关系得到了非常集中的体现；另一方面，史学界关于捻军的材料非常丰富。

在论述之前，还应该交代清楚一个问题，即楼庄所在地区是否属于当时捻军运动的发源地。有关捻军运动的主要地区，当时的《钦定剿平捻匪方略》载："河南之归、陈、南、汝、光，江苏之徐，山东之兖、沂、曹所在有之，而安徽之凤、颍、泗为甚，凤、颍所辖蒙、亳、寿为尤。"① 大体言之，捻军运动广泛发生于淮河以北的河南、山东、江苏和安徽等省，但皖北的亳县、蒙城、宿县、阜阳、太和、颍上、灵璧、怀远等地区捻军活动更为频繁。② 其中，著名的雉河集（安徽涡阳）被认为是捻军运动的中心。按照这一区域划分，楼庄处于捻军运动的中心区域（参见后文"捻军战争形势图"）。明清之际，楼庄属于安徽颍州太和县的界沟集。太和县和涡阳县毗邻，在电子地图上，楼庄距涡阳县城约 85 千米。时人的《捻军闻见录》记载："自九月后（咸丰五年，1855 年），捻匪遂滋蔓于南方，自界沟集南北，以及亳州、蒙城、永城等团而起，遂成捻匪之薮。"③ 距楼庄仅 15 千米处的朱寨村，即发生了捻军朱划子起义。④

在《沈丘县大事记》中，从 1852 年到 1866 年几乎都可以找到有关捻军的记载。在此不妨罗列，以对捻军在本地的活动情况有初步了解。

> 咸丰二年（1852 年）十月，捻军张乐行部于安徽亳州起义。沈城震动。纸店集豪绅赵炳蔚利用铁锹会，办团练，对抗捻军。
>
> 咸丰三年（1853 年）七月，邑人刘天喜、刘天赐、刘子军等响应太平军和捻军起义，聚众千余人，七月十四日会同项城刘

---

① 《钦定剿平捻匪方略》卷首《剿平捻匪方略序》。

② 安徽省科学分院历史研究室近代史组：《捻军产生的社会背景》，《安徽史学》1959 年第 6 期。

③ 佚名著，李古寅校：《捻军闻见录》（上），《中州学刊》1984 年第 4 期。

④ 参见马广平：《捻军朱划子起义始末》，载《界首史话》第一辑，第 11—14 页。

结搭、邓小兴诸部，进攻沈丘，未克，遂东去依归捻军首领张乐行。

咸丰四年（1854年）正月，张混孜、马三王、五国公、四老虎、揪头太岁等人，响应捻军起义，订期起事，事泄被捕。二月二十八日，沈丘、项城捻军千余四出活动，复有捻军七、八千人自东南入境，击败署臬司牛鉴所统清军。

咸丰五年（1855年），纸店豪绅赵炳蔚集合团练，与太和县各团联合，防堵捻军西进。

咸丰六年（1856年），各团练集合约万人，在宜路店防堵捻军，次年县令又亲率团练于沈丘集设防，阻止捻军北进。

咸丰八年（1858年），捻军至县境，县令命沈邑合团抵御，分为二队：一御之于丙集，一御之于宜路店。

咸丰九年（1859年），沈丘团练联合太和诸团，截击西进的张乐行部，张部损失甚重。

咸丰十年（1860年），清廷副都统胜保南下镇压捻军，路出纸店，奖赏当地团练首领赵炳蔚，督令加紧“剿捻”。是年，安徽捻军由槐店进攻项城。

咸丰十一年（1861年）六月，安徽捻军苗沛霖攻入县境，与陈大喜部联络。七月沈丘捻军赵狮子等部图攻县城，与陈大喜互为呼应。八月十三日，捻军姜太林部围沈丘城，未克。十月，安徽亳县捻军王怀义，孙老成等部由沈丘项城之交界处入商水、西华。

同治元年（1862年）六月，胜保率兵数万人，带铜炮火药数千斤，赴项城、鲖阳，进攻捻军，攻鲖阳城大败，返槐店。九月，清军张曜、余际昌等率兵围攻平舆，捻军领袖陈大喜联合安徽捻军张宗禹、太平军赖文光等前后夹攻，将清军围困于城下，清军大败，张曜险作阶下囚，陈大喜乘胜进攻新蔡、沈丘、息县、鹿邑等地。

同治四年（1865年）七月十五日，捻军入沈丘，与清军攻战多日，转往汝阳、上蔡等地。八月十二日捻军赖文光、任桂等部与清军刘铭传、蒋希夷等部接战于沈丘。清军追击至洪河南岸，捻军向西南走，复折归项城境，十六日两军交战于南顿。

同治五年（1866年）三月三日，捻军张宗禹、牛洛江部由阜阳入沈丘。驻周口之淮军张树珊部是日赶至苑寨拦击，捻军进入淮阳境。六月十四日曾国藩奏请于沙河设防，自周家口至槐店一段扼守沙河，周家口至朱仙镇一段，扼守贾鲁河，均由曾国藩负责。槐店至正阳关由安徽巡抚乔松年负责。①

根据这份记载，我们大体可以看出：捻军与清军在本地多有争战；本地（沈丘、项城）多有捻军起义活动；本地（沈丘、太和）反捻军的团练力量也很强大。据同治二年（1863年）太和县“绅士请广学额禀”：

咸丰三年，春，江、安两省失守；夏，蒙、亳等邑继陷。粤匪猖狂，土匪肆起，路无行人，民不聊生。于是遵宪颁发章程，举行团练。数月之间，先后将本境土匪剿除肃清；其南北乡及沙河南邻匪，时处窜入滋扰，屡次集团出境剿堵。计自三年夏至五年秋，打仗百余次，杀贼不可胜计。迨五年七月，张、宫等大捻鸱张，太邑逼处紧邻，势甚危急。于是候县主纠集各邑团练，在于东北边界，筑堤堵御，半载有余，风餐露宿，备尝艰苦。

直至六年正月，贼由东南阜境窜入，安、丰、三塔等集始行失

① 沈丘县志编纂委员会编：《沈丘县志》，第18—19页；河南省沈丘县史志编委总编室编：《沈丘县大事记（前770—1983）》，1984年，第29—30页。

> 守，然梁家湖、坟台寺数场血战，虽胜败不同，而杀贼甚多，贼甚畏惧，不敢久留，旋即窜归老巢。嗣后屡次被抢扑城，入境滋扰，团练或随同官军打仗，或自张一军，或分作数路，随时攻剿，勤劳叠著，从无畏难退缩，叠次禀蒙大宪奏报有案。
>
> 且太邑团练，创办最先，是以东方阜、亳邻保均愿附团，豫省鹿、项、淮、沈等县，声势联络，互相守望，互相援应，久著成效。①

本地团练是以村庄或宗族为单位组织的，咸丰三年（1853年）本地的团练章程载有团练之方：

> 或一大村，或众小村，各立练长，正副二人，谓之小团；合众小团，又立练总正副二人，谓之大团。
>
> 大团制大旗一面，上书某图乡勇。一遇有事之时，此旗随练总左右，以为众人耳目。小团各制小旗一面，上书某村乡勇，随练长调度，该勇各扎号带一根，上书某村乡勇某人，以便分团立队，不致混乱。②

虽然本地团练或连庄会也以村庄为单位组织，也可表现村庄之间的关系，但因捻军的组织表现出的村庄关系更为突出，故本研究集中使用捻军的资料。另外，无论是捻军或团练，都是本地村庄的组织类型，都是本地人民在生存遇到危机时采取的生存策略。按照裴宜理和狄德满（R.G. Tiedemann）等人的分类，结捻和入团分别是掠夺性策略和防御性策略。③不同村庄和宗族以及不同地区的人们选择生存策略时，应是基

---

① 聂崇岐编：《捻军资料别集》，第124—125页。

② 同上，第130页。

③ 裴宜理著，池子华、刘平译：《华北的叛乱者与革命者1845—1945》；狄德满著，崔华杰译：《华北的暴力和恐慌——义和团运动前夕基督教传播和社会冲突》，江苏人民出版社2011年版。

于自己具体而微观的生存小环境。其中一些经济条件更差的村庄，或者土壤状况更为贫瘠以及更易遭受自然灾害影响的区域，人们更易倾向于采用掠夺性策略。如前所述，太和和沈丘等县团练力量较强，但其中也有不少村庄结捻出掠，亳县和蒙城等县虽然捻党力量强大，但是其中也不乏团练组织。实际上，在很多情况下，所谓防御性的团练和掠夺性的捻党并无清晰的界线，如当时有“官捻子”的说法，即奉政府号召而兴起的团练组织，却行捻党出掠之实。当时的文献提到：

今之练勇，即为平日之捻匪，而昔之捻匪，不尽为今之练也。近有名官捻子，仗势欺凌，勒索民间财物。①

其始亦藉办乡团，应招募，得以号召愚氓，勾结党类。及羽翼既多，叛迹渐著，初在附近抢劫，继则出境焚掠。②

藉团练之名，擅作威福，甚至草菅人命，抢夺民财，焚掠村庄，无异土匪。③

概括言之，本地人们虽然采用不同的策略，且影响策略选择的外在环境也有差异，但是他们在策略施行过程中表现出的村庄关系却具有共同的文化逻辑。楼庄周边地区的村庄或者结捻，或者入团，且从楼庄所在小区域来看，似乎加入团练的村庄更众，但由于村庄合作行动时具有共同的文化逻辑，捻军运动中体现的宗族或村庄关系可资为用。

① 查璪：《致瑛兰坡书》，载中国史学会主编：《捻军》(五)，第159页。
② 潘骏文：《平定捻匪策》，载中国史学会主编：《捻军》(一)，第395页。
③《清史列传》卷五十五《福济传》。转引自马昌华《捻军调查与研究》，第102页。

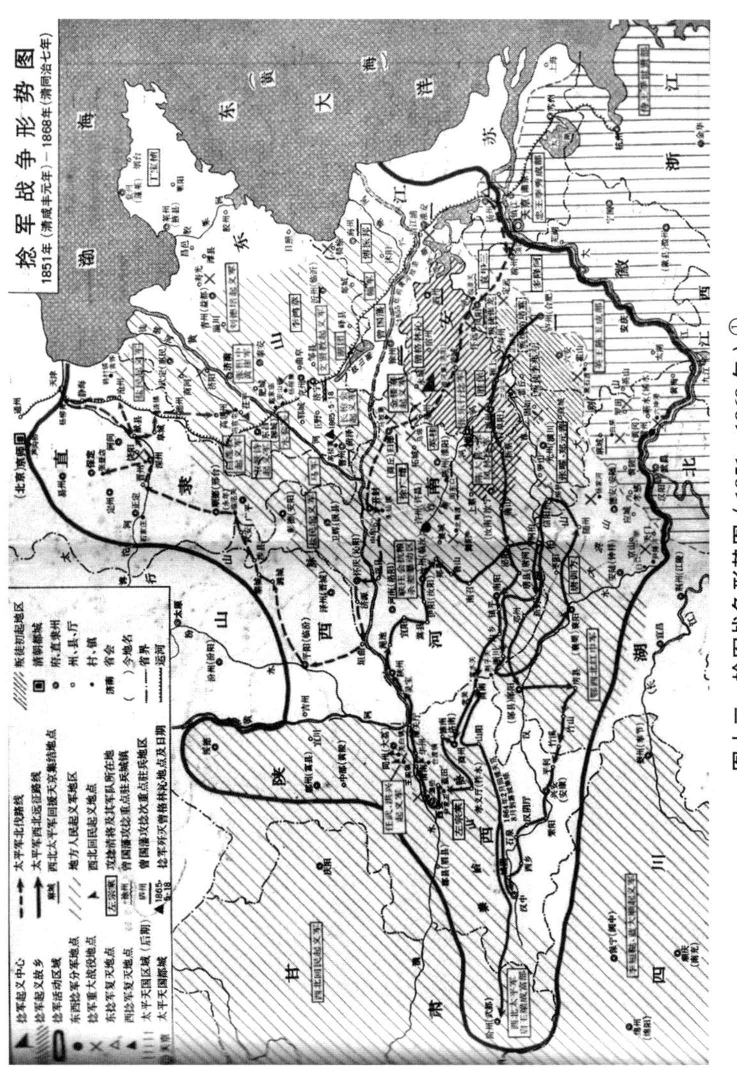

图十二　捻军战争形势图（1851—1868 年）①

---

① 江地：《捻军史论丛》，人民出版社 1981 年版。

1. 捻军运动发生的外部压力

作为一场轰轰烈烈的农民运动，捻军运动的爆发具有复杂的自然、社会和文化原因。

吏治腐败。吏治与民变的关系，清代官员葛士达有深刻认识："从来祸乱之起由，人心之坏，实吏治之衰。至变端已肇，扰攘纷纭，历有年数，顽悍成习，莫知法纪，不得不痛加剿洗，以杀止杀。"①清代后期，官僚主义盛行，吏治日益废弛，腐败滋生。各级官员都千方百计获取私利，剥削人民，以至于"吏胥视民如鱼肉，民畏吏胥如虎狼"②。作为捻军运动中心的皖北地区，吏治的黑暗腐败似乎更甚于别处。时人黄钧宰评论："皖北州县差役，每遇词讼，纳钱请票，而数倍取偿于民，历任官吏皆以为肥，由是差役横行甲于他省。"③道光年间在皖北当过地方官员的周天爵谈到本地"一有抢案、命案，正犯反无恙，而所串板之无辜，则吹毛求疵，拖累致死而后已。现今已成风气，欲不上干天和，岂可得哉"④。所以周天爵认为："现在州县无一不是罪人！书役之毒，民间醉骨痛心；再加地方刁徒、凶棍，互相朋比，计一日所行暗，不知损伤多少生灵。"⑤黑暗吏治及其造成的民怨，可从当时的民歌中看出："柯杈子树⑥遮住天，官府是个黑心肝，穷人被他都逼死，不要官来光要捻"⑦；"破袄没有皮袄暖，求官不如去告捻"⑧。

赋税繁重。鸦片战争之后，在对外赔款的刺激下，清政府一方面加

① 葛士达：《剿捻十议》，载中国史学会主编：《捻军》(一)，第397页。
② 游百川：《请惩治贪残吏胥疏》。转引自郭豫明：《捻军史》，第19页。
③ 黄钧宰：《金壶七墨》，载中国史学会主编：《捻军》(一)，第378页。
④ 周天爵：《周文忠公尺牍》，载聂崇岐编：《捻军资料别集》，第212页。
⑤ 同上，第208—209页。
⑥ 淮北一种多枝丫的树。
⑦ 阜阳专区文学艺术工作者联合会编：《捻军歌谣》，安徽人民出版社1961年版，第18页。
⑧ 同上，第20页。

重旧税，另一方面增加新税，以致苛捐杂税层出不穷。据20世纪60年代的调查报告，皖北蒙城的一些老人说，当时官府所要之税有几十种，人头税之外如土地、耕畜、农具、树木、房子、户口、鸡、鸭、鹅、猪、羊、狗、猫、石磙、碓窑子（舂米用的一种石具，一部分为一石锤，另一部分为一石坑）和婚丧嫁娶等各行各业都要拿税。[①] 因此，当时的民谣道："黑心官府要银两，狠心财主逼租粮，穷苦百姓没法过，饿死儿子饿死娘，剩俺一个孤单单，东庄领旗去入捻，不完银两不交租，穷人天下穷人干。"[②]

天灾频仍。前文已对本地的地理和自然条件做过介绍，不易渗水的土壤，降雨月份集中的气候，造成雨季时泽国遍地，旱季时土地干裂，常常一年之内旱灾涝灾并袭。再加上黄河和淮河泛滥，本地灾害尤为频繁。频繁的自然灾害给本地农民的生存带来极大威胁。当时皖北的民谣唱曰："今年旱，明年淹，草根树皮都吃完"[③]；"咸丰年，街头看，穷人的儿女排成线。三串皮钱摆摆手，五串皮钱争着愿"[④]；"咸丰二年大荒旱，黎民百姓遭大难，二岁的孩童大街卖，换不来财主的半瓢面。官府财主似虎狼，催租逼税到门前，穷人的日子没法过，商量商量都在捻"[⑤]；"针穿黑豆长街卖，河里杂草上称秤，人吃人，狗吃狗，老鼠饿得啃砖头"[⑥]；"沟边死，沟边埋，路边死，路边埋，汪汪肚子当棺材"[⑦]。面对大饥，政府无力赈灾，差役们照样搜刮，人们朝不保夕，只好铤而走险。如当时的袁甲三奏曰："窃察亳州界连三省，久为

① 张畏三：《蒙城地区捻军起义调查报告》，《光明日报》1961年4月12日。
② 阜阳专区文学艺术工作者联合会编：《捻军歌谣》，第55页。
③ 李东山：《捻军歌谣》，上海文艺出版社1960年版，第11页。
④ 政协安徽省涡阳县委员会文史资料委员会：《涡阳史话》第三辑捻军史料专辑，1986年，第4页。
⑤ 阜阳专区文学艺术工作者联合会编：《捻军歌谣》，第5页。
⑥ 同上，第4页。
⑦ 同上，第6页。

捻匪渊薮，兼以岁欠民饥，迫而为盗，其啸聚难以数计，其奔突亦难以地限。”①

总之，当时腐败的吏治、繁重的赋税以及严重的天灾，共同成为威胁本地农民生存的沉重压力。同时，如前文所论，本地素有强悍的民风，人们敢于揭竿而起，为自己的生存进行抗争。所以，面对上述生存压力，人们结捻成党，外出掠夺，抗拒官府，是不得已而为之的生存策略。

2. 捻军起义与宗族关系

捻军是19世纪初开始活动于皖、鲁、豫一带的或秘密或公开的农民社会组织，以皖北为中心，遍及豫东南、鲁西北、苏北、鄂北地区。

“捻军”又称“捻党”(或“捻子”)，是同一团体或组织在不同时期的称谓。按照史学家的分类，在没有大规模起义之前称作“捻党”，在大规模起义之后称作“捻军”，“捻党”是“捻军”的前身或先驱，“捻军”是“捻党”的发展。②所谓的“捻”，是本地的方言，由搓捻绳子的比喻而来。淮北农村有用几股麻搓捻成绳子的习惯，几股合为一股很结实，有团结起来有力量的意思。一般认为“聚众为捻”，“捻党”或“捻军”由此得名。

初期的捻党是结伙进行打降、劫掠、互保和谋生的团体，属于一种或秘密或公开的结社。③捻党通过一系列的掠夺性行为应对生存压力，组织散乱，规模较小。每一股称为一捻，少则几人、几十人；多者不过二三百人。越是荒年，人数越多，“居者为民，出者为捻”，多是一些生

① 《钦定剿平捻匪方略》第二十六卷。
② 江地：《初期捻军史论丛》，生活·读书·新知三联书店1959年版，第1页。
③ 关于捻党属秘密结社还是公开结社，史学界存在争论，具体参见郭豫明：《捻军史》，第63—64页。

路艰难的农民群众，有的还以护送私盐为生，时与清军发生冲突。清政府虽然一直严禁结捻，但是由于捻党是分散零星的武装活动，还没有把它视为大患。

鸦片战争之后，为支付对外赔款，清政府增加赋税，又逢天灾频繁，饿殍遍野，民众大批死亡。太平军这时也进入安徽，社会动荡不安。在严重的生存压力和动荡的社会环境下，入捻的农民越来越多，往往是整村整族地组织起来进行自保或劫掠，规模越来越大。[①] 随着捻党运动的扩大，清政府的镇压自然也就越来越强。在这种情况下，捻党必须壮大和联合起来才能更好地应对局面。对此，史家论述道：

> 随着对敌斗争的日趋激烈，各股捻军越来越感到必须加强自身队伍的合作，增强力量，以对付凶狠而残暴的清军和团练，因而逐步团聚起来，先是同一地区近邻的捻军十几股、几十股合并一起，而后又出现不同地区的捻军协同作战，表明他们正朝着统一组织集中领导的方向前进。[②]

1855 年秋，各地捻首在雉河集会盟。捻首们饮酒盟誓，互称兄弟，共推张乐行为盟主。张乐行在后来的檄文中说："首自雉河拜盟起义，众兄弟誓同生死，共推我为盟主，协力同心，共诛妖魅。"[③] 民谣唱道："千条大河归大海，万口同源归一捻，四面八方结兄弟，杀富济贫竖旗杆。"[④] 为了统一组织，会议建立了所谓的"五旗军制"[⑤]。五旗即五色旗，

---

① 张珊：《捻军史研究》，文化艺术出版社 1994 年版，第 1—2 页。
② 郭豫明：《捻军史》，第 141—142 页。
③ 同上，第 155 页。
④ 李东山：《捻军歌谣》，第 13 页。
⑤ 以旗帜标示人群是中国的古老传统，比如甲骨文和金文之"族"字，皆作旗下一矢之形。参见杜正胜：《编户齐民：传统政治社会结构之形成》，联经出版事业股份有限公司 2014 年版，第 188 页。

分别是黄、白、黑、红、蓝五色。当时的民谣道：

雉河集，像京城，五色帅旗飘天空。
黄旗竖在集中央，红、黑、蓝、白阵四方。
老乐布下了兄弟阵，四面八方动刀枪。
今天操，明天练，十八般武艺都学烂。
黑旗听令西北走，蓝旗独揽东北面，
红旗如火归南方，白旗就在西边转。
众家兄弟饮血酒，誓同生死共患难。①

各色总旗设总旗头，称“大趟主”。总旗之下有“大旗”，大旗也设旗头，称“趟主”。为了区别每一个总旗下的众多大旗，各色总旗下面又根据旗的边色的不同，分成五色镶边旗。大旗之下还有“小旗”，小旗也设小旗头。从小旗到总旗，遵循相同的建制或规则，只是在人数和级别上存在差异。捻军的各级编制并无固定的人数，大的趟主可能附众一两万人，也可能只有五六百人，而且成员不固定，时常有变动。所谓“居则为民，出则为捻”，非正规化的旗众不一定每次活动都参加，自由度较高。②

盟会宣布“各旗统将皆听盟主调遣”③，“但实际上盟主仅仅是一个名义上的领袖，并无组织上的领导关系，对军旗头没有任免的权力”④。从后来的活动来看，它们只是一个松散的组织，盟主对各旗统将并非令行禁止。

① 李东山：《捻军歌谣》，1960年版，第18—19页。
② 参见郭豫明：《捻军史》，第10—152页。
③ 同上，第149页。
④ 张珊：《关于捻军的组织问题》，《安徽史学通讯》1959年第6期。

捻党的活动尚处于零星和秘密状态时，就已经“以宗族即所谓‘血缘’和村庄即所谓‘地缘’等作为滋长的场所”①，而捻党的进一步发展客观上也是依托于血缘和地缘这两种天然的关系。

捻党的出掠活动能够给生存艰难的亲朋带来很多实际利益，容易得到他们的拥护和支持。曾被捻军掳获的柳堂在《蒙难追笔》中描述过捻军领袖出掠后回到家的情形：“闻出门回，亲戚均来探望。”②很多人来探望，很可能是想分些好处，因为当时有民谣：“三月三，四月半，打捎得来粮和盐，朋友拿，亲戚搬，三天三夜未分完。”③可能一些村庄或宗族最初只有部分人入捻，未入捻的亲友看到入捻的好处，便纷纷入捻。方玉澜在《星烈日记汇要》中谈及“入捻”时说：

> 人之入捻，非迫胁之，自乐入也。捻之出掠而归，货财车挽担负，牲畜逐群而驱，半入捻首，半为众分，有掌捻者职其事，分必均。牲畜烹之，恣意大啖。族邻垂涎已久，更出执械以从。焚也，掠也，啖肥甘也，淫妇女也，既归分货财也，虽良懦亦奋而相助，尚复善类乎！④

民谣也说：“一家入了捻，有吃又有穿，一庄入了捻，骑马穿绸缎”⑤；“庄庄在捻庄庄富，老少动手杀财主，穷人汉子有吃穿，不住草房住瓦楼”⑥；“大庄小庄都在捻，杀猪宰羊过肥年”⑦。

---

① 郭豫明：《捻军史》，第64页。
② 柳堂：《蒙难追笔》，载中国史学会主编：《捻军》(一)，第350页。转引自江地：《捻军史论丛》，第25页。
③ 李东山：《捻军歌谣》，第94页。
④ 方玉澜：《星烈日记汇要》，载中国史学会主编：《捻军》(一)，第311页。
⑤ 阜阳专区文学艺术工作者联合会：《捻军歌谣》，第19页。
⑥ 同上，第15页。
⑦ 同上，第17页。

入捻不仅可以带来粮食和钱财等物，更重要的是可以使宗族或村庄获得安全上的保障。民谣说："一方在捻一方安，十方在捻能抗天。"① 马杏逸的《捻逆述略》也写道：

> 一庄有捻一庄安，一族有捻一族幸。庄有捻，外捻不入，曰："某某我们都是混家子"；族有捻，则曰："某某叔也、兄也，虽及第之荣不若是其赫赫也"。无捻之庄族则鳖矣，掳其家主或子弟，归而吊拷，谓之拉鳖。事主俛人哀恳，或索钱三五百千，其饶裕竟有至千贯者，然后得释。由此，庄族有稍悍者，众怂曰："何不出头混着！"既或帮以资粮，纠众而捻矣。②

由于众多实际利益的考量，很多宗族或村庄整体性地结伙入捻，外出掠夺谋生。有学者把这种行动概括为一种"掠夺性策略"，是地方农民在艰难的生存环境下采取的理性选择，"是一种持久的、有组织的合理的集体行动"③。同时，这种"有组织的集体行动"不是简单的"以众人聚集的方式来采取集体策略，而是以家庭的、宗族的、村庄的等形式采取"④。捻军采取何种方式聚集或组织呢？学者们在《关于捻军的几个问题》中总结道：

> 由于落后农业生产的分散，各地农民之间接触很少，皖北一带

① 阜阳专区文学艺术工作者联合会：《捻军歌谣》，第 16 页。
② 转引自方玉澜：《星烈日记汇要》，载中国史学会主编：《捻军》(一)，第 310 页。
③ 裴宜理论述说，这种"掠夺性策略"和另外的一种"防御性策略"一样，"都是获得和占有稀缺资源的合适的办法。在其他可选择的条件极度被限制的情况下，这些方法是能被村民用来最大化获取利益同时又最小化避免风险的合理方式"。参见裴宜理著，池子华、刘平译：《华北的叛乱者与革命者 1845—1945》，第 10—12 页。
④ 同上，第 12 页。

> 又多聚族而居，在封建宗法制度下，同族的人本来是结合在一起的，而捻军的初期活动既以个人为中心，而起义时又是整村整村地参加，其领袖人物当然最容易在大家族中依靠本族穷苦农民的拥护而首先成长起来。各旗战士虽有不少是外省外地人，但每个趟主的核心力量，还是他的同族、亲戚或乡里。①

捻军各旗的首领即是以自己的强大的宗族为后盾而建立起在众多捻军中的领导地位。

> 张乐行的黄旗士兵都是姓张的，有18个村庄的居民都是他的同族，号称“九里十八张”②。据老年人的回忆：仅张老家一村，共回忆出62家，参加捻军的有50人，其中有36人是张乐行一族。其中担任趟主或重要领袖人物的有他的二哥张敏行、族侄张宗禹、张宗道、张振江、张榜、胞侄张珊（后来捻军失败后，投降了清军）、张琢（五孩）、同族平头王等。③

关于捻军领导层的宗族背景，可参见下表：

---

① 安徽科学分院哲学社会科学研究所历史研究室近代史组编：《关于捻军的几个问题》，第68—69页。

② 张氏始祖张桂原籍山西省洪洞县，因战乱流落到雉河集（今涡阳县）西北的张老家，定居下来。张桂作为涡阳始祖，生有二子，为第二世。第二世又生八子，为第三世。后世张氏族人统称“老八门”，后因子孙日繁，张氏族人散居到张老家、张双庄、张小庙、张大庄等18个村庄，故有“十八门张”或“九里十八张”之称。参见池子华：《宗族“裂变”与近代中国流民的产生》，《江苏社会科学》2006年第6期；尹正昌、张汉三：《张乐行氏族墓碑略记》，《历史教学》1984年第11期。

③ 张珊：《关于捻军的组织问题》，《安徽史学通讯》1959年第6期。

捻军领导层宗族背景一览表①

旗　属	姓　名	宗　族　背　景
黄　旗	张乐行总旗主	张氏家族还散居在张老家、张楼、张单庄、张小庙、张双庄、张大楼、张大庄、张瓦房、张土楼、擂鼓张、洼张庄、小梁庄、申庄、马套楼、上肘庄、梁园庄、胡庄等区域，号称“九里十八张”。
白　旗	龚德（龚德树）总旗主	龚姓一族居住在涡阳公吉寺和临湖铺之间的大面积地区，主要有龚方庄、龚楼、龚瓦房、龚碱坑岸、龚前园、龚长营、磨盘松、龚老家、龚花园、龚大庄、龚小庄、龚小桥、龚角落等 13 个村子，号称“九里十三龚”。
红　旗	侯士维总旗主	侯氏宗族居住在侯老营、侯菜园、东侯楼、侯小桥、侯新楼、侯贽楼、侯瓦房、侯老楼、侯沟沿、小侯、侯集、侯碱场、北小侯等村子，号称“九里十三侯”。
蓝　旗	韩老万总旗主	韩老万的父辈在当地属于大地主。韩老万兄弟 4 人，韩氏族人聚居地至少有大小韩村两个村。
蓝　旗	任柱旗主	任姓是一个大族。同族人很多，仅小任庄附近的就有前任、后任、大任、小任 4 村，约有 400 户。“至于坛城以北的濉溪境内，姓任的更是多得无法统计。”
蓝　旗	鹿利科旗主	鹿家的宗族势力非常强大，计有鹿楼、鹿小寨、鹿小营、鹿小庄、鹿庄、桥头底等 16 村，鹿利科号称“十八寨寨主”。
黑　旗	苏天福总旗主	有说苏氏一族有 48 村，也有说 80 多村、130 多村。苏氏族人共两三万人。
八卦旗	杨兴大旗主	杨姓下张桥有 140 多户，大杨村 90 户，小杨村 30 户，杨方楼 100 户，合计 300 多户。

可见，捻军首领背后是他们庞大的家族队伍②，“捻军中各旗核心力量，就是其族居地方的宗族、亲戚、乡里。同族、亲戚、乡里成员愈多，则势力愈大”③。

由于捻军是以宗族或村庄为基础发展起来的，农民和捻军就基本

① 参见牛贯杰：《捻军领导层初探》，《安徽史学》2004 年第 6 期。

② 毛立平：《十九世纪中期安徽基层社会的宗族势力——以捻军、淮军为中心》，《清史研究》2001 年第 4 期。

③ 政协安徽省涡阳县委员会文史资料委员会：《涡阳史话》第三辑捻军史料专辑，第 121 页。

上处于重合的状态，即是官方所说的“民贼不分”。捻军组员多是本地农民，“一遇事起，呼之即至”，很快组成编队进行战斗，作战失利后又“各归各家，冒为良民”①。在捻军的控制区内，农民即捻军，捻军即农民，按照官书的说法：“出则焚掠，归则耕种，民贼相安”②。“据蒙城地区的调查，当时入捻的农户极多，参加者占总户数的90%以上。男的加入队伍去打仗，女的组织起来保卫家乡，连小孩也有许多是在捻的，如红孩军尽是10多岁的少年儿童，他们身穿大红衣，骑马射箭，战斗力颇强。”③到了捻军后期，随着捻军伤亡的增加，捻军中“妇女甚众，皆青布扎头，足穿控云布鞋，骑健马，如壮士装束，不知者误为美秀滑贼”④。整族和全民皆兵的状况，从当时的民谣中也可见一斑。“小孩睡，小孩乖，小孩不睡眼睁开，毛头毛头你别闹，娘到东庄就回来。小孩睡，小孩安，娘上东庄去入捻，小麦子尖尖吃白面，宝宝穿上花衣衫”⑤；“月老娘，黄巴巴，爹娘把俺撇在家，俺爹去打捎，俺娘顶木枷，拿起红缨枪，俺把清兵杀”⑥；“海螺吹，土号响，褂子一脱光脊梁，小孩子拎着粪扒子，专扒清妖的脑瓜子”⑦；“爷爷六十八，耳不聋，眼不花，骑黑马，不披鞍，手执大刀撵清官”⑧。由于“捻民一体”的特点，一些负责剿捻的官员采取了屠杀的政策。如曾国藩主张凡属倡乱者，“宜戮其身，屠其家，并及坟墓”⑨。河北总兵崇安曾在雉河集把几十个村庄的男女老幼集合到一起进行屠杀，酿成捻军历史上著名的“杨园子屠杀

① 袁甲三：《端敏公集》(奏议)第三卷，载丁振铎编：《项城袁氏家集》，文海出版社1966年版，第11页。
② 江地：《捻军史论丛》，第89页。
③ 张畏三：《蒙城地区捻军起义调查报告》，《光明日报》1961年4月12日。
④ 邹钟：《书商河两民妇》，《志远堂文集》卷三，光绪十二年山东刊本。转引自江地：《捻军史论丛》，第71页。
⑤ 阜阳专区文学艺术工作者联合会：《捻军歌谣》，第31页。
⑥ 同上，第75页。
⑦ 同上，第38页。
⑧ 同上，第40页。
⑨ 董蔡时：《略论曾国藩镇压捻军及其失败》，《苏州大学学报》1990年第1期。

事件”。①

当然，同一宗族的人有穷有富，虽然也有一些穷人聚集起来反抗本族富人的事情，但多数情况下族内的穷人和富人是一体的，还是以族为单位结捻。

> 捻匪啸聚，动辄累万，主之者多绅宦旧族。始以团练召集豪强，既而资粮不给，又闻皖宁皆陷，遂谓江南无长吏，纵之大掠，有十大帅主、十三天尊之号。掠四轮车数千，叠架为垒，借河为濠，官兵至则枪炮出自车隙，兵不能渡。②

对于捻首们的田产和社会分层情况，学者有过统计：

> 有100亩以上土地的地主为8人，占总数的26%；有30—99亩土地的自耕农为11人，占总数的35%；有29亩以下土地的贫农为4人，占总数的13%；无地者8人，占总数的26%。如果将后两类人即少地无地者算作一类，那末这一类人占总数的39%。可以看到，捻军领导层构成比较复杂，既不如人们通常所认为的那样“绝大多数出身贫苦”；也不如后来一些学者所想象的那样“尽是地方豪强”，捻军领导层的构成实际上呈现出地主（26%）、自耕农（35%）、贫农及无地者（39%）大致均匀分布的状态。③

可见，社会分层的视角并不能有效解释本地民众结捻的原因。捻军

① 江地：《捻军史论丛》，第94页。
② 方江：《家园记》卷二，《安徽史学》1986年第1期。
③ 牛贯杰：《捻军领导层初探》，《安徽史学》2004年第6期。

的不少首领家境富裕[①]，但在遭遇沉重的外在压力的情况下，宗族内的血缘伦理超越了阶层上的差别，他们与本族的贫穷成员形成了共同的利益，带领族人一起寻找生计。由此，同族结捻就往往成为危机情境下的一种选择，捻军便以宗族的形式表现出来。

当时的文献说捻党“子弟父兄相率为盗”[②]，即说明了捻军根植于家庭和宗族的事实。也因为捻党大多是以宗族的形式表现出来，一“捻”往往就是一“族”，所以《涡阳县志》称捻党为“宗贼”。对于宗族或村庄结捻的情况，史家概括道：“捻党逐渐成长壮大并转向公开活动，从皖北等地的情况可见，基本上是按照宗族或村庄组织起来”。[③]

在扩大和联合的过程中，除了本宗本族外，捻首们首先选择的对象常常是自己的姻亲之族。以盟主张乐行为例，很多其他旗的首领与张乐行多有直接或间接的姻亲关系。

> 红旗旗主侯士维是张乐行之兄敏行妻子的堂兄；黄旗白边旗主尹自兴是尹沟张乐行娘舅家族的人；八卦旗主杨兴泰是张乐行的姑表兄弟；杨兴泰又与黑旗白边旗主刘玉渊是儿女亲家；蓝旗首领鹿利科因其族兄是邓家外孙，故最先“领的是姓邓的旗”。加入捻军的绝不仅仅是侯、杨、刘、鹿几个人，还包括他们身后庞大的家族队伍。如鹿利科投身捻军后，除了他自己居住的鹿楼庄外，鹿小寨、鹿小营、鹿小庄、鹿庄、桥头鹿等鹿姓聚居的村庄都变成了捻军的势力范围。[④]

---

① 捻首们如韩老万家有 180 亩地，江老台家有 200 多亩地，张朝阶家有 300 亩地，张宗禹家有 1000 多亩地。参见马昌华：《捻军调查记》，载《捻军调查与研究》。

② 《山东军兴纪略》，载中国史学会主编：《捻军》(四)，第 28 页。

③ 郭豫明：《捻军史》，第 73 页。

④ 毛立平：《十九世纪中期安徽基层社会的宗族势力——以捻军、淮军为中心》，《清史研究》2001 年第 4 期。

可见，不同宗族或村庄间的姻亲关系或表兄弟关系，带动了整个宗族或村庄间的联合，尤其当这些兄弟式的捻首作为村庄或宗族的代表开展合作行动时，兄弟式的关系便随之影响到村庄之间的关系，或者说村庄之间的关系染上了兄弟关系的色彩。村庄或宗族间的合作纽带当然不止于亲缘，地缘关系和朋友关系也是捻军发展壮大的重要方式，而地缘和朋友关系也常常以拟血缘的兄弟式关系表现出来。

> 临近的宗族聚居村落，由于平时建立了密切的近邻关系，在思想意识形态上是趋同的，一村一族揭竿而起，其他村庄、家族也往往群起响应。离张老家几十里内的赵屯、吴桥等许多村庄都举族加入了捻军的队伍。而白旗首领龚德、黑旗首领苏天福、蓝旗首领韩老万均与张乐行是知交，据说苏天福还和龚德、张乐行拜把子，结了兄弟。朋友外，尚有朋友的亲友，如蓝旗另一位首领任柱，其加入捻军是因为他的伯父与张乐行是朋友。
>
> 捻军就是这样，一人带动一个家庭，一家带动一个宗族，一族带动一片地方，扯起了一张与官府对抗的大网。①

捻军扎根于宗族或村庄，捻军内部的组织关系便常常表现为宗族和村庄之间的互动。而捻军的各级组织是以“旗”的形式表现出来的，通过分析各旗之间的关系，可以获得传统社会本地村庄或宗族关系的重要信息。

史家论述，“捻军士兵既然基本上是按照宗族关系组织起来的，不仅在组织上容易分散，而且由于各宗族的聚居，在地区上也是分散的。各部捻军都各有地区，各有圩寨，分兵把守，好像许多独立的小王

① 毛立平：《十九世纪中期安徽基层社会的宗族势力——以捻军、淮军为中心》，《清史研究》2001年第4期。

国”[①]。在这种情况下，捻军的旗与旗之间相互平等、互不统属。虽然捻军共推了盟主，但是盟主或领袖之下的各路捻军完全是各自为政的，他们常常“各自为战，各显其能，拉山头，闹宗派”[②]。捻军内部的旗表现为或大或小的一路捻军，每一旗都具有极大的独立性，可以单独出发到各地远征而不必获得盟主的同意。盟主张乐行除了调动自己的黄旗族众外，却无法用军事命令调动其他各旗。各旗之间的联合是由于受到共同外力的压迫而做出的反应措施，如江地所述：“以张乐行为首的各路起义捻军，在长期与清军残酷的斗争中，感觉到有联合起来的必要。”[③]这种联合针对的是清政府派来的正规军队和各级团练等带来的各种外在压力，其出发点是自身的利益考虑。出于同样的考虑，这种联合也必然存在着各种竞争和斗争。清代剿捻官员论曰：“贼数虽多，乌合蚁聚，不相统属，急则相合，缓则相图”[④]，正是各旗之间客观存在的分分合合特征的表现。

针对捻军因狭隘的宗族性和地域性造成的内部分裂和斗争，学者有生动的论述：

> 数十支捻军、数十万捻军队伍，不但走不到一起来，形成强大的军事集团，而且互相争斗仇杀，斗得你死我活，结果被敌人各个击破。为什么捻军起义时期，互相仇杀的、坐山观虎斗的、叛变投敌的、脚踏两边船的那么多，这既是农民意识，尤其是流氓无产者的劣根性，也是宗族小集团意识的幽灵在作怪。捻军的宗族观念、地域观念十分浓厚，只有自己小山头、小集团的利益，对外采取极端的排斥态度，姓族与姓族之间，地域与地域之间，旗与旗之间，

① 张珊：《关于捻军的组织问题》，《安徽史学通讯》1959 年第 6 期。
② 捻军研究学会编：《捻军研究》第一集，1998 年，第 146 页。
③ 江地：《捻军史论丛》，第 82 页。
④ 葛士达：《剿捻十议》，载中国史学会主编：《捻军》(一)，第 400 页。

> 集团与集团之间，相互对立，发展到了互相仇杀。就是在与清军作殊死搏斗时，争夺仇杀时常发生。“刘饿狼事件”[①]并不是什么“怪事”，后果只是自毁长城，自掘坟墓。多少捻军首领就是这样被自己人出卖，而走上断头台，这种对立和冲突一直延续到捻军失败，血的教训谁都不去总结吸取，宁肯自取灭亡。[②]

起义之前，各捻之间就已存在着各种矛盾和斗争，“他们相互之间为了争雄称长，就不免要产生摩擦，发生比武试力的械斗厮杀，这在捻的活动地区是屡见不鲜的事情”[③]。起义之后，由于力量的壮大，捻首之间发展到争权位、争地盘，形成许多大规模的内讧和武装冲突。

> 在起义前，张乐行杀了侯永清、侯龙标，张、侯两家成仇。起义后，张敏行不顾大局，又杀了红旗捻首侯士伟。张、侯还是姑表兄弟，仅仅是家族私仇就这么狠杀，结果造成红旗捻军瓦解衰败，影响极坏。张敏行好杀，得了个“张闯”外号，张宗禹好杀，得了个“阎王”外号，龚德树好杀，先杀张得、张可，差点引来杀身之祸，后来在六安又设计杀死刘永敬（即刘饿狼）、刘天台，影响和后果更加严重，造成分裂，削弱了力量，也孤立了自己。“刘饿狼事件”过后，最有实力的蓝旗捻军，孙、姜等部大支捻军跑了，张、

---

① 1857 年 12 月，捻军内部发生了一次分裂事件——“刘饿狼事件”。由龚德树献计，经张乐行默许，以“反叛”的罪名诱杀蓝旗旗主刘永敬（绰号“饿狼”），致使蓝旗部众脱离张、龚主力捻军，举兵北归，单独进行抗清活动。接着，白旗旗主孙葵心亦因与张、龚“二逆不合”，返师皖北，这使捻军内部极度不稳，出现了一股“投敌逆流”，严重削弱了捻军的力量。

② 徐松荣:《捻军领袖人物的先天不足与捻军的失败》,《长沙电力学院学报（社会科学版）》2001 年第 3 期。

③ 翁飞等:《安徽近代史》，安徽人民出版社 1990 年版，第 116 页。

> 苏、龚捻军只好依靠太平军支援，才能支撑。捻军之间的争斗事件经常发生，即使在最危急的时刻也没有停止，三河关、正阳关反围攻战中，黄旗、蓝旗捻军为争夺粮食大打出手，矛戈相向。到了淮河中游，张乐行与张龙之间竟发展为“讨伐战争”，尖锐地对立。到僧格林沁南下攻捻，捻军面临严重危机时，蓝旗捻首纷纷投靠清军，出卖张乐行等捻首。①

捻首之间的矛盾和斗争往往源于利益的争夺，具体体现为“争光棍、争权位，扩充势力和地盘”②。由于捻首之间在起义时只是喝酒盟誓、互称兄弟、互相平等、互不统属，所以他们之间在利益上自然追求公平或平均。地位和名声上的平等容易实现，但是与之对应的，具体利益分配上的平均主义，却只能是一种理想状态。这正是捻首之间争权夺利，斗争不断，甚至互相杀戮的根本原因。从这一角度来说，捻首之间及捻军各旗之间的利益争夺和分裂斗争实质上是农民们“平均主义”思想的表现。受到平均主义思想的影响，捻首们不但在实际的物质利益上进行争夺，在“无形”的名号上也进行攀比。时逢乱世，一些捻首在政治上产生了称王称帝的勃勃雄心，更多的捻首本来无胆量或没想到称王，但在别的捻首的刺激下，为与他们求得平等也纷纷称王了。当时称王称帝的捻首非常多，如侯士伟称“平西王”，张捷三称“太平顺王”，苏天福称“顺天王”，张茂称“西怀王”。后期的捻军首领除了来自太平天国的，基本上都被封为王或自称为王了。③

总而言之，由于捻党或捻军具有很强的宗族性和地域性，捻军内部的关系便常常表现为宗族或村庄之间的关系。在共同的外力的压迫下，不同的宗族或村庄由分散走向联合，采取武力手段进行共同抗争。

---

①②③ 徐松荣：《捻军领袖人物的先天不足与捻军的失败》，《长沙电力学院学报（社会科学版）》2001 年第 3 期。

在组织形式上，捻军内部的各旗基本上是一种平等的关系，它们相对独立、互不统属、互不命令，实际上各捻首之间往往以“兄弟”互相称呼。根据上文所述，捻军各旗之间联合的形式包括宗族、姻亲和朋友等，宗族内部自然体现出血缘的兄弟关系，而姻亲体现出表兄弟关系，朋友尤其是“拜把子”体现出拟血缘的兄弟关系，由此可见，捻首及捻军各旗之间常常表现为一种血缘和拟血缘的兄弟式关系。而捻军各级捻首在公告、檄文及通信中往往互称对方为“兄弟”，正是这种兄弟关系的表现形式。这种平等的兄弟式的关系，自然而然地影响到捻军内部各旗之间的行动特点。而在联合行动的过程中，宗族或村庄之间为了获取各种利益，产生了一系列的竞争和争夺。源于组织和地位上的相对平等，捻军各旗在实际的行动中亦倡导一种理想的平均状态。在“平均”理想的诱惑下，捻军各旗之间忽而联合起来共同行动，忽而产生内讧互相争斗，一如兄弟间的分分合合。虽然捻军的组织及其运行只是宗族或村庄在极端情况下的一种关系表现，却揭示了宗族或村庄之间关系的实质，即村庄或宗族之间也是由兄弟关系延展而来的，虽然范围和规模有所扩大，但同样是在分分合合中展演着“平等”和“平均”的主题。①

村庄之外

一位儿时的伙伴和我在一个城市工作，他在村里辈分很长，是我太

① 有学者在论及临近或同一地区的一些团体（包括家族、村庄和地区的村民等）关系时，也发现这些团体之间存在着分裂性的冲突，同时又可以团结一致抵制外来侵略，甚至包括来自政府的镇压，形成一种所谓“分裂和斗争以及团结一致对外的二元分离观”特色。这一特色的内在原因其实和捻军活动逻辑一致。参见狄德满著，崔华杰译：《华北的暴力和恐慌——义和团运动前夕基督教传播和社会冲突》第7、79页。

爷辈（曾祖父辈）。逢节假日，我们会带着孩子一起聚会。某次聚会时，他太太让孩子喊我们夫妇叔叔阿姨，我说不能这么称呼，儿时的伙伴在一旁说“没事，又不是在村里”。

在村里，人们见到长辈一般都会按辈分称呼。尤其是血缘较近的（比如同一门的），必须严格按辈分称呼，中老年人见到未成年的长辈，也须喊叔或爷等尊称。关系远一些时，人们对长辈的称呼就不会太严格。如果关系较远的长辈还没成年或结婚，晚辈会省去称呼，直接打招呼说话，甚至直呼其名。但是当长辈成年或结婚后，即便关系远，年龄更长的晚辈一般也会按辈分称呼尊称。在村里，老年人喊小年轻“叔”“爷”或“老太爷”等，是很寻常的情形。最近村里建了个微信群，群里有人开玩笑，长一辈的自称爹，甚至用脏话骂晚辈，晚辈不敢回骂，这也是村里辈分观念强的表现。①

例外的情况是，血缘较远的、年龄相差不远的小伙伴倾向于不喊尊称。因为年龄相仿的小伙伴们一起去学校读书，这其实已超出村庄而结成同学关系，他们在班级或学校中一般不会称呼尊称。有此关系，常在一起玩耍的小伙伴们成年后会保持互相呼叫名字的平等关系。因此，虽然我与前文提到的伙伴辈分相差甚远，但我一直直呼其名。而他们夫妇让孩子喊我们夫妇叔叔阿姨，这是离开村庄之后，我们兄弟般情谊的不经意表现。当然，这种超越或改变宗族辈分的称呼一般是不会带回村庄的。不过，有时也有例外。

我另外一位同村的小伙伴，按照辈分他是我的爷爷辈。他父亲 20 世纪 70 年代时移民新疆，因此他在新疆出生和长大，初中时才回老家读书。我们同一年考上高中，一起去县城读书。县城离村庄不足三十公

① 固然，本地并无中国东南那样完善的宗族组织，但是本地汉人的家族或宗族文化理念，却以诸如人们见面时颇为严格的宗族辈分称呼礼仪等体现出来。礼节或礼仪，是汉人宗族等文化理念得以传承的重要形式，颇值得研究者进一步重视。

里，但我们在学校住宿，三周才回家一次。在紧张却又颇有些小故事的高中生活里，两位纯真的少年互诉理想和迷惘，一起欢笑和流泪，结下了深挚的兄弟般的情谊。高三快毕业时，他要回新疆高考，一旦分别可能很多年不能相聚了。在学校门口，我送他坐上去车站的人力三轮车，眼泪忍不住涌了出来，我不愿让朋友看到泪水，突然转过身去，背对他挥了几下手臂，不回头地快步走回学校。十几年之后的某年秋季，朋友带着妻子回老家探亲，他与亲人们喝了一场酒后，带着醺醺的醉意又赶来我家喝酒。多年不见的朋友喊我父母为“叔叔”“阿姨”，呼我为“兄弟”，全然不顾村中的辈分了。

离开村庄之后，同侪伙伴易于结成兄弟式的关系。这种兄弟式的关系，在他们还没有真正离开村庄，进入村庄里的学校时就已经开始了。楼庄小学初创于民国时期，由村庄南边的一座旧庙改建而成。中华人民共和国成立后，周边很多村庄的孩子都来楼庄小学读书，一度规模壮大，教学成绩突出，被誉为“楼庄红旗小学”。后来，各个行政村都设置了自己的学校，楼庄小学的生源便以本村孩子为主。学校里，年龄接近的男孩子一起学习、玩耍，会自然而然地形成兄弟式的感情和关系。这种兄弟式的关系和感情有时会以结拜的形式表现出来。

笔者儿时的伙伴阿城回顾了他在小学四年级时（20 世纪 90 年代初）与两位同学“拜把子”的往事：

> 当时我们玩得好，想把我们的感情升华一下，但是想升华又找不到更好的载体。这是现在总结的啊。当时我们所能理解的，结拜算是一种最好的诠释吧。这可能跟个性也有关系，既然想结拜，就是想把这种感情无所保留、淋漓尽致地表达出来……用鸽子血、鸡血，喝酒，然后每个人划了一刀，把自己的血滴进去。就是一种相溶性嘛。其实这就是一种仪式，不过这种仪式也是挺虔诚的……

同学之间相处投缘，情同手足，于是烧香、磕头、拜把子，就成为表达兄弟式情感的重要方式。阿城和另外两位同学在村中分属三个辈分，但这不影响他们结义为兄弟。三位同学买了香和鞭炮，跪拜天地，共饮血酒，誓曰“不求同年同月同日生，但求同年同月同日死”。上初中后，阿城又与人结拜过两次，也采用类似的结拜仪式。

我的一位长辈也带我回顾了他在初中时（20世纪80年代初）与朋友们结拜的情形：

> 初一的时候，有11位同学关系比较好。当时有人组织出去吃饭。吃饭时谈到刘、关、张，谈到桃园结义，大家决定拜把子。按年龄，由大到小挨着排。当时买了一大抹子香，放在一个大斗里，烧这个香，放一盘炮，（大家一起）磕三个头，说着“不求同年同月同日生，但求同年同月同日死”，“有难同当，有福同享”。还说，“不管谁的爹，见爹叫爹，见娘叫娘”……根据小说上来的。①

笔者访谈在不同时期结拜的人，他们在结拜时都会重复“不求同年同月同日生，但求同年同月同日死”的誓词。不理解此种兄弟情谊的人，可能会觉得誓词俗套夸张、虚伪可笑，但共饮血酒的结拜者却常常充斥着共赴困难甚至是共赴死难的激情。为兄弟式的朋友赴难，是很多热血少年深挚的情怀。②有此情怀的少年因此会陷入一个伦理困境，为

① 少年们的结拜仪式和经文般的誓词，无疑受到《三国演义》等通俗小说的影响。《三国演义》第一回有此情景：“次日，于桃园中，备下乌牛白马祭礼等项，三人焚香再拜而说誓曰：‘念刘备、关羽、张飞，虽然异姓，既结为兄弟，则同心协力，救困扶危；上报国家，下安黎庶。不求同年同月同日生，只愿同年同月同日死。皇天后土，实鉴此心，背义忘恩，天人共戮！’誓毕，拜刘备为兄，关羽次之，张飞为弟。”

② 笔者一位儿时的伙伴，在初中时帮朋友一起打群架，结果闹出了命案，至今不能回家。

之纠结不已，即为朋友死难和为父母尽孝之间的矛盾。若为同胞兄弟，为兄弟死难本为对父母之孝的自然延发。但为异姓的朋友赴难，则有无人孝养父母之风险。上文结拜时语“不管谁的爹，见爹叫爹，见娘叫娘”正是解决这一伦理困境的出路。[①]朋友结拜时，由朋友而成为兄弟，再由兄弟溯及父母。唯有基于共同的父母，朋友方能更无牵挂地成为兄弟。这再次表明，兄弟伦理是汉人家庭伦理中孝道伦理之延伸，兄弟结拜既超越又回归于固有的家庭伦理。

结拜，是兄弟式同学或朋友关系的仪式性表现，基于这一庄严仪式，朋友关系有所深化。阿城说，“拜把子之后，觉得关系好像是一种突飞猛进，感觉到好像处处想体现出来，刻意地想体现出来这种关系的存在”。比如兄弟受到委屈，帮着出头打架就成为表现兄弟情感的最佳时机。阿城与结拜兄弟们并肩战斗的次数早已经记不清了。

拜把子，当然只是同学或朋友间兄弟式关系的一种突出表现，兄弟式的同学和朋友关系未必都经由拜把子的形式。笔者虽未参与结拜，却与众多同学、朋友情同兄弟。同学少年，或许幼稚冲动，但他们兄弟般的相处却非儿戏，很多人的兄弟式关系终生保持。而且，在人们成年后，少时的友谊和情感尤显得纯粹和珍贵。

工作之后，人们似乎趋于理性，然而工作岗位上的人们依旧乐于与朋友结成兄弟式的关系，这种兄弟式的关系也常常会以结拜的形式表现出来。

民国时，笔者的姥爷曾在安徽利辛谋生，其间与八位朋友结拜为兄

① 天地会结拜时的誓词更为清晰、具体地解决了这一难题：“当天结拜，即是同胞骨肉，永无更改，一父所生，一母所养。……不得自心肥己，不得吞骗兄弟，不得注赌。兄弟父母即是自己父母；兄弟妻子如我兄嫂相称。结拜之后，须要寄得妻，托得子，且不分你我，手足相持，前仇不得记在心，兄弟有难，须要拔刀相救，不得临阵退缩，不得得罪兄弟父母，若有得罪兄弟父母，重责四十板。不得以大压小，不得以力为强。神灵鉴察，兄弟须要忠心义气，有福同享，有官同做。”《军机处录副奏折》嘉庆十二年十二月二十五日恩长折。转引自秦宝琦：《中国洪门史》，福建人民出版社 2012 年版，第 564 页。

弟。很多年后，姥爷与他的结拜兄弟们还维持着联系，偶尔会带着孩子互相走动。20 世纪 90 年代，姥爷一位结拜兄弟的儿子来河南卖西瓜，就曾落脚在姥爷家，后来还曾落脚我家。卖西瓜的叔叔一身好武艺，笔者听说过他独身打败多位持刀劫匪的故事，还亲眼看见他卖西瓜时被一位地痞挑衅，只一击把对方打倒在地的场景。这在孩童的心目中是英雄式的偶像。父母也曾计划让我跟他习武，若如此则关系将得到进一步的延续。1949 年以后，姥爷曾在本地人民公社当干部，工作过程中结识一些好朋友，包括干部、医生、农民等，其中大多数是共产党员，但他们一起烧香磕头，结拜为兄弟。他们的关系维持了终生，年老时还互相走动。姥爷七八十岁时，还时常骑着自行车去兄弟家做客。姥爷八十岁生日时，他结拜的兄弟们赶来为他祝寿，一群古稀甚至耄耋之人欢聚一堂，推杯换盏，人声鼎沸，仿佛跟青年时一样。

图十三　结拜兄弟们[①]

① 前排右二戴帽者为笔者姥爷。除左后方手持香烟者外，皆为姥爷的结拜兄弟。

20世纪80年代，笔者一位长辈大学毕业后分配到本地工作，他在工作过程中结识了一些朋友，包括公务员和事业单位员工。朋友们常聚在一起饮酒畅谈，情谊日深，于是烧香磕头，结拜为兄弟。结拜时的誓词同样包括"不求同年同月同日生，但求同年同月同日死"和"有难同当，有福同享"等语。

笔者一位在广州做生意的长辈，也与在外结识的好朋友们结拜为兄弟，时常聚会，互相照应。谁有长辈或亲戚来访时，大家会聚在一起招待，或者轮流做东……①

结拜的例子不胜枚举②，而与结拜类似的结干亲的情况更加普遍。结成儿女干亲，是磕头拜把子之外提升朋友间关系的又一种方式。如果说结拜基于神灵或信仰，那么结干亲则主要基于子女或人事。本地结干亲并无复杂的仪式。比如两个关系很好的朋友或家庭，当其中一个有孩子要出生或已出生时，另外一个可能会说"过年时我去抱"，意思是想要过来作干儿子或干女儿。好朋友之间一般不会拒绝。于是，大年初一早上，干爸、干妈会去朋友家把孩子抱到自己家里，孩子的父母会备着四色礼一起送过去。若是离得较远，孩子的父母会自己带着孩子和礼物到对方家，一般还会携亲人一起前来。干爸、干妈为孩子准备现金、新衣服、新的碗筷等见面礼，并且请村里关系较近的、有面子的人帮忙陪客。干亲关系在简单的礼物交换中达成，并在年节时持续走动。

认干亲，表面上是代际关系，即为自己的孩子找干爸、干妈，实际上

---

① 这位长辈还结合自己的结拜经历，认为小时候结拜情感更纯粹，成年后的结拜多了些功利的考虑。但他觉得自己对结拜兄弟的感情与对同胞兄弟的感情几乎是一样的。

② 在中国历史上，兄弟结拜的故事不绝于编，从周代的诸侯盟誓，到晚近的秘密社会，兄弟结拜的潮流滔滔不绝。近代以来，影响中国的政治人物多有兄弟结拜的经历，包括袁世凯、冯国璋、段祺瑞、张作霖、孙中山、蒋介石、冯玉祥、张学良、阎锡山……这些结拜兄弟间的恩恩怨怨、分分合合，对中国近现代历史的影响不可低估。

常常是以兄弟式关系为基础的，是兄弟式关系之延伸。[①]普遍的情况是，一个孩子刚出生不久，甚至还没出生时，其干爸、干妈就已经确定了。在楼庄，不易找到完全无干亲关系的家庭。[②]村庄内同辈分的人们之间也多结成干亲关系，当人们离开村庄与外面的人交往时，结干亲更是深化朋友关系的一种常见方式，因为“俩人在一起关系好，结成亲家显得更亲”。

“干亲”，和所谓“湿亲”对应而生。湿亲，即因子女婚姻而结成的关系。干亲和湿亲双方都互称“亲家”，他们都成为孩子共同的父母，他们之间自然以兄弟、姐妹相称。在传统时代，不少婚姻为“父母之命”，甚至是“指腹为婚”，有些婚姻一定程度上也是由父代关系延展而来。

人们与村庄之外的人结拜为兄弟，或者结为干亲后，他们会比一般朋友间有更为明确的责任和义务。比如，对方家有红白喜事时，结拜兄弟或亲家们必须参与，给予礼物和其他支持。他们之间互称兄弟，平等相处，礼尚往来，具有相对平衡的权利和义务。当然，即便人们不结拜、不结干亲，朋友之间的关系特点依然如此。结拜和结干亲等只是朋

---

① 有学者研究中原地区人们的干亲习俗，并根据缔结干亲的目的，把结干亲分为三种情况：“第一种是‘巫术’性质的干亲，即为了使孩子健康成长、能‘成人’而认的干爹干妈。这种类型的干亲关系的特点是，干子女必为婴幼儿，干父母为成年人。有时，干父母不一定是人，可以是一棵‘成精’的大树，一位神明，甚至是妖魔鬼怪。这种干亲关系的缔结显然是出于这样的认识：通过调整一个人亲属集团的归属可以改变其命运；第二种情况是，缔结干亲的一方只有男性后代或只有女性后代，一方以另一方的子女为名义上的子女，借助认干亲来实现‘儿女双全’的愿望。它是不完整的人伦关系的一个补充形式，姑且称之为‘补充’性质的干亲；第三种情况是：父母辈相处感情融洽，借子女认干亲以加深父母辈之间的关系。在这种情况下，孩子仅仅作为一种媒介使用，干亲关系是加深友谊、联络感情的一种手段，带有某种‘公关’性质。”并且搜集了 59 例干亲案例，其中有 4 例是出于巫术目的认的干亲，45 例属于“补充”性质，10 例属于“公关”性质。参见尚会鹏：《中原地区的干亲关系研究——以西村为例》，《社会学研究》1997 年第 6 期。上面概括的“补充”和“公关”类型并不能截然分开，而且都应基于既有的良好关系才能达成。据笔者调查，本地人们多不知有所谓“巫术”目的的干亲，认为结干亲是因为两家关系好，是进一步深化关系的表达方式。

② 结干亲，在汉人社会中应具有一定的普遍性。比如，据 20 世纪 90 年代的某项调查，农村结干亲的比例非常高。“据对川、黔、湘、鄂四省相邻的 10 余县 20 多个边远乡村的调查，结拜干亲户多达 90% 以上，其中有 11 个村子竟高达 100%，85% 以上 20 岁以下的青少年、儿童都有‘干爹’‘干妈’，甚至有些未婚的男女青年已认下干儿女。”参见《“结干亲”与“拜把子”》，《新农业》1994 年第 8 期。

友间兄弟式关系的仪式化表达方式。

同胞兄弟会因为经济等方面的原因产生矛盾、分分合合，那么兄弟式的朋友之间，包括把兄弟和干亲家之间，是否也会呈现类似的局面呢？这似乎是人们难以避免的命运。

比较起把兄弟和干亲家等与同胞兄弟的区别时，人们认为非血缘兄弟之间经济等方面“缠绕少”，一般不会产生前文所述的争产竞财等矛盾。但是反过来，“缠绕少”，责任和义务也就相对较少或弱，且由于没有先天性的血缘联系，以及共同的父母纽带等，结拜者或干亲之间不易达到同胞兄弟间的紧密和坚固。两千多年前诗经中的说法至今能在某种程度上说明现实的情况。《诗经·常棣》曰：“脊令在原，兄弟急难。每有良朋，况也永叹。”在日常状态下，朋友或结拜兄弟之间似乎关系更加融洽，但是在危难时刻亲兄弟却更为可靠。亲兄弟闹矛盾可以打得头破血流，但是又可以转身和好如初，甚至更胜从前，以及在危急时刻挺身而出、共赴患难，等等，如此种种情形在没有血缘联系的朋友间并不容易达到。

正因为兄弟关系之难得，以至人们认为“凡今之人，莫如兄弟”，所以朋友们乐于结拜或结亲为兄弟。即便未结拜或结亲，好朋友之间依旧互称兄弟，希望按照兄弟式关系来相处。

家庭、宗族、村庄、企业以及更庞大的民族、国家等都属于纷繁复杂的人类组织的形态之一，而对其中体现的家庭关系、宗族关系、经济关系和政治关系等的研究都离不开对具体组织所蕴含的文化的分析。文化是组织在长期的发展过程中形成的，是一切组织得以运行的观念、原则和规范等的总和。[①] 在人类学研究中，只有透过千变万化的组织形式及其运行，把握其中共同或共通的观念、原则和规范等文化性内容，才能获得具体组织或社会的要义，从而能够更为深刻和系统地了解该组织

① 庄孔韶、李飞：《人类学对现代组织及其文化的研究》，《民族研究》2008 年第 3 期。

或社会中的众多具体现象。

由汉人家庭内的兄弟关系逐步往外扩展的脉络中，虽然具体组织的形式和规模已经大大不同，但是却与兄弟关系具有类同的运行模式，而对这种类同运行模式的把握正是进行文化分析的关键线索。按照上述逻辑，家庭内的文化实际上逐步扩展到宗族支系、宗族或村庄之间，以至更大的军事和政治组织中。这一逻辑自然不是原创，学者们常以家庭和家族作为研究宏观社会文化的基本角度。①

本章逐层分析各类组织关系，由同胞兄弟延展至宗族内的各门头（宗族支系），再延展至不同的宗族或村庄，以及村庄外各类零散的人际关系。在这一延展性分析中发现，作为起点的兄弟关系，其各种特征同样表现于不同的组织中。虽然兄弟之间亲近的血缘关系在延展的过程中越来越淡——门头或宗族支系间还存在着明确的血缘关系，不同宗族之间由于姻亲的存在也具有一定的血缘联系，再往外扩展时朋友之间便只能体现为拟血缘关系，但是在这些不同的血缘联系或拟血缘联系中却存在着相同的关系特征，即相对平等，而且合力与张力并存，在或大或小的分分合合中体现着共同的平均主义思想。

当然，我们并不是说其他各种关系是兄弟关系的某种放大，而是认为在规模更大的各种社会关系或社会组织中，都或多或少体现着兄弟的关系特征或伦理色彩，而且有迹可循。

---

① 如：“中国是以家族为本位的社会，用社会学的术语说，中国社会是以‘原级团体’为主的。在原级团体中，人与人的关系是基于身份的，亦即是特殊取向的，这种关系与心态可一层一层地向外推，但人际之关系总是特殊的，而可以亲属身份类之。”参见金耀基：《从传统到现代》，中国人民大学出版社 1999 年版，第 41 页。“数千年来，中国人实际上就活在这一套家族文化的网络中，获祖传宗、绵续香火，进而创造了独特的中国文化。”参见黄光国：《儒家关系主义：文化反思与典范重建》，北京大学出版社 2006 年版，第 190 页。“儒家伦理就是将家庭、家族关系中产生的伦理道德作为基础，向家庭家族外扩展，从而形成乡村、都市、国家成员间的行为规范。”参见夏建中：《“孝”的文化与“忠”的文化——中日传统家族伦理之比较》，《中国人民大学学报》1996 年第 2 期。

第六章　基于文化直觉主义的思想旅行

兄弟关系的特征

一、平等和平均的理念

通过对传统伦理文化的梳理，以及对现实生活的田野考察，我们可以发现，平等及其基础上的平均是汉人兄弟关系的基本特征或基本原则。这种平等的兄弟关系在历史上有一个发展的过程。本书第二章从大传统的角度分析了孝悌观念的历史，论述了兄弟关系在其中发生的变化。在西周的宗法制时期，嫡长子垄断了政治特权和祭祀权，兄弟之间处于一种“以兄统弟”的非平等状态。随着宗法制的衰落以及新的政治制度的实行，政治权位以世袭制度传承的范围越来越窄，长子的特权在政治和社会生活中也就逐渐没落了，兄弟之间越来越趋向平等。这一转变反映在儒家思想的发展脉络中，便表现为“悌道”之地位相对于“孝道”的弱化。另外，汉人社会诸子平均析产的历史更反映了兄弟间的平等关系和平均主义原则。在战国时期，诸子平均析产已经开始流行，到唐代时被写进了法律，社会生活中普遍流行的分家实践最终上升为大传统的一部分。悌道的衰落与诸子均分的流行大体上处于同一历史过程，二者理应互有影响。

虽然儒家经典中依旧存在着“长幼有序”的说教，但是所谓的“序”与宗法制时代相比，基本上已经柔和得像一种态度或礼节了。排行上的“序”虽然还有一定的文化意义，而且“年龄大些的兄长较之年龄轻的弟弟，在共同处理某一事务时，更易于贯彻他的意志”①，但是这些礼节上的尊重或某些优先并不能否定兄弟间的平等地位。兄弟间的平等关系最直接地体现在平等的继承权上，“没有任何原则赋予某个兄弟凌驾于其他兄弟之上的合法权力”②。长子在礼节或仪式中常常具有一定的优先地位，这主要体现了中国古代宗法精神之遗留。由于西周在中国历史上的特殊地位，宗法制度虽然衰落了，但宗法精神却在很多方面浸染了中国文化。如冯尔康认为宗法精神渗透在古代社会结构诸领域，但它又不同于社会结构的内容，而只是表现于社会结构的主导精神。③与之类似，在兄弟关系中，宗法精神（之嫡长子制）在礼仪中对长子之偏好和现实生活中兄弟之平等是并行不悖的两个方面。正如汉人吃饭安排座位时会请长者坐正位，但不同位次的人吃起饭来并无不同。现实生活中大家对长子或兄长之尊敬，并不能否定兄弟间的平等地位，更不能抹杀兄弟们对平均的要求。

再从前文的田野分析来看，兄弟们在结婚、分家以及赡养父母等一连串的家庭事件中，处处体现着平均主义原则。结婚和分家都属于家庭财产继承的重要环节，汉人社会诸子平均析产的习俗便在这一过程中体现出来。除了财产继承权利上的均平，赡养父母的义务也要求兄弟们平均承担。在兄弟关系的家庭实践中，平均主义原则引导着兄弟们的各种行动。但是，“平均”作为一种理想，在现实生活中往往难以完美实现，这就造成了现实与理想（或规范）的差距，一些兄弟因此处于矛盾或冲突状态。但反过来说，矛盾和冲突也是兄弟们要求实现平均的表现形式。

---

① 麻国庆：《家与中国社会结构》，第 93 页。

② 鲁比·沃森著，时丽娜译：《兄弟并不平等——华南的阶级和亲族关系》，上海译文出版社 2007 年版，第 53 页。

③ 冯尔康：《中国社会结构的演变》，河南人民出版社 1994 年版，第 237 页。

另外，我们还须辨别“差别”和“平等”之间的关系。差别有时并不否定平等，相反还可能成为平等的表现。兄弟之间的权威不以年龄为基础，而常常依托个人的能力，也即是说每个人都有机会获得权威和优先。从这一角度而言，兄弟之间的有些差别以及分化并非是不平等的表现，而恰恰是平等基础上必然产生的差别。①

二、分分合合的现实

由于先天的血缘联系，以及后天日常生活中的朝夕相处和伦理文化的熏陶，兄弟间存在着较强的“合力”，所谓的“同气连枝”和“手足之情”即是兄弟一体关系的表达。但是，在从“同居共财”走向“分割继承”的过程中，兄弟间存在着潜在的竞争关系，这种竞争关系即是所谓的“张力”。因为家庭财产总是一定的，在家产分配的过程中你多一分则我少一分，这种潜在的竞争关系若未能很好地处理，则容易表面化和矛盾化。扩大到家庭系统内，兄弟关系的这种“合力”和“张力”会在其他家庭关系之上得到反映。一般而言，父母是兄弟关系的向心力，而夫妻和妯娌关系是兄弟关系的离心力。另外，外在的力量常常会影响兄弟间的合力和张力，一旦外部出现压力时，兄弟们会暂时压抑张力一致对外，从而表现出空前的合力。所以，兄弟间常常会因内外环境的变化而表现出分分合合的局面。

兄弟关系的变迁

在持续而剧烈的社会变迁过程中，农村的兄弟关系也发生了较大的

① 当然，这又涉及机会平等和结果平等的问题。笔者认为，结果上的平等是乌托邦式的想象，所以在此偏向于机会上的平等。

变化。对此，本书第三章在论述兄弟矛盾多寡的变化时有所揭示。如上文所述，在传统社会里，由于老人们权高威重，具有较强的控制力，虽然兄弟们暗地里存在着竞争，但矛盾和冲突不易爆发，兄弟关系一般还能较好地维持。而到了 20 世纪 80—90 年代，兄弟间的争夺比较激烈，兄弟关系恶化的情况相对较多。在这一阶段，虽然市场经济的影响日益深入，但它对人们的生活影响尚不剧烈。本地农村家庭经济状况已经开始变化，兄弟间经济上的联系还比较紧密，而老人们的权威却已经迅速衰落。因此，失去制约力的兄弟们容易公开争斗。2000 年以后，虽然老人权威已经衰落，但是兄弟们在经济上的联系却也大大降低了，这时兄弟们在财产上的竞争和争夺也相应减少了，兄弟相争的局面得到缓和。

分析上述过程，虽然文化或传统的嬗变从根本上影响着兄弟间的互动特点，但经济上的变化也是兄弟关系变迁的重要原因。在传统社会，由于小农经济的限制，兄弟们安土重迁，扎根于世代生活的土地上，很大程度上依靠祖辈留传下来的家产过活。这种情境下的兄弟们就像树枝一样，不但同居共处，还一起从树干和树根汲取营养。所谓树干和树根，分别代表着父辈以及祖先。由于营养有限，兄弟之间难免互相竞争，以致失和。在当今时代，发达的市场经济促使农村劳动力往外转移，兄弟们已不能固守土地和祖先的遗产，必须去远方创造新的生活。在这种情境下，原有家产的重要性大大降低，兄弟们甚至常常天各一方，就像被风吹散的蒲公英，要分别从不同的地方汲取生存的营养，他们之间的竞争也就随之降低了。在此，我们可以用上述的比喻来总结社会变迁过程中本地农村兄弟关系的变化情况——兄弟关系由传统的“树枝型”逐渐过渡到当前的“蒲公英型”。①

① 这一变迁特点主要是针对田野点邻近地区的情况而言，本地农村劳动力大多往外转移，兄弟们的生计方式关联性较弱。在一些乡镇企业或家族企业发达的地区，不少兄弟具有共同的生计，则这种情况可能会更多地延续传统的兄弟关系特点。

兄弟关系与平均主义

通过前文的考察，我们发现上述的兄弟关系特征随着血缘或拟血缘的关系逐层往外扩展，以至于宗族支系和宗族之间都体现出这种平等和平均的特点，并且上演着分分合合的生活历史。若我们把这种推论继续扩大，则可以得到这样的推论：家庭内的兄弟关系及其所体现的平均主义特征亦对中国的社会和历史产生了某种程度的影响。

若把兄弟关系沿着“同胞兄弟—宗族支系—宗族之间”的脉络推向广阔的社会历史，则须有一个基本前提，即在较大的社会范围内，人们的身份已经获得了相对的平等。而在历史上，较大范围地实现这一条件的时代是在唐朝的中后期。[①] 基于土地制度或租佃制度的变化，不少史学家认为唐代中后期是中国封建社会的一个过渡阶段[②]，而伴随这一变化，农民的身份也获得了较大的解放，唐代以前数量众多的依附农“父子低首，奴事富人，躬率妻孥，为之服役”[③] 的局面得以改变。身份上获得一定的平等后，人们才会进一步追求利益上的平均。因此，每逢天灾人祸，生存难以为继时，人们不会再像从前一样纷纷投靠地方豪族，甘心成为他们的奴婢、佃客和部曲等依附民，低首奴事之。相反，与富者均财富就成为他们的强烈追求。因此，中国的农民起义自唐末开始就一

① 参见金宝祥：《论唐代的两税法》，《西北师大学报》1962 年第 3 期；唐任伍：《论唐代的土地租佃关系》，《史学月刊》1996 年第 4 期；曹端波：《唐代土地制度的转型与农民身份地位的变化》，《贵州大学学报》2007 年第 2 期。

② 参见孔经纬：《关于唐朝土地所有制形式的发展变化问题》，《新史学通讯》1955 年第 7 期；金宝祥：《论唐代的土地所有制》，《甘肃师大学报》1959 年第 3 期；贺昌群：《汉唐间封建土地所有制形式研究》，上海人民出版社 1964 年版；胡如雷：《中国封建社会经济形态研究》，生活·读书·新知三联书店 1979 年版。

③ 崔寔：《政论》，载孙楷著，杨善群校补：《秦会要》，上海古籍出版社 2004 年版，第 331 页。

直把“平均”思想表现在起义的口号中。如唐代的王仙芝起义时自称“天补平均大将军”；北宋的王小波起义提出“吾疾贫富不均，今为汝均之”的口号；钟相、杨幺明确提出“我行法，当等贵贱、均贫富”；李自成提出“均田免粮”；太平天国提倡“有田同耕，有饭同食，有衣同穿，有钱同使，无处不均匀，无人不饱暖”；等等。① 在前文列举的捻军起义的例子中，贫苦农民首先是组织起来吃大户，在受到政府镇压的时候走向更大规模的联合，最后举起了起义的大旗，以至震荡全国。

起义的农民往往来自社会的底层，文化水平较低，但他们反复高呼“平均主义”这一重要口号，且得到广大下层民众的积极响应，如有学者说：“唯有‘均平’的口号和旗帜最能打动农民的心扉，最能引起农民对现实的不满，最能鼓动起农民的革命热情和革命斗志，最能成为农民革命的合理性根据。”② 由上述的农民起义口号来看，至迟自唐末以来，平均主义观念已经流行于下层民众中了。这种平均主义观念来自何处呢？

在传统社会，上层的统治思想以强调等级和差别的儒家政治伦理为主导，习惯于以“纲常”和“礼”来表现贵贱和尊卑，即便有“不患寡而患不均”的言辞，也是以等级和差别为前提的。孔子在《论语》中说：“丘也闻有国有家者，不患寡而患不均，不患贫而患不安。盖均无贫，和无寡，安无倾。”对此，朱熹在《论语集注》中注曰：“均，谓各得其分；安，谓上下相安。”即按照各自等级地位的不同来获取不同收入份额，从而避免“王室衰微，诸侯争霸，公室卑弱，大夫兼并”的混乱局面。可见，孔子思想及大传统中的均平理想实际上强调的是等级差别和社会不平等，其实质反而是社会范围内的不平均或反平均。因此，我们对平均主义观念形成的具体原因的思考，很大程度上需要把目光投向民间的小传统中。

在相对封闭的传统社会，人们往往聚族而居，家庭及宗族生活就成了人们获得濡化的基本环境。因此，家庭内的兄弟关系、由兄弟关系直

① 郭德宏：《论我国历史上的平均主义思想》，《东疆学刊》1986 年第 2 期。
② 袁银传：《小农意识与中国现代化》，武汉出版社 2000 年版，第 122 页。

接发展而来的宗族支系之间的关系，以及通过联姻而结成的兄弟式的宗族关系等，可能对于人们平均主义思想的获得有最直接的作用。对此，史学家陈支平也曾谈道："对于传统中国人脑子中根深蒂固的平均主义思想，我们可以从中国的家族制度，特别是家族与家庭的关系中，去寻找其最基本的原因。"[①] 当然，陈支平在原文中侧重的是家庭的裂变和家族扩大化之间的关系，以及在这一过程中平均主义思想的作用或表现。这其实是从另外一个角度更加验证了平均主义伦理存在一个由家庭逐层往外扩展的过程。[②] 至此，笔者可以不再隐晦地推论——汉人家庭内的兄弟关系伦理及其生活实践应是汉人社会"平均主义"思想的重要源头。

作为家庭和社会不稳定因素的兄弟关系

"家国同构"是人文社会学科研究中国传统社会时常用的一个基本概念，用来表示家庭、家族与国家在组织结构和伦理思想方面的相似性。在中国古代，"天下""江山"以及"王朝"之前往往可以冠以姓氏，天下属于某一家所有，也即所谓的"家天下"。尤其在周代，周天子通过宗法制和分封制把血缘与政治结合，形成了"家国一体"的局面。如第二章所述，宗法制度衰落以后，统治者借用儒家的思想，"移孝作忠"，形成了家庭伦理和政治伦理的合一。如此一来，皇帝就成了众民的父母——"天子者，天下之父母也"(《盐铁论・备胡》)。所以，"夫臣之事君，犹子之事父"(《白虎通义・朝聘》)。但是在男权的传统社会，以男性之间的血缘为线索可以分作父子和兄弟两维，而儒家在"移孝作忠"过程中侧重的是父子之维，兄弟之维相对被忽略。[③] 因此，学者们

① 陈支平：《近500年来福建的家族社会与文化》，生活・读书・新知三联书店1991年版，第146—147页。

② 参见陈支平：《近500年来福建的家族社会与文化》，第129—147页。

③ 虽然儒家伦理规范中也有一些对兄弟关系的要求或规范，但是其在儒家家庭伦理和政治伦理体系中的地位较低，仅仅止于说教，缺少法律或制度上的约束力。前文对此已有论述。

在论述家国同构时，往往也偏重于纵向的君臣和父子相互贯通的特点，而对家庭或宗族内横向的兄弟之维缺少注意。但是，无论是在家庭生活中，还是在更为广阔的社会生活中，兄弟关系都持续地发生着影响。

相对于父子关系而言，兄弟关系往往成为家庭动荡和分裂的不稳定因素。基于前文的考察可知，兄弟关系会沿着血缘和拟血缘的关系逐层往外扩展，以至于宗族支系、宗族之间都存在类似的竞争、分裂和合作的复杂关系。相近地域宗族间的争斗和合作关系根据不同的内外环境而发生变化，一如家庭内的兄弟关系。同时，由于在传统社会国家对社会的最有效控制常常止于县，县以下较多依靠各种民间组织的力量。在各种民间组织中，家族或宗族无疑占有非常重要的地位，可以说国家基层是由无数的家族或宗族等组织组成的。① 前文在讨论捻军活动时，临近地区基层社会宗族力量之强显见。因此，若作为国家基层的家族或宗族之间发生动乱，则地方社会甚至整个国家也可能处于动乱状态。震荡全国的捻军运动，从其内部的构成及其互动来分析，实际上就表现为宗族间的斗争及其联合。

宗族组织欠发达的北方尚且如此，在宗族组织发达的南方，宗族之间发生纷争的情况似乎更常出现。史学家根据东南沿海的情况认为，由于封建官府对地方乡族的统治能力非常微弱，基层家族或宗族几乎成了地方上的独立王国。② 这些宗族之间的械斗之风很强盛，而宗族械斗又易于造成宗族之间的分裂或联合。雍正五年（1727 年）福建总督高其倬奏曰："查福建漳、泉二府，民间大姓欺凌小族，小族亦结连相抗，持械聚众，彼此相杀。"③ 福建兴化地区的"乌白旗"大械斗也采用类似捻

---

① 比如麻国庆把中国传统社会分作三个层次："社会的表层是权力结构，即国家的层次；中层分布着由各种利益、职业及宗教等群体结合而成的各种社会集团如行会和秘密社会；基层是基于血缘和地缘关系的基础集团，如宗族组织等。"他还认为，宗族组织还具有通过控制其他宗族或与其他宗族组织相联合，进而控制地方事务的外部功能。参见麻国庆：《家与中国社会结构》，第 213 页。

② 参见陈支平：《近 500 年来福建的家族社会与文化》，第 93—94 页。

③ 台北故宫博物院编：《宫中档雍正朝奏折》第九辑，福建总督高其倬折，雍正五年十一月十七日。转引自秦宝琦：《中国地下社会》，学苑出版社 1993 年版，第 56 页。

军的“旗”为标志，每旗代表不同家族的联合，有时多达万余人，乌白旗大械斗持续百年之久。① 宗族之间联合时，采用兄弟式的关系似乎是最适宜汉人文化传统的。清代泉州晋江全氏家族组织是个典型案例。清代福建沿海一带，宗族之间竞争激烈，晋江福全的洪、曾、张、吴等十余姓小族，“摄于强族之间，每被欺侮。兹全议欲顶一班，思姓氏多门，议将以地为姓，即全氏也”。弱小宗族联合起来，共称一姓，设一虚拟始祖，其下又按姓氏分房，遵汉人宗族礼法，组织整修祠堂和祭祖等活动，充分地体现出异姓联合时的兄弟式关系。②

弗里德曼在《中国东南的宗族组织》中也关注过宗族械斗的情况：一方面，中国东南的宗族械斗之风非常强盛；另一方面，“械斗可能导致遍及整个冲突区域的联盟”，比如，“在福建和广东两省交界的地方经常发生冲突，以致产生两省之间的对抗”③。

同时，南方之宗族关系还曾和农民起义产生直接的联系。比如，1864 年太平军的一支进入福建永福时，当地的一些宗族加入太平军，利用太平军的力量来打击自己的仇族。④ 另外，秦宝琦在《中国地下社会》中分析天地会产生的根源时，也归因到了宗族之间的关系。他认为：“宗族械斗中大族大姓欺压小族小姓，小族小姓为了与之相抗，便采取结拜兄弟的办法，‘化异姓为同姓’，以增强其间的凝聚力。所以，宗族械斗的存在与加剧，也是造成秘密会党发展的重要原因。”⑤

上述所论主要为具体地域中附着于土地的宗族，当这些宗族组织因自然灾害或社会震荡发生解体时，许多成员被迫脱离原有社会组织，成

① 陈支平：《近 500 年来福建的家族社会与文化》，第 123 页。

② 参见陈支平：《清代泉州福全所的众姓合族》，载陈支平《近五百年来福建的家族社会与文化》，中国人民大学出版社 2011 年版。

③ 弗里德曼著，刘晓春译，王铭铭校：《中国东南的宗族组织》，第 135 页。

④ 陈支平：《近 500 年来福建的家族社会与文化》，第 125—126 页。

⑤ 秦宝琦：《中国地下社会》，第 57 页。

为游民或流民[①]，他们为寻求新的社会归属，会倾向于选择与传统家庭和家族结构类似的拟血缘组织[②]。在传统的家庭和家族结构中，横向的兄弟关系相对于纵向的父子关系更为平等和亲近，也更适合非血缘的朋友组成类家庭式关系，且由于基层社会深受《三国演义》和《水浒传》等通俗小说中兄弟结拜故事影响，脱离了原有宗法和地方秩序的人们倾向于以“结义”或“拜把子”的方式结成异姓兄弟关系。[③]梁启超也曾谈道：“今我国民绿林豪杰，遍地皆是。日日有桃园之拜，处处为梁山之盟。所谓‘大碗酒，大块肉，分秤称金银，论套穿衣服’等思想，充塞于下层社会之头脑中，遂成为哥老、大刀等会……”[④]

近代以来，以游民为主要来源的秘密会党普遍是“以异姓结拜弟兄的形式出现，以歃血为盟，焚表结拜弟兄的方式结成”[⑤]。清代嘉庆六年（1801 年），天地会的陈礼南等在东莞结会时，“均愿姓洪，拜天为父，拜地为母”[⑥]。秘密会党常以兄弟结拜的形式达成，而秘密会党在中国近代以来的社会动荡中具有不容忽视的重要地位。[⑦]因此，政府对民间兄

① 王学泰：《游民与中国文化》，同心出版社 2007 年版。
② 参见谢元鲁：《论中国古代社会的虚拟血缘关系》，《史学月刊》2007 年第 5 期。
③ 刘平：《民间文化、江湖义气与会党的关系》，《清史研究》2002 年第 1 期。
④ 孙克强：《中国历代分体文论选》（下卷），北京交通大学出版社 2006 年版，第 838 页。
⑤ 秦宝琦：《中国地下社会》，第 1 页。
⑥ 秦宝琦：《中国洪门史》，福建人民出版社 2012 年版，第 563 页。
⑦ 比如，有学者统计，“自 1673 年（康熙十二年）到辛亥革命前的 1909 年（宣统元年）会党策动或参与的较大规模的起义有 85 次，其中广东 34 次，湖南 14 次，江西 12 次，广西 6 次，湖北 6 次，台湾 4 次，云南、贵州、浙江、福建、江苏各 3 次，四川、安徽、河南、直隶、吉林各 1 次（因有些起义蔓延数省，故有 11 次统计重复）”。参见陈汉楚：《清末会党和辛亥革命》，《史学月刊》1982 年第 4 期。另外，在推翻清政府的辛亥革命中，秘密会党发挥过积极作用。如孙中山在檀香山成立兴中会时，加盟者十余人，多属洪门人士。而香港成立兴中会总部时，“100 多名会员中，有案可查的 49 人，除 7 人身份不明外，剩下的 42 人，会党分子占 14 人，达 30%”，所以有人说“没有洪门，就没有兴中会”，“如果说华侨为革命之母，那么，若谓洪门为革命之元祖，殆非夸饰之词，至少这种推论可用于革命发轫时期”。参见苏全有：《会党元素与孙中山领导的武装起义》，《厦门大学学报》2009 年第 2 期；周建超：《论辛亥时期资产阶级革命派与秘密会党的联合》，《社会科学研究》2001 年第 2 期；李平秀：《清末革命团体与秘密会党：以同盟会武装起义为主》，《近代史研究》2015 年第 1 期等。

弟结拜有专门的禁令，且日渐严厉，如雍正《大清会典》卷一九四“国初定，凡异姓结拜兄弟者，鞭一百”，顺治《大清会典》卷一九四“凡歃血盟誓，焚表结拜兄弟者，着即正法”。① 清代对兄弟结拜的案件，在法律上由最初的“杂犯”，逐渐归入政治性的“谋叛”之列。②

作为社会“黏合剂”的兄弟关系

根据情境不断扩而广之的兄弟关系，是一种强有力的、具有普遍适应性的社会（组织）黏合剂。

在宗族联合、异姓结拜和秘密会党形成的过程中，兄弟关系作为人们互相连接的基本方式，在其中充当了一种类似黏合剂的重要作用。即，基于兄弟关系，原来相互分割的个体或组织得以凝聚起来，形成新的社会关系和社会组织。

当然，按照“类家族主义”或“泛家族主义”的逻辑，家庭内的组织关系和伦理文化会渗透到广阔社会生活过程中，发挥作用的自然不止兄弟关系及其伦理一种。相对而言，纵向的父子关系及其孝道伦理，对于人们的黏合作用远不如横向的兄弟关系强大。

传统社会，儒家强调的“父父子子”就像“君君臣臣”一样是不平等的，父子之间要刻意保持距离，不能有所狎昵，以防影响父亲威严。古人说，“父子之严，不可以狎；骨肉之爱，不可以简”(《颜氏家训·教子第二》)，父子之间不但要严肃，还要特别注重礼节。更甚者，“君子不亲教其子也。《诗》有讽刺之辞，《礼》有嫌疑之诫，《书》有悖乱之事，《春秋》有邪僻之讥，《易》有备物之象，皆非父子之可通言，故不

① 参见秦宝琦、谭松林：《中国秘密社会》第一卷，福建人民出版社 2002 年版，第 49—50 页。

② 秦宝琦、谭松林：《中国秘密社会》第一卷，第 51 页。

亲授耳"(《颜氏家训·教子第二》)。所以，古人讲究"君子远其子"，父亲在儿子面前要摆出威严的样貌，儿子在父亲面前最好毕恭毕敬，甚至惶恐不安。这种"相对无言"的父子关系形态，在相对平等的社会情形下一般难以作为一种扩大社会联系的模式。

传统社会，虽然王权对基层的统治伦理一定程度上是基于父子关系的"孝"及其延伸而来的"忠"，但这种黏合并不紧密，官僚体系和基层组织之间具有明显的距离，多靠士绅等力量在中间弥合。这种相互分离的情况被费孝通称之为"双轨政治"①。

社会范围内的类家族模式中自然也会有"家长"，但其中的家长往往是由相互结合的兄弟们的"大哥"充当，或者在兄弟联结基础上的代际更替中产生，所以"类家族"组织的最初缘起应是以兄弟结合的形式多见。② 毕竟，横向的兄弟关系有利于社会关系的联结和扩大，纵向的父子关系有利于既有关系的维持和稳定。③

在汉人社会，若我们承认类家族主义具有普遍性的社会影响，表现于纷繁多样的社会组织，那么在这一过程中，兄弟关系的黏合作用也将随之渗透到汉人社会的各类组织。由兄弟分家及世代繁衍而形成的宗族组织，宗族之间联姻而产生的姻亲组织，跨越宗族和姻亲的五服九族组织，不同地域中由众多宗族参与或组合而成的宗教组织、商业组织、水利组织和青苗会组织等人类学所关注的组织形态，其中都可能贯穿着兄弟关系及其伦理。因此，在日益纷杂的相关组织研究中，兄弟关系的维度不容忽视。在某种程度上可以说，兄弟关系是汉人社会纷繁交错的各类社会组织之纹理。

---

① 费孝通：《中国绅士》，中国社会科学出版社 2006 年版，第 45—56 页。

② 这似乎和家庭内的情况相反：家庭内是有父子而后有兄弟，社会范围内是有兄弟而后有父子。

③ 由于相对平等的兄弟关系可分可合、分分合合，所以在社会范围内按照兄弟关系的逻辑扩展社会关系，具有自由灵活的便利性。

作为一项探索性研究，本书对于一些具体问题的论证，尤其是在涉及历史材料的部分和较为宏观的结论部分，难免会显得薄弱和冒险。但是，由于受到各种因素的限制，有些结论暂时不易获得严密的论证，而此时文化上的直觉体证就显得很有必要。由此言之，庄孔韶的“文化直觉主义”支持了我在此处的冒险：

> 涉及中国人思想与行为过程的人类学著作不能只有文化的“切片”，没有整体综合；只见逻辑，不见直觉；只求预设理论去寻找逻辑过程的填充物，而无敏锐的直觉观察，这便会混淆结论之真伪。笔者的信条是，学会寻找逻辑之存在以及善于以文化的直觉对直觉。因此，关于中国文化与社会研究的常见的学术论文结尾的“结论”理应既容纳逻辑的实证的结论，也要包含文化直觉的体证。①

从这一角度而言，本书若能提出一些似乎可行的研究思路，启发读者的进一步思考，已经算是达到笔者目的了。

① 庄孔韶：《银翅——中国的地方社会与文化变迁》，第 507 页。

参考文献

中文专著

1. 埃德蒙·R. 利奇著，杨春宇译：《缅甸高地诸政治体系：对克钦社会结构的一项研究》，商务印书馆 2010 年版。

2. 埃文思-普里查德著，褚建芳译：《努尔人：对一个尼罗特人群生活方式和政治制度的描述》，华夏出版社 2004 年版。

3. 埃文思-普里查德著，冷凤彩译：《论社会人类学》，世界图书出版公司 2010 年版。

4. 安徽科学分院哲学社会科学研究所历史研究室近代史组编：《关于捻军的几个问题》，安徽人民出版社 1960 年版。

5. 蔡少卿：《中国近代会党史研究》，中华书局 1987 年版。

6. 陈瀚生：《解放前的地主与农民》，中国社会科学出版社 1984 年版。

7. 陈苏镇：《商周时期孝观念的起源、发展及其社会原因》，《中国哲学》第十辑，生活·读书·新知三联书店 1983 年版。

8. 陈支平：《近 500 年来福建的家族社会与文化》，生活·读书·新知三联书店 1991 年版。

9. 邓伟志、徐榕：《家庭社会学》，中国社会科学出版社 2001 年版。

10. 邓伟志：《近代中国家庭的变革》，上海人民出版社 1994 年版。

11. 狄德满著，崔华杰译：《华北的暴力和恐慌——义和团运动前夕基督教传播和社会冲突》，江苏人民出版社 2011 年版。

12. 杜靖：《九族与乡土——一个汉人世界里的喷泉社会》，知识产权出版社 2012 年版。

13. 杜维明：《儒家思想新论》，江苏人民出版社 1991 年版。

14. 杜赞奇著，王福明译：《文化、权力与国家》，江苏人民出版社 1994 年版。

15. 费孝通：《乡土中国　生育制度》，北京大学出版社 1998 年版。

16. 冯尔康：《18 世纪以来中国家族的现代转向》，上海人民出版社 2005 年版。

17. 冯尔康、常建华、朱凤瀚、阎爱民、刘敏：《中国宗族史》，上海人民出版社 2009 年版。

18. 冯尔康：《中国社会结构的演变》，河南人民出版社 1994 年版。

19. 冯和法：《今年的灾荒》，生活书店 1933 年版。

20. 冯友兰：《三松堂全集》，河南人民出版社 1986 年版。

21. 弗里德曼著，刘晓春译，王铭铭校：《中国东南的宗族组织》，上海人民出版社 2000 年版。

22. 阜阳专区文学艺术工作者联合会编：《捻军歌谣》，安徽人民出版社 1961 年版。

23. 傅衣凌：《明清社会经济变迁论》，人民出版社 1989 年版。

24. 格尔茨著，韩莉译：《文化的解释》，译林出版社 1999 年版。

25. 格尔茨著，林经纬译：《追寻事实——两个国家、四个十年、一位人类学家》，北京大学出版社 2011 年版。

26. 格尔茨著，赵炳祥译：《尼加拉：十九世纪巴厘剧场国家》，上海人民出版社 1999 年版。

27. 顾颉刚：《古史辨自序》，河北教育出版社 2000 年版。

28. 郭豫明《捻军史》，上海人民出版社 2001 年版。

29. 郭志刚：《当代中国人口发展与家庭户的变迁》，中国人民大学出版社 1995 年版。

30. 韩敏：《回应革命与改革》，江苏人民出版社 2007 年版。

31. 贺昌群：《汉唐间封建土地所有制形式研究》，上海人民出版社 1964 年版。

32. 赫治清：《天地会起源研究》，社会科学文献出版社 1996 年版。

33. 胡如雷：《中国封建社会经济形态研究》，生活·读书·新知三联书店 1979 年版。

34. 黄光国：《儒家关系主义：文化反思与典范重建》，北京大学出版社 2006 年版。

35. 黄宗智：《华北的小农经济与社会变迁》，中华书局 1986 年版。

36. 黄宗智：《华北的小农经济与社会变迁》，中华书局 2000 年版。

37. J. 罗斯·埃什尔曼著，潘允康等译：《家庭导论》，中国社会科学出版社 1991 年版。

38. 江地：《捻军史论丛》，人民出版社 1981 年版。

39. 界首县地方志编纂委员会编：《界首县志》，黄山书社 1995 年版。

40. 金观涛、刘青峰：《开放中的变迁：再论中国社会超稳定结构》，法律出版社 2010 年版。

41. 金耀基：《从传统到现代》，中国人民大学出版社 1999 年版。

42. 康学伟：《先秦孝道研究》，吉林人民出版社 2000 年版。

43. 柯上达：《捻乱及清代之治捻》，文史哲出版社 1988 年版。

44. 拉德克里夫-布朗著，潘蛟等译：《原始社会的结构与功能》，中央民族大学出版社 1999 年版。

45. 兰林友：《庙无寻处——华北满铁调查村落的人类学再研究》，

黑龙江人民出版社 2007 年版。

46. 雷洁琼:《改革以来中国农村婚姻家庭的新变化》，北京大学出版社 1994 年版。

47. 李东山等:《捻军歌谣》，上海文艺出版社 1960 年版。

48. 李怀印著，岁有生、王士皓译:《华北村治：晚清和民国时期的国家与乡村》，中华书局 2008 年版。

49. 李剑农:《先秦两汉经济史稿》，中华书局 1962 年版。

50. 李金铮:《近代中国乡村社会经济探微》，人民出版社 2004 年版。

51. 李淑媛:《争产竞财——唐宋的家产与法律》，北京大学出版社 2007 年版。

52. 李文治编:《中国近代农业史资料》第一辑，生活·读书·新知三联书店 1957 年版。

53. 李霞:《娘家与婆家：华北农村妇女的生活空间与后台权力》，社会科学文献出版社 2010 年版。

54. 李银河:《性·婚姻》，陕西师范大学出版社 1999 年版。

55. 李银河、郑宏霞:《一爷之孙——中国家庭关系的个案研究》，上海文化出版社 2001 年版。

56. 李银河:《中国人的性爱和婚姻》，河南人民出版社 1991 年版。

57. 李泽厚:《说儒法互用·己卯五说》，中国电影出版社 1999 年版。

58. 利辛县地方志编纂委员会编:《利辛县志》，黄山书社 1995 年版。

59. 梁漱溟:《东西文化及其哲学》，商务印书馆 2000 年版。

60. 梁漱溟:《中国文化要义》，上海人民出版社 2005 年版。

61. 林安弘:《儒家孝道思想研究》，台湾文津出版社 1993 年版。

62. 林耀华:《金翼》，生活·读书·新知三联书店 1989 年版。

63. 林耀华:《金翼》，生活·读书·新知三联书店 1999 年版。

64. 林耀华:《义序的宗族研究》，生活·读书·新知三联书店 2000 年版。

65. 临泉县地方志编纂委员会编:《临泉县志》，黄山书社 1994 年版。

66. 刘宝才:《求学集》，陕西人民出版社 2005 年版。

67. 刘达临等:《中国婚姻家庭变迁》，中国社会出版社 1998 年版。

68. 刘英等:《中国婚姻家庭研究》，社会科学文献出版社 1987 年版。

69. 鲁比·沃森著，时丽娜译:《兄弟并不平等——华南的阶级和亲族关系》，上海译文出版社 2008 年版。

70. 罗伯特·芮德菲尔德著，王莹译:《农民社会与文化：人类学对文明的一种诠释》，中国社会科学出版社 2013 年版。

71. 罗红光:《不等价交换——围绕财富的劳动与消费》，浙江人民出版社 2000 年版。

72. 罗素著，秦悦译:《中国问题》，学林出版社 1996 年版。

73. 麻国庆:《家与中国社会结构》，文物出版社 1999 年版。

74. 马昌华:《捻军调查与研究》，安徽人民出版社 1992 年版。

75. 马若孟:《中国农民经济》，江苏人民出版社 1999 年版。

76. 马一浮:《复性书院讲录》，江苏教育出版社 2005 年版。

77. 玛格丽特·米德著，周晓虹、周怡译:《文化与承诺——一项有关代沟问题的研究》，河北人民出版社 1987 年版。

78. 麦克尔·赫兹菲尔德著，刘珩、石毅、李昌银译:《什么是人类常识：社会和文化领域中的人类学理论实践》，华夏出版社 2005 年版。

79. 捻军研究学会编:《捻军研究》第一集，1998 年。

80. 聂崇岐编:《捻军资料别集》，上海人民出版社 1958 年版。

81. 潘光旦:《潘光旦选集》，光明日报出版社 1999 年版。

82. 裴宜理著，池子华、刘平译：《华北的叛乱者与革命者 1845—1945》，商务印书馆 2007 年版。

83. 钱杭、谢维扬：《传统与转型：江西泰和农村宗族形态——一项社会人类学的研究》，上海社会科学院出版社 1995 年版。

84. 钱杭：《血缘与地缘之间——中国历史上的联宗与联宗组织》，上海社会科学院出版社 2001 年版。

85. 钱穆：《国史大纲》，商务印书馆 1996 年版。

86. 钱穆：《中国历代政治得失》，九州出版社 2012 年版。

87. 钱穆：《中国文化史导论》，商务印书馆 2007 年版。

88. 秦宝琦：《中国地下社会》，学苑出版社 1993 年版。

89. 秦晖：《传统十论——本土社会的制度、文化与其变革》，复旦大学出版社 2003 年版。

90. 秦晖：《田园诗与梦想曲》，语文出版社 2010 年版。

91. 岳庆平：《家国结构与中国人》，中华书局 1989 年版。

92. 沙吉才等：《当代中国妇女地位调查资料》，万国学术出版社 1994 年版。

93. 沙吉才：《中国妇女地位研究》，中国人口出版社 1998 年版。

94. 沈崇麟、杨善华：《当代中国城市家庭研究》，中国社会科学出版社 1995 年版。

95. 沈丘县志编纂委员会编：《沈丘县志（1985 ～ 2000）》，中州古籍出版社 2007 年版。

96. 沈丘县志编纂委员会编：《沈丘县志》，河南人民出版社 1987 年版。

97. 施坚雅：《中国农村的市场和社会结构》，中国社会科学出版社 1998 年版。

98. 石峰：《非宗族乡村》，中国社会科学出版社 2009 年版。

99. 太和县地方志编纂委员会编:《太和县志》,黄山书社 1993 年版。

100. 唐君毅:《中国文化之精神价值》,广西师范大学出版社 2005 年版。

101. 陶春芳、蒋永萍:《中国妇女社会地位概观》,中国妇女出版社 1993 年版。

102. 涂尔干著,渠东译:《社会分工论》,生活·读书·新知三联书店 2000 年版。

103. 王大为著,刘平译:《兄弟结拜与秘密会党》,商务印书馆 2009 年版。

104. 王玢玲:《中国婚姻史》,上海人民出版社 2000 年版。

105. 王铭铭:《社会人类学与中国研究》,生活·读书·新知三联书店 1997 年版。

106. 王树新:《社会变革与代际关系研究》,首都经济贸易大学出版社 2004 年版。

107. 王崧兴:《龟山岛——汉人渔村社会之研究》,台北"中央研究院"民族学研究所 1967 年版。

108. 汪熙等编:《陈翰笙文集》,复旦大学出版社 1985 年版。

109. 王学泰:《游民与中国文化》,同心出版社 2007 年版。

110. 王学泰:《中国游民》,上海远东出版社 2012 年版。

111. 王跃生:《社会变革与婚姻家庭变动:20 世纪 30—90 年代的冀南农村》,生活·读书·新知三联书店 2006 年版。

112. 韦光周编:《界首一览》,阜阳报社 1990 年版。

113. 文崇一、萧新煌:《中国人:观念与行为》,中国人民大学出版社 2013 年版。

114. 翁飞等:《安徽近代史》,安徽人民出版社 1990 年版。

115. 涡阳县地方志编纂委员会办公室编：《捻军始末》，1983 年。

116. 西敏司著，王超、朱健刚译：《甜与权力——糖在近代历史上的地位》，商务印书馆 2010 年版。

117. 夏建中：《文化人类学的理论流派》，中国人民大学出版社 1997 年版。

118. 肖群忠：《孝与中国文化》，人民出版社 2001 年版。

119. 谢幼伟：《孝与中国文化》，青年军出版社 1934 年版。

120. 邢铁：《家产继承史论》，云南大学出版社 2000 年版。

121. 徐安琪：《中国婚姻质量研究》，中国社会科学出版社 1999 年版。

122. 徐复观：《徐复观文集》，湖北人民出版社 2002 年版。

123. 许烺光著，薛刚译：《宗族、种姓、俱乐部》，华夏出版社 1990 年版。

124. 阎云翔：《礼物的流动》，上海人民出版社 2000 年版。

125. 阎云翔：《私人生活的变革：一个中国村庄里的爱情、家庭与亲密关系（1949—1999）》，上海书店 2006 年版。

126. 杨懋春：《一个中国乡村：山东台头》，江苏人民出版社 2001 年版。

127. 杨荣国：《中国古代思想史》，人民出版社 1973 年版。

128. 杨善华：《经济体制改革和中国农村的家庭和婚姻》，北京大学出版社 1995 年版。

129. 杨善华、沈崇麟：《城乡家庭——市场经济与非农化背景下的变迁》，浙江人民出版社 2000 年版。

130. 伊恩・罗伯逊著，黄育馥译：《社会学》，商务印书馆 1990 年版。

131. 余英时：《文史传统与文化重建》，生活・读书・新知三联书店

2004 年版。

132. 袁银传:《小农意识与中国现代化》，武汉出版社 2000 年版。

133. 曾毅等:《中国 80 年代离婚研究》，北京大学出版社 1995 年版。

134. 张德胜:《儒家伦理与社会秩序：社会学的诠释》，上海人民出版社 2008 年版。

135. 张珊:《捻军史研究》，文化艺术出版社 1994 年版。

136. 张研:《19 世纪中期中国家庭的社会经济透视》，中国人民大学出版社 2003 年版。

137. 郑起东:《转型时期的华北农村社会》，上海书店 2004 年版。

138. 郑振满:《明清福建家族组织与社会变迁》，湖南教育出版社 1992 年版。

139. 政协安徽省涡阳县委员会文史资料委员会编:《涡阳史话》第三辑捻军史料专辑，1986 年。

140. 政协界首县文史资料委员会编:《界首史话》第一辑，1986 年。

141. 政协界首县文史资料委员会编:《界首史话》第二辑，1988 年。

142. 政协界首县文史资料委员会编:《界首史话》第三辑，1989 年。

143. 政协界首县文史资料委员会编:《界首史话》第四辑，1992 年。

144. 政协界首县文史资料委员会编:《界首史话》第六辑，2005 年。

145. 中共沈丘县委党史办公室编:《中共沈丘县党史资料汇编》第一辑，1990 年。

146. 中国人民政治协商会议安徽省委员会文史资料研究委员会编:《安徽文史资料》，安徽人民出版社 1983 年版。

147. 中国史学会主编:《捻军》(一～六)，上海人民出版社 1957 年版。

148. 周发增、陈隆涛、齐吉祥:《中国古代政治制度史辞典》，首都师范大学出版社 1998 年版。

149. 周泓：《群团与圈层——杨柳青：绅商与绅神的社会》，上海人民出版社 2008 年版。

150. 朱汉民：《忠孝道德与臣民精神：中国传统臣民文化论析》，河南人民出版社 1994 年版。

151. 祝瑞开：《中国婚姻家庭史》，学林出版社 1999 年版。

152. 庄孔韶：《人类学概论》，中国人民大学出版社 2006 年版。

153. 庄孔韶：《人类学经典导读》，中国人民大学出版社 2008 年版。

154. 庄孔韶：《人类学通论》，陕西教育出版社 2003 年版。

155. 庄孔韶：《时空穿行：中国乡村人类学世纪回访》，中国人民大学出版社 2004 年版。

156. 庄孔韶：《行旅悟道：人类学的思路与表现实践》，北京大学出版社 2009 年版。

157. 庄孔韶：《银翅》，生活·读书·新知三联书店 2000 年版。

158. 庄英章：《家族与婚姻——台湾北部两个闽客村落之研究》，台北“中央研究院”民族学研究所 1994 年版。

159. 滋贺秀三著，张建国、李力译：《中国家族法原理》，法律出版社 2003 年版。

外文专著

1. Ahern，Emile Martin，*The Cult of the Dead in a Chinese Village*，Stanford：Stanford University Press，1973.

2. Baker，H.D.R.，*A Chinese Lineage Village*：*Sheung Shui*，Stanford：Stanford University Press，1968.

3. Baker，H.D.R.，*Chinese Family and Kinship*，London：Macmillan Press，1979.

4. Cohen, Myron L., *House United, House Divided: The Chinese Family In Taiwan*, New York: Columbia University Press, 1976.

5. Faure, David, *The Structure of Chinese Rural Society Lineage and Village in the Eastern New Territories, Hong Kong*, Oxford: Oxford University Press, 1986.

6. Freedman, Maurice, *Chinese Lineage and Society: Fukien and Kwangtung*, The Athlone Press of University of London, 1966.

7. Freedman, Maurice, *The Study of Chinese Society*, California: Stanford University Press, 1979.

8. Hsieh Jih-chang and Chuang Ying-Chang eds., *The Chinese Family and Its Ritual Behavior*, IEAS, 1985.

9. Olga, Lang, *Chinese Family and Society*, New Haven: Yale University Press, 1946.

10. Parish, William and Martin Whyte, *Village and Family in Contemporary China*, Chicago: University of Chicago Press, 1978.

11. Pasternak, Burton, *Kinship and Community in Two Chinese Villages*, Stanford: Stanford University Press, 1972.

12. Potter, J.M., *Capitalism and the Chinese Peasant*, Berkeley and Los Angeles: University of California Press, 1968.

13. Redfield, Robert, *Peasant Society and Culture*, Chicago: University of Chicago Press, 1956.

14. Siu, Helen, *Agents and Victims in South China*, Yale: Yale University Press, 1989.

15. Wakefield, David, *Fenjia: Household Division and Inheritance in Qing and Republican China*, Honolulu: University of Hawaii Press, 1998.

16. Watson, J.L., *Emigration and the Chinese Lineage*, Berkeley:

University of California Press，1975.

17. Wolf，Margery，*Woman and the Family in Rural Taiwan*，Stanford：Stanford University Press，1972.

文章

1. 曹端波:《唐代土地制度的转型与农民身份地位的变化》,《贵州大学学报》2007 年第 2 期。

2. 曹媞:《对安利传销过程的人类学分析》，中国人民大学博士学位论文，2007 年。

3. 陈其南:《房与中国家族制度——兼论西方人类学的中国家族研究》,《汉学研究》1985 年第 1 期。

4. 陈其南:《汉人宗族制度的研究——傅立曼宗族理论的批判》,《考古人类学刊》1991 年总第 47 期。

5. 陈筱芳:《也论中国古代忠君观念的产生》,《西南民族学院学报》(哲学社会科学版)2001 年第 6 期。

6. 陈运飘:《普宁西陇的老人赡养方式与吃伙头初探》,《中山大学学报》1997 年第 2 期。

7. 程有为:《西周宗法制的几个问题》,《河南大学学报》(哲学社会科学版)1981 年第 1 期。

8. 池子华:《近代江南淮北社会文化的差异》,《江苏行政学院学报》2006 年第 5 期。

9. 池子华:《流民的文化现象——以清代淮北地区为例》,《苏州大学学报》2003 年第 1 期。

10. 邓伟志、徐新:《当代中国家庭的变动轨迹》,《社会科学》2000 年 10 期。

11. 刁统菊:《婚姻偿付制度的地方实践——以红山峪村为例》,《民俗研究》2006 年第 4 期。

12. 董蔡时:《略论曾国藩镇压捻军及其失败》,《苏州大学学报》1990 年第 1 期。

13. 杜靖:《“理念先在”与汉人社会研究——庄孔韶人类学实践中的“理念观”》,《民族论坛》2011 年第 12 期。

14. 杜靖:《作为概念的村庄与村庄的概念——汉人村庄研究述评》,《民族研究》2011 年第 2 期。

15. 范正宇:《“忠”观念溯源》,《社会科学辑刊》1992 年第 5 期。

16. 费孝通:《重读〈江村经济·序言〉》,《北京大学学报》1996 年第 4 期。

17. 费孝通:《家庭结构变动中的老年赡养问题——再论中国家庭结构的变动》,《北京大学学报》1983 年第 3 期。

18. 费孝通:《跨文化的“席明纳”》,《读书》1997 年第 10 期。

19. 费孝通:《论中国家庭结构的变动》,《天津社会科学》1982 年第 3 期。

20. 费孝通:《三论中国家庭结构的变动》,《北京大学学报》1986 年第 3 期。

21. 傅建成:《20 世纪上半期中国农村族田问题及中共政策分析》,《咸阳师范专科学校学报》2000 年第 4 期。

22. 傅衣凌:《论乡族势力对于中国封建经济的干涉——中国封建社会长期停滞的一个探索》,《厦门大学学报》1961 年第 1 期。

23. 傅衣凌:《中国传统社会:多元的结构》,《中国社会经济史研究》1988 年第 3 期。

24. 顾建娣:《咸同年间河南的圩寨》,《近代史研究》2004 年第 1 期。

25. 郭德宏：《论我国历史上的平均主义思想》,《东疆学刊》1986年第2期。

26. 郭于华：《代际关系中的公平逻辑及其变迁——对河北农村养老事件的分析》,《中国学术》2001年第4期。

27. 郭于华：《农村现代化过程中的传统亲缘关系》,《社会学研究》1994年第6期。

28. 何平：《"孝"道的起源与"孝"行的最早提出》,《南开学报》1988年第2期。

29. 贺雪峰：《农村代际关系论：兼论代际关系的价值基础》,《社会科学研究》2009年第5期。

30. 贺雪峰：《农村家庭代际关系的变动及其影响》,《江海学刊》2008年第4期。

31. 贺雪峰：《农村家庭结构的变化及其影响——辽宁大古村调查》,《中共宁波市委党校学报》2007年第6期。

32. 胡台丽：《合与分之间：台湾农村家庭与工业化》，载乔健编：《中国家庭及其变迁》，香港中文大学社会科学院暨香港亚太研究所1991年版。

33. 吉国秀：《婚姻支付的变迁：一个姻亲关系的视角》,《民间文化论坛》2006年第1期。

34. 蒋乃君、唐珍：《世界卫生组织报告全球生存现状》,《决策与信息》2007年第7期。

35. 金宝祥：《论唐代的两税法》,《西北师大学报》1962年第3期。

36. 金宝祥：《论唐代的土地所有制》,《甘肃师大学报》1959年第3期。

37. 孔经纬：《关于唐朝土地所有制形式的发展变化问题》,《新史学通讯》1955年第7期。

38. 兰林友：《论华北宗族的典型特征》，《中央民族大学学报》2004年第1期。

39. 蓝渭滨：《江苏徐海之农业与农民生活》，载《农民阵线》，农村经济月刊社1934年版。

40. 雷恒军：《论长子继承制在西欧商业城市形成中的作用》，《西安电子科技大学学报》2007年第5期。

41. 李泉、杜建民：《论夏商周君主制政体的性质》，《史学月刊》1995年第3期。

42. 李树青：《中国农民的贫穷程度》，《东方杂志》1935年第32卷第19期。

43. 李卓：《家族制度与日本的近代化》，《南开学报》1994年第2期。

44. 李卓：《略论日本传统家族制度的特征》，《外国问题研究》1996年第4期。

45. 李卓：《日本传统家族制度与日本人家的观念》，《世界历史》1993年第4期。

46. 林耀华：《从人类学的观点考察中国宗族乡村》，《社会学界》1936年第9卷。

47. 刘平：《民间文化、江湖义气与会党的关系》，《清史研究》2002年第1期。

48. 卢晖临：《集体化与农民平均主义心态的形成——关于房屋的故事》，《社会学研究》2006年第6期。

49. 吕卓红：《川西茶馆：作为公共空间的生成和变迁》，中央民族大学博士学位论文，2003年。

50. 麻国庆：《分家：分中有继也有合——中国分家制度研究》，《中国社会科学》1999年第1期。

51. 马俊亚:《近代淮北地主的势力与影响——以徐淮海圩寨为中心的考察》,《历史研究》2010 年第 1 期。

52. 马寿千、陈廷良:《捻军回族首领苏天福》,《回族研究》1995 年第 3 期。

53. 马威:《北方蒙汉边际地区的转养制研究》,中央民族大学博士论文,2005 年。

54. 满永谦:《中西继承制的比较研究——兼论中国封建社会的长期延续的原因》,《世界历史》1988 年第 3 期。

55. 毛立平:《十九世纪中期安徽基层社会的宗族势力——以捻军、淮军为中心》,《清史研究》2001 年第 4 期。

56. 牛贯杰:《十九世纪中期皖北的圩寨》,《清史研究》2001 年第 4 期。

57. 潘允康:《关于家庭和家庭结构研究》,《社会》1984 年第 5 期。

58. 潘允康、林南:《中国城市现代化家庭模式》,《社会学研究》1987 年第 3 期。

59. 潘允康、潘乃谷:《试论我国城市的家庭和家庭结构》,《天津社会科学》1982 年第 3 期。

60. 潘允康:《中国家庭网的现状和未来》,《社会学研究》1990 年第 5 期。

61. 皮伟兵:《论先秦儒家构建等级秩序的宗法血缘基础》,《求索》2007 年第 1 期。

62. 钱杭:《宗法制度史研究中的几个基本问题》,《史林》1987 年第 2 期。

63. 尚会鹏:《中原地区的“分家”现象与代际关系——以河南省开封县西村为例》,《青年研究》1997 年第 1 期。

64. 舒星宇、温勇、宗占红、周建芳:《对我国人口平均预期寿命的间接估算及评价——基于第六次全国人口普查数据》,《人口学刊》2014年第5期。

65. 宋雷鸣:《论大传统和小传统概念的时间意义》,《广西民族大学学报》2010年第2期。

66. 宋雷鸣、汪宁:《人群与组织：人类学与流行病学合作的维度之一》,《中华流行病学杂志》2012年第4期。

67. 宋雷鸣、汪宁:《“作为文化的组织”的人类学研究实践——Y市低价格女性性工作者和老年男客的组织文化解读》,《思想战线》2012年第4期。

68. 唐任伍:《论唐代的土地租佃关系》,《史学月刊》1996年第4期。

69. 田兆元:《悌道与盟誓——〈水浒传〉兄弟问题研究》, http://www.chinesefolklore.org.cn/web/index.php?NewsID=6056。

70. 王长坤:《先秦儒家孝道研究》, 西北大学博士学位论文，2005年。

71. 王天奖:《近代河南枪会滋盛的社会历史原因》,《中州学刊》1997年第6期。

72. 王天奖:《民国时期河南的地权分配》,《中州学刊》1993年第5期。

73. 王天奖:《晚清时期河南地权分配蠡测》,《史学月刊》1993年第6期。

74. 王跃生:《20世纪三四十年代冀南农村分家行为研究》,《近代史研究》2002年第4期。

75. 王跃生:《华北农村家庭结构变动研究——立足于冀南地区的分析》,《中国社会科学》2003年第4期。

76. 王跃生:《集体经济时代农民分家行为研究——以冀南农村为中心的考察》,《中国农史》2003年第2期。

77. 王跃生：《民国年间冀南农村家庭形态研究》，《中国社会经济史研究》2003 年第 3 期。

78. 王跃生：《社会变革与当代农村婚姻家庭变动研究的回顾和思考》，《当代中国史研究》2002 年第 5 期。

79. 王跃生：《十八世纪中后期的中国家庭结构》，《中国社会科学》2000 年第 2 期。

80. 王跃生：《中国当代家庭结构变动分析》，《中国社会科学》2006 年第 1 期。

81. 吴欣：《清代“兄弟争产”诉讼中的法律与社会》，《聊城大学学报》2005 年第 4 期。

82. 夏建中：《“孝”的文化与“忠”的文化——中日传统家族伦理之比较》，《中国人民大学学报》1996 年第 2 期。

83. 肖柳：《捻军产生的社会背景》，《安徽史学》1959 年第 6 期。

84. 肖倩：《制度再生产：中国农民的分家实践》，上海大学博士论文，2006 年。

85. 谢元鲁：《论中国古代社会的虚拟血缘关系》，《史学月刊》2007 年第 5 期。

86. 邢铁：《我国古代的诸子平均析产问题》，《中国史研究》1995 年第 4 期。

87. 徐安琪：《家庭结构与代际关系研究：以上海为例的实证分析》，《江苏社会科学》2001 年第 2 期。

88. 徐松荣：《捻军领袖人物的先天不足与捻军的失败》，《长沙电力学院学报》2001 年第 3 期。

89. 阎云翔：《家庭政治中的金钱与道义：北方农村分家模式的人类学分析》，《社会学研究》1998 年第 6 期。

90. 杨善华、贺常梅：《责任伦理与城市居民的家庭养老：以“北京市老年人需求调查为例”》,《北京大学学报》2004 年第 1 期。

91. 姚远:《中国家庭养老研究述评》,《人口与经济》2001 年第 1 期。

92. 佚名著，李古寅校:《捻军闻见录》(上),《中州学刊》1984 年第 4 期。

93. 袁松:《消费文化、面子竞争与农村的孝道衰落——以打工经济中的顾村为例》,《西北人口》2009 年第 4 期。

94. 曾毅、李伟、梁志武:《中国家庭结构的现状、区域差异及变动趋势》,《中国人口科学》1992 年第 2 期。

95. 曾毅、梁志武:《中国八十年代以来各类核心家庭户的变动趋势》,《中国人口科学》1993 年第 3 期。

96. 张光业:《黄淮平原地貌图的编制》,《河南师大学报》1983 年第 8 期。

97. 张华志:《第二家庭——家族企业的人类学研究》，中央民族大学博士学位论文，2003 年。

98. 张践:《儒家孝道观的形成与演变》,《中国哲学史》2000 年第 3 期。

99. 张佩国:《传统中国乡村社会的财产边界》,《东方论坛》2002 年第 1 期。

100. 张佩国:《近代江南乡村的族产分配与家庭伦理》,《江苏社会科学》2002 年第 2 期。

101. 张佩国:《制度与话语：近代江南乡村的分家析产》,《福建论坛》2002 年第 2 期。

102. 张畏三:《蒙城地区捻军起义调查报告》,《光明日报》1961 年 4 月 12 日。

103. 赵德芹:《中世纪西欧贵族财产实行长子继承制的原因新探》,

《重庆文理学院学报》(社会科学版)2009年第2期。

104. 郑慧生:《商代“孝”道质疑》,《史学月刊》1986年第5期。

105. 周晓红:《冲突与认同:全球化背景下的代际关系》,《社会》2008年第2期。

106. 周晓红:《文化反哺:变迁社会中的亲子传承》,《社会学研究》2000年第2期。

107. 周晓红:《孝悌传统与长幼尊卑:传统中国社会的代际关系》,《浙江社会科学》2008年第5期。

108. 周怡:《城乡比较:不同的利益结构变迁导致不同的代际地位差异》,《社会学研究》1997年第5期。

109. 周怡:《代沟现象的社会学研究》,《社会学研究》1994年第4期。

110. 庄孔韶、方静文:《作为文化的组织:人类学组织研究反思》,《思想战线》2012年第4期。

111. 庄孔韶、李飞:《人类学对现代组织及其文化的研究》,《民族研究》2008年第3期。

112. 庄孔韶、李飞:《“作为文化的组织”的人类学研究实践——中国三个地区女性性服务者群体特征之比较及艾滋病/性病预防干预建议》,《广西民族大学学报》(哲学社会科学版)2010年第2期。

113. 庄孔韶:《中国性病艾滋病防治新态势和人类学理论原则之运用》,《广西民族大学学报》(哲学社会科学版)2007年第1期。

114. 庄英章:《台湾汉人宗族发展的若干问题》,台北:《“中央研究院”民族学研究所集刊》1974年第36期。

115. Baker, H.D.R., “The Five Great Clans of the New Territories”, *Journal of the Hong Kang Branch of the Royal Asiatic Society*, Vol.6, 1966, pp.25–48.

116. Croll, Elisabeth, "The Exchange of Women and Property: Marriage in Post-Revolutionary China", in Renee Hirschon ed., *Women and Property — Women as Property*, London: Croom Helm, 1984.

117. Faure, David, "The Lineage as a Cultural Invention: The Case of the Pearl River Delta", *Modern China*, Vol.15, No.1, 1989, pp.4–36.

118. Hsu, Francis L.K., "The Myth of Chinese Family Size", *American Journal of Sociology*, Vol.48, No.5, 1943, pp.555–562.

119. Freedman, Maurice, "The Family in China: Past and Present", in G.W. Skinner ed., *The Study of Chinese Society: Essays by Maurice Freedman*, Stanford: Stanford University Press, 1979.

120. Cohen, Myron, "Family Management and Family Division in Contemporary Rural China", *The China Quarterly*, Vol.130, 1992, pp.357–377.

121. Siu, Helen, "Lineage on the Sands: The Case of Shawan", in David Faure and Helen Siu eds., *Down to Earth: The Territorial Bond in South China*, Stanford: Stanford University Press, 1995.

122. Harrell, Stevan, "Geography, Demography, and Family Composition in Three South-western Villages", in Deborah Davis and Stevan Harrell eds., *Chinese Families in the Post-Mao Era*, Berkely: University of California Press, 1993.

附　录

沈丘县历代自然灾害年表
（公元前700年—公元1947年）

周庄王十四年（公元前683年）秋，大水毁稼。

周襄王二十八年（公元前624年）大旱，豫东蝗。

周灵王十七年（公元前555年）春大饥。

周景王十二年（公元前533年）四月旱。

周景王二十二年（公元前523年）大水。

周敬王二十七年（公元前493年）连续二年大旱。

周贞定王三年（公元前466年）地震。震中空桐（今虞城），震级6.0级，烈度8度。震七日，台舍皆坏，人多死，豫东广大地区皆波及。

周显王元年（公元前368年）大雨三月，岁大水。

秦始皇十二年（公元前235年）大旱，六月至八月乃雨。

西汉汉文帝一年（公元前179年）四月地震。齐、楚二十九山同日崩，大水溃出。

西汉汉文帝三年（公元前177年）秋大旱。

西汉汉文帝十四年（公元前166年）六月大雨雪。

西汉景帝二年（公元前155年）六月大雨雪。

西汉元光五年（公元前130年）春大旱，秋七月大风拔木，十一月蝗。

西汉元鼎二年（公元前 115 年）初春大雪，夏大水，三月大雪，平地深五尺。

西汉始元一年（公元前 86 年）七至十月大雨。

西汉本始四年（公元前 70 年）四月地震，山东诸城、昌乐一带震级 7.0 级，震中烈度 9 度，豫东户大地区均为波及区。

西汉永光五年（公元前 39 年）大水，坏乡居民舍，水流杀人。

西汉建始元年（公元前 32 年）夏霖雨，大水，坏民居。

西汉绥和二年（公元前 7 年）秋大水，颍河泛滥与雨水并为民害。

新莽地皇四年（23 年）沙颍河大水。

东汉永平元年（58 年）七月河溢，漂没民舍。

东汉永平八年（65 年）秋大水。

东汉永平十八年（75 年）自春至秋，时雨不降，麦伤旱，秋未种下。

东汉永元十五年（103 年）秋淫雨伤稼。

东汉延平元年（106 年）五、六、九月俱大水，害稼。

东汉永初四年（110 年）旱，夏蝗。

东汉永建四年（129 年）五月淫雨伤稼。

东汉元嘉元年（151 年）六月旱。

东汉熹平六年（177 年）上年大旱，是年仍旱，夏蝗。

东汉建安十七年（212 年）七月颍水溢，大水。

三国魏景初元年（237 年）九月淫雨，大水。

西晋泰始四年（268 年）六月、九月皆大水。

西晋泰始九年（273 年）八月，星陨如雨，地震。

西晋咸宁三年（277 年）九月大水伤稼。

西晋咸宁四年（278 年）七月大水伤稼。

西晋太康四年（283 年）七月大水。

西晋太康五年（284年）七月暴雨害禾。

西晋太康九年（288年）六月大旱，八月，星陨如雨，地震。

西晋永熙元年（290年）九月大水。

西晋元康二年（292年）连二年大水。

西晋元康四年（294年）十一月地震。

西晋元康五年（295年）五月大水。

西晋太安元年（302年）七月大水。

东晋咸和八年（333年）六月大旱。

东晋太元十一年（386年）大旱，人相食。

东晋义熙元年（405年）秋大旱。

南朝宋元嘉二十年（443年）大水伤稼，民大饥。

南朝齐永元二年（500年）大水，死者众。

南朝梁普通五年（524年）秋旱，冬饥。

南朝梁太清元年（547年）秋大水，冬旱。

隋开皇六年（586年）七月大水。

隋开皇十八年（598年）黄河决，大水。

隋仁寿二年（602年）七月大水。

隋大业十三年（617年）大旱，九月大水，死者众。

唐贞观七年（633年）秋大水。

唐贞观八年（634年）七月大水。

唐贞观十四年（640年）九月河决，大水。

唐贞观十八年（644年）秋大水。

唐永徽元年（650年）秋蝗。

唐上元二年（675年）旱。

唐仪凤二年（677年）旱。

唐永隆元年（680年）秋大水，人多溺死。

唐永隆二年（681 年）八月大水，坏民舍。

唐永淳二年（683 年）夏旱。

唐神功元年（697 年）大水。

唐圣历元年（698 年）夏大水。

唐长安二年（702 年）春大旱，不雨至六月，大饥。

唐神龙元年（705 年）秋大水。

唐神龙二年（706 年）大旱，冬十月至次年五月不雨，民大饥。

唐开元元年（713 年）蝗食禾黍，声如风雨，是年始，连续四年蝗。

唐开元五年（717 年）六月水害稼。

唐开元十年（722 年）夏大水，死者甚众。

唐开元十三年（725 年）夏大水，一连三年大水害稼。

唐开元二十二年（734 年）秋水害稼。

唐开元二十八年（740 年）大水，次年复大水害稼。

唐天宝四年（745 年）九月水。

唐广德二年（764 年）夏大水害稼。

唐大历二年（767 年）大水。

唐大历十二年（777 年）秋水。

唐兴元元年（784 年）蝗，大饥。

唐贞元元年（785 年）特大干旱，井水竭。斗米千钱，死者众。

唐贞元八年（792 年）特大水灾，漂没官民庐舍，溺死者众。

唐贞元十一年（795 年）夏大水害稼。

唐贞元十四年（798 年）春、夏旱，民饥。

唐永贞元年（805 年）秋旱，蝗。次年夏旱。

唐元和八年（813 年）夏大水，溺死者众。

唐元和十一年（816 年）六月水害稼。

唐元和十二年（817 年）大雨，水害稼。

唐长庆二年（822 年）秋大水，漂民居。

唐长庆四年（824 年）八月水害稼。

唐大和一年（827 年）大水。连三年害稼。

唐大和五年（831 年）夏螟蝗害稼。

唐开成三年（838 年）夏大水，河决，蝗蝻害稼，草木叶皆尽。

唐开成五年（840 年）夏螟蝗害稼。

唐大中十二年（858 年）八月大水害稼。

唐咸通元年（860 年）颍河溢，大水，漂民舍，毁田禾。

唐咸通二年（861 年）夏旱，蝗，大饥。

唐咸通十四年（873 年）大水。

唐中和二年（882 年）汴水入境成灾。

五代后梁开平四年（910 年）大水。

五代后唐同光三年（925 年）秋大水。

五代后唐长兴三年（932 年）秋大水，人多流亡。

五代后晋天福四年（939 年）七月，蝗害稼。

五代后晋天福七年（942 年）四月蝗害稼，至次年四月始止。

五代后晋天福八年（943 年）七月旱。连续两年夏蝗害稼。

五代后晋开运三年（946 年）秋淫雨，河决，死者众。

五代后周广顺三年（953 年）大水。

北宋建隆元年（960 年）夏秋旱，冬无雪。

北宋建隆二年（961 年）秋水害稼。

北宋乾德二年（964 年）春夏旱，蝗。冬无雪。

北宋乾德三年（965 年）四月风雹害稼。

北宋开宝二年（969 年）秋水害稼。冬无雪。

北宋开宝五年（972 年）夏大水，河决。

北宋太平兴国二年（977 年）黄河决荥泽，注入沙河至县境。

北宋太平兴国四年（979 年）七月霖雨伤稼。

北宋太平兴国五年（980 年）夏大雨连旬，五月颍水涨，坏堤及民舍，秋淫雨害稼。

北宋太平兴国七年（982 年）春旱，蝗。

北宋太平兴国八年（983 年）夏秋河溢，害稼。

北宋太平兴国十年（985 年）黄河决荥泽，南徙汴水道入沙河，下注于淮。

北宋端拱二年（989 年）大旱，民多饿死。

北宋淳化元年（990 年）春夏旱，秋复旱，死者众。

北宋淳化二年（991 年）春大旱，蝗。

北宋淳化四年（993 年）秋霖雨伤稼。

北宋淳化五年（994 年）秋水害稼。

北宋至道三年（997 年）风雪杀桑。

北宋咸平二年（999 年）春大旱。

北宋景德一年（1004 年）大旱，人多渴死。

北宋景德四年（1007 年）八月蝗。

北宋天禧元年（1017 年）春蝗，蝻复生。

北宋天禧三年（1019 年）正月末日，震雷，沈丘民骆新田间，落陨石三，入地七尺多深。

北宋天圣二年（1024 年）大旱。

北宋明道二年（1033 年）四月、七月蝗。

北宋景祐元年（1034 年）连续二年，七月蝗。

北宋庆历三年（1043 年）春夏不雨，冬大雨雪。

北宋庆历六年（1046 年）夏大旱，民多渴死。

北宋庆历八年（1048 年）六月大霖雨。岁大水。

北宋皇祐二年（1050 年）夏秋大水。

北宋皇祐六年（1054 年）春旱，夏秋大水。

北宋治平元年（1064 年）秋大水灾。

北宋熙宁三年（1070 年）夏秋旱。

北宋熙宁七年（1074 年）自春及夏，大旱，蝗成灾。

北宋熙宁八年（1075 年）八月蝗蔽野。

北宋元丰四年（1081 年）秋蝗。

北宋元丰五年（1082 年）春夏旱，六月蝗。

北宋元祐八年（1093 年）四至八月大雨水，冬大雪。是岁水灾。

北宋绍圣元年（1094 年）夏秋水害稼。

北宋崇宁三年（1104 年）大蝗。

北宋宣和元年（1119 年）春旱，夏水，饥民流移。

南宋绍兴八年（1138 年）大雨雹。

南宋淳熙七年（1180 年）水。

南宋嘉定八年（1215 年）五月大旱，百泉皆竭，江淮杯水十钱，渴死者众。

南宋嘉定九年（1216 年）夏旱，蝗伤稼。

南宋嘉定十一年（1218 年）夏蝗。

元至元二年（1265 年）秋淫雨伤禾。

元至元十九年（1282 年）五月大旱，飞蝗蔽天。

元至元二十三年（1286 年）大水，河决。

元至元二十五年（1288 年）五月河决汴梁，陈、颍二州皆被害。

元至元二十七年（1290 年）十一月河决祥符唐义湾，陈、颍二州大被其害。

元元贞二年（1296 年）秋水，旱蝗。

元大德元年（1297 年）河水溢，大水，漂没田庐。

元大德五年（1301 年）蝗灾。

元大德八年（1304年）六月淫雨。

元至大元年（1308年）先旱后水，蝗、大饥，民采树皮草根为食。

元皇庆二年（1313年）六月河决，大水。

元延祐元年（1314年）河决，大水，民饥。

元延祐三年（1316年）十月壬午地震。

元延祐六年（1319年）夏大雨水。

元延祐七年（1320年）六月水。

元泰定元年（1324年）夏雨水害稼。

元泰定四年（1327年）五月水。

元泰定五年（1328年）春夏大旱，蝗，人相食。自泰定二年（1325年）至是年，人大饥。

元天历二年（1329年）连岁大旱，是年特大旱，大饥。

元天历三年（1330年）旱、蝗。

元（后）至元三年（1337年）入夏旱蝗，夏秋之交，大霖雨兼旬，岁大水。

元至正三年（1343年）四至七月霖雨不止，坏民舍。

元至正四年（1344年）特大水，麦禾豆俱不登，人相食。

元至正九年（1349年）秋淫雨百日，大水，民饥。

元至正十八年（1358年）旱、蝗。

明洪武元年（1368年）大水。

明洪武五年（1372年）特大旱，黄河竭，人可涉。蝗。

明洪武七年（1374年）旱、蝗。

明洪武十二年（1379年）六月，大水。

明洪武十四年（1381年）十月大水。

明洪武十七年（1384年）秋水。二月地震。

明洪武二十年（1387年）二月河溢，大水，岁饥，人相食。

明洪武二十四年（1391年）河决原武黑洋山东南，至县出境合颍下入于淮。

明洪武三十一年（1398年）黄河南徙，项城县治所槐坊店毁于水，民舍冲没殆尽。

明永乐元年（1403年）夏六月久雨，沙河溢。

明永乐六年（1408年）黄河泛滥，沙河溢，槐店受灾。

明永乐八年（1410年）夏大雨水，六月民饥。

明永乐十年（1412年）六月民饥。

明永乐十三年（1415年）夏末淫雨，河溢，民饥。

明永乐二十年（1422年）黄河泛滥，夏秋淫雨伤稼。

明宣德元年（1426年）大雨水。

明宣德三年（1428年）八月黄河溢，由陈至项，淹没城郭民庐殆尽，项城县城自槐店迁至殄寇镇，即今项城县老城。

明正统五年（1440年）夏旱，蝗，民饥。

明正统六年（1441年）秋蝗。

明正统七年（1442年）夏蝗。

明正统九年（1444年）黄河决荥阳，经陈州境入项下达于淮，是年大水。

明正统十三年（1448年）河决荥泽，漫流入陈、项，淹田禾。

明景泰六年（1455年）大旱。

明天顺二年（1458年）大旱。

明天顺四年（1460年）夏大雨水，秋继雨，岁大水。

明天顺五年（1461年）河决大梁，邑境被水。

明成化元年（1465年）春旱，八月大水。

明成化二年（1466年）春旱，霜麦死，饥，秋七月大水。

明成化三年（1467年）秋旱，蝗伤禾。

明成化十四年（1478 年）河决大梁，大水伤禾。

明成化十八年（1482 年）特大水，夏旱，秋大水。

明成化十九年（1483 年）旱、蝗，人相食。

明成化二十年（1484 年）特大旱饥，人相食。

明成化二十二年（1486 年）春旱，冬大雪，人畜冻死，是岁大疫。

明弘治元年（1488 年）春旱，秋大水。

明弘治二年（1489 年）五月河决开封，秋大雨，是岁大水。

明弘治三年（1490 年）大水。

明弘治六年（1493 年）大水，冬大雪。

明弘治七年（1494 年）大水。

明弘治十三年（1500 年）大水。

明弘治十七年（1504 年）大水。

明正德三年（1508 年）春旱，秋蝗。

明正德六年（1511 年）秋水。

明正德九年（1514 年）秋大水。

明正德十四年（1519 年）秋大水。灌城东北圮。

明嘉靖元年（1522 年）正月初一，地震，震中鄢陵、洧川，5.75 级，震中烈度 7度。

明嘉靖二年（1523 年）夏水，秋蝗。

明嘉靖三年（1524 年）六月旱，秋大水。正月八日两次地震，声如雷，震中临颍，5.75 级，烈度 8 度。是年灾疫。

明嘉靖四年（1525 年）秋七月大水。

明嘉靖六年（1527 年）夏旱，四月风毁麦拆屋。

明嘉靖七年（1528 年）五月大旱，大风拔树拆屋。

明嘉靖八年（1529 年）飞蝗。

明嘉靖十一年（1532 年）六月旱。

明嘉靖十七年（1538 年）夏大水，民饥。

明嘉靖十八年（1539 年）春，大饥。

明嘉靖二十三年（1544 年）正月雨水冰，是年河决原武，南至陈，经颍入淮。

明嘉靖三十一年（1552 年）饥。

明嘉靖三十二年（1553 年）夏秋河水泛滥者三。

明嘉靖三十四年（1555 年）地震。

明嘉靖三十八年（1559 年）秋大水。

明嘉靖三十九年（1560 年）雨雹，大风折木损禾。

明嘉靖四十二年（1563 年）冬无雪。五月，槐坊店（今槐店）怪风陡起，拔大树，倾房舍，民众被压死者甚众。

明嘉靖四十三年（1464 年）夏旱，冬无雪。

明嘉靖四十四年（1565 年）七月大雨，田禾淹没，十月内又大雨。

明嘉靖四十五年（1566 年）大水，河溢者三。

明隆庆元年（1567 年）春饥，三月大雨淹麦。八月大水，九月雪。

明隆庆三年（1569 年）地露大水，河泛溢者三。民屋多坏，县城塌过半。

明万历二年（1574 年）秋，大水。

明万历三年（1575 年）夏秋大水，伤麦禾。

明万历八年（1580 年）大水，饥，人相食。

明万历九年（1581 年）大水，饥，人相食。

明万历十四年（1586 年）旱。

明万历十五年（1587 年）旱。三月，地震三次，震中修武，6.0 级，震中烈度 8度。

明万历十六年（1588 年）春饥，大疫，斗米二千钱。

明万历十七年（1589 年）夏旱。

明万历二十年（1592 年）秋，蟋蟀食禾。

明万历二十一年（1593 年）大水，五月淫雨不止至八月，二麦登而尽绝，秋无禾，冬大饥。

明万历二十二年（1594 年）春大饥，斗米银二钱，民采树皮充食，五月，夏雨伤禾。

明万历二十三年（1595 年）夏，五月大雨经旬，城半倾。

明万历三十年（1602 年）六月，蝗食禾，民大饥。

明万历三十一年（1603 年）夏秋俱大水，麦谷昂贵。

明万历三十五年（1607 年）七月大水，蔡河堤冻。

明万历三十六年（1608 年）连遭水患，民多转徙他乡。

明万历四十年（1612 年）夏六月飞蝗食禾。

明万历四十四年（1616 年）夏五月，蝗食禾。

明万历四十五年（1617 年）七月蝗食禾。

明万历四十七年（1619 年）大旱。

明天启二年（1622 年）二月地震，震中山东郸城南，6.0 级，震中烈度 7—8度。

明天启六年（1626 年）十月旱，蝗。

明崇祯元年（1628 年）冬大雪。

明崇祯五年（1632 年）夏六月，大雨如注，河溢。平地水深丈余，围城半月不退，城半倾，四乡房屋禾黍尽为污泥，人畜淹死大半。

明崇祯十年（1637 年）春大饥，人相食。

明崇祯十一年（1638 年）大旱。

明崇祯十二年（1639 年）春大旱，蝗。三月十九日地震。

明崇祯十三年（1640 年）特大旱。二月二十一日黑风自西北起，飞沙蔽日，三月二十一日复然。

明崇祯十四年（1641 年）春夏复大旱，大荒。

明崇祯十五年（1642年）六月淫雨，七、八月暴雨。

清顺治五年（1648年）秋特大风雨水伤禾。

清顺治八年（1651年）秋大雨，禾尽没，春地震。

清顺治九年（1652年）二月十五日地震，震中安徽霍山东北，6.0级，震中烈度7—8度。

清顺治十三年（1656年）七、八、九月旱。

清顺治十四年（1657年）沙河决，秋禾被淹。

清顺治十五年（1658年）五月大雨如注，经数旬不止，伤麦。八月二十日复大雨至九月二十六日始晴。河水泛滥，平地水深丈许，秋禾一粒无存，舍漂没殆尽，人多溺死，牛畜饥。

清顺治十六年（1659年）四月，大霖雨，自夏至秋，平地水深数尺，麦秋泡烂，庐舍漂没。

清顺治十七年（1660年）夏旱，六月大水。

清顺治十八年（1661年）六月大水。

清康熙元年（1662年）五月大水，八月颍河溢，冬饥。八月三十日午刻地震，声如雷，震中在项城，5.5级，震中烈度7度。

清康熙二年（1663年）正月，民始种麦，七月旱，蝗。

清康熙六年（1667年）五月雪，七月，飞蝗蔽天无禾。

清康熙七年（1668年）六月十七日戌时地震。震中莒县郯城，8.5级，震中烈度12度，波及半个中国。六年屡震不息。

清康熙八年（1669年）秋大水，沙河决。六月地震。

清康熙十一年（1672年）大水。

清康熙十二年（1673年）大水。

清康熙十四年（1675年）四月霜，大水，城圮。地震，震中太康，5.5级，震中烈度7度。

清康熙十五年（1676年）大水。

清康熙十七年（1678 年）三月霜，五月大水，七月寒，冬饥，斗粟钱二百。

清康熙二十年（1681 年）五月水，十二月大雪。十二月十八日夜雷电大作，雨雪连绵百余日，岁大饥。

清康熙二十二年（1683 年）七月阴雨连绵，遍地水深数尺。

清康熙二十四年（1685 年）六至七月大雨，沙河泛滥，决堤害稼。

清康熙二十七年（1688 年）旱，蝗。

清康熙二十八年（1689 年）旱，蝗。

消康熙二十九年（1690 年）旱，蝗。

清康熙三十年（1691 年）旱，蝗。

清康熙三十一年（1692 年）旱，蝗。

清康熙三十二年（1693 年）旱，蝗。

清康熙三十四年（1695 年）四月六日地震，震中山西临汾、襄陵，8.0 级，烈度 10度。

清康熙三十五年（1696 年）七月水。

清康熙三十六年（1697 年）七月大雨雹，大如杵，小如鸡蛋，城内屋瓦皆碎。

清康熙四十二年（1703 年）颍水溢。

清康熙四十三年（1704 年）春大饥。

清康熙四十五年（1706 年）颍水溢。

清康熙四十八年（1709 年）四月大雨，麦尽伤，颍水溢。六月复大雨，秋禾尽没。七月颍水溢。冬大饥，至次年春，民食树皮草根，多饿死。

清康熙五十三年（1714 年）六月水。五月初五日地震。

清康熙五十九年（1720 年）四月十八日大雨雹，大如枣，小如粟，深三寸，麦尽伤。

清雍正五年（1727 年）五月水。

清雍正八年（1730 年）六月水，是年麦心生螟虫。

清雍正九年（1731 年）春，麦螟虫愈甚，麦几死。三月中忽生黑软虫，身多刺，一过螟即没，俗呼为麦大夫。是岁麦减大半。

清雍正十二年（1734 年）八月旱，十月民始种麦。

清乾隆元年（1736 年）夏水，秋旱，冬饥。

清乾隆四年（1739 年）六月二十一日有水从淮宁、项城地方浚淹至沈境，民间庐舍有倒塌，田禾多被淹。七月大水，冬饥。

清乾隆五年（1740 年）四月蝗。

清乾隆七年（1742 年）六月大水，颍水溢，冬大饥，民多死。

清乾隆十年（1745 年）春旱，麦减半。粟秫损，唯菽独盛。

清乾隆十一年（1746 年）秋雨害稼。

清乾隆十四年（1749 年）入夏连降大雨，低地禾被淹，已成偏灾。

清乾隆二十二年（1757 年）六月大雨成灾。

清乾隆二十六年（1761 年）七月河决杨桥口，大水伤禾，豫东三十八县被水成灾。

清乾隆三十六年（1771 年）旱。

清乾隆四十七年（1782 年）黄河决杨桥，颍河溢，平地水深数尺。

清乾隆五十年（1785 年）大旱。

清乾隆五十一年（1786 年）春大旱，大饥，人相食。

清乾隆五十二年（1787 年）十二月地震。

清嘉庆元年（1796 年）大雨伤禾。

清嘉庆十八年（1813 年）春旱，六月始雨。

清嘉庆二十年（1815 年）九月地震。震中山西平陆，6.33 级，烈度9度。

清嘉庆二十五年（1820 年）六月二十五日地震。震中许昌，6.0 级，烈度 8度。

清道光二年（1822 年）夏秋雨水过多，河溢，晚秋减收。

清道光五年（1825 年）秋旱。

清道光十年（1830 年）闰四月二十二日地震。震中河北磁县，7.5 级，烈度 10度。

清道光十二年（1832 年）八月大雨连旬，秋禾被淹。

清道光十六年（1836 年）六月蝗。

清道光十八年（1838 年）旱，秋收七分余。

清道光十九年（1839 年）水灾。

清道光二十一年（1841 年）六月十六日黄河决开封，入颍水，自张湾漫溢，逃之者众，岁大饥。

清道光二十三年（1843 年）五月二十日，黄河决，入颍水，自苑寨冲口，南至谷河，阔十五里，深至五六尺。是年冬，薪米昂贵，民不聊生。

清咸丰元年（1851 年）七月二十六日，雷雨大作，平地水深数尺。

清咸丰四年（1854 年）秋大水，低地被水淹没。

清咸丰六年（1856 年）大旱，蝗，大水，滨河低地被淹。

清咸丰七年（1857 年）七月，蝗食禾殆尽，唯绿豆成熟。

清咸丰十年（1860 年）六月底七月初，连日大雨，河水骤涨，秋禾被淹。

清同治二年（1863 年）蝗食麦，大疫，死者无算。

清同治三年((1864 年）旱，秋收歉薄。

清同治五年（1866 年）六月雨水过多，伤稼，庐舍有倒塌。

清同治九年（1870 年）六月大旱，人有渴死者。

清同治十二年（1873 年）连续两年大旱，麦、秋各约收五成，年岁凶荒。

清光绪元年（1875 年）五月雨雹，大者如碗，深尺余，碎木杀禾，人畜被击，有死者。

清光绪二年（1876 年）干旱，秋收歉薄。

清光绪三年（1877 年）夏旱三个月，秋禾旱死，一粒未收，次年春大饥荒，外逃死亡者众。

清光绪六年（1880 年）五月十二日，地震，水涌数尺，屋瓦震动。秋冬旱，麦种者十分之三。

清光绪九年（1883 年）四月二十二、二十五、二十六日，三次雨雹，大如碗，屋瓦皆震。春旱秋雨，麦、秋各减收五成。

清光绪十一年（1885 年）麦生红虫如线，亩收仅数升。

清光绪十二年（1886 年）夏，淫雨两月，泥河两岸平地水深有丈余者。

清光绪十三年（1887 年）八月，黄河决郑州，沙河北四十八村尽淹没，水深丈余，房屋倒塌，人宿树上，淹死者无数。

清光绪十四年（1888 年）淫雨，麦生红虫，秋大雨，泥河两岸平地水深数尺。

清光绪十九年（1893 年）夏秋大雨，泥河决，平地行舟。过豆虫，红芋叶尽食，减收。

清光绪二十年（1894 年）大雨，麦被淹没者无算。夏，汾水涨，泥河再决。秋涝，禾被淹，收成歉薄。

清光绪二十三年（1897 年）五月十三日，地震。大旱四十余天，秋禾尽死。次年大饥，人死三分之一。

清光绪二十六年（1900 年）夏旱，菽皆枯死，六月十三日蝗食田禾殆尽。

清光绪二十七年（1901 年）旱。

清光绪二十八年（1902 年）六月二十一日地震。

清光绪三十年（1904 年）旱，夏秋减收四分余。

清光绪三十三年（1907 年）春，大疫，人死者众。夏旱，豆枯死，麦种迟。次年春大饥，疾病流行，死者众。

清宣统元年（1909 年）五月十三日，暴雨如注十余日，平地水深数尺，秋禾淹。秋生花虫，歉收。秋雨连绵，低地麦至腊月始播种。

清宣统二年（1910 年）春淫雨，麦、早禾俱歉收。七月八日暴雨倾盆。沟河泛涨，汾、泥两岸，晚禾尽淹没。

清宣统三年（1911 年）春大饥，泥河两岸尤甚。小满之日上午，西北风大作，麦稼生红丹、黑斑病，减收大半，亩产斗余。

民国元年（1912 年）大旱。

民国三年（1914 年）三、四月旱，降大雾（黄雾），麦生红丹，后又多雨，麦秫减收。

民国九年（1920 年）大旱，蝗，大灾。

民国十年（1921 年）七月十三日大雨。全县平地水深三四尺，秋禾淹没殆尽。

民国十五年（1926 年）秋禾被淹。

民国十六年（1927 年）三至五月，阴雨连绵，县城一带平地水深近五尺。冒雨抢收小麦，麦粒生芽。疾病蔓延，死者众。

民国十七年（1928 年）大旱，自春至夏不雨。秋，蝗灾，苗食殆尽，几乎绝收。

民国十八年（1929 年）五月，沈城四周，蛤蟆遍地，以大负小，结队东行。秋，大疫，死亡者众。西关农民街一天死亡四十余人。

民国二十年（1931 年）六月六日以后暴雨烈风连日不止，麦减收。

民国二十一年（1932 年）六至八月，降雨四十余日，连发七次大水，陆地行船，秋禾淹没殆尽，补种荞麦，复遭霜打。

民国二十二年（1933 年）大旱。

民国二十四年（1935 年）旱。

民国二十五年（1936 年）大旱，入夏至晚秋雨量特少，秋禾枯槁歉收。

民国二十六年（1937 年）沙河决。春夏七场大水，麦粒生芽，食有臭味。八月一日地震。震中山东菏泽，7.0 级，烈度 9度。

民国二十七年（1938 年）蒋介石扒黄河花园口大堤。六月二十日黄水经淮阳流入沈境。六月二十三日，水猛涨，平地水深一丈四尺许。全县 678 村淹没，25744 户农民流离失所。继之，水落而涨，涨而落，泛滥成灾，十年之久。

民国二十八年（1939 年）入夏以来，淫雨连绵，加之山洪暴发，河水漫溢。

民国三十一年（1942 年）麦遭风旱，夏旱四十余天，695920 亩小麦，收三成，秋收一成强。全县逃荒要饭者 239403 人，卖儿女者 3214 人，饿死 10766 人。

民国三十二年（1943 年）夏，过飞蝗。秋，起跳蝻，遮天盖地。谷子、高粱等作物被吃净尽。

民国三十三年（1944 年）大雪，平地积雪尺余。

民国三十四年（1945 年）大旱。

民国三十五年（1946 年）四月七日，河水暴涨，麦苗被淹，房舍冲毁。

民国三十六年（1947 年）麦后大雨，积水成灾。

捻军歌谣选录

针穿黑豆长街卖，河里杂草上秤称，
人吃人，狗吃狗，老鼠饿得啃砖头。①

咸丰二年大荒旱，黎民百姓遭大难，
二岁的孩童大街卖，换不来财主的半瓢面。
官府财主似虎狼，催租逼税到门前，
穷人的日子没法过，商量商量都在捻。②

沟边死，沟边埋，
路边死，路边埋，
汪汪肚子当棺材。③

咸丰年，大贱年，涡河两边草吃完，
地丁银粮逼着要，等死不如来起反。
竹竿子能挡西瓜炮，齐头镨能把妖兵赶，
一下打到北京去，咱们坐一坐金銮殿。④

双牛并犋好种田，拉大竿子好起反；
耕种田地收粮食，起反成功手头宽。

---

① 阜阳专区文学艺术工作者联合会编:《捻军歌谣》，第4页。
② 同上，第5页。
③ 同上，第6页。
④ 同上，第8页。

哪个不跟老乐干，天下的孬种他头里站。①

光棍汉，要吃饭，
扛起铡刀拿起镰；
杀清妖，除贪官，
一条活路去在捻。②

跟着张老乐，有吃又有喝；
跟着李老峰，人人有活命。
要想死里来逃生，参加捻军是正经。③

庄庄在捻庄庄富，老少动手杀财主，
穷人汉子有吃穿，不住草房住瓦楼。④

一方在捻一方安，十方在捻能抗天，
杀了官府杀财主，老乐领咱创江山。⑤

大庄小庄都在捻，杀猪宰羊过肥年，
穷人接过好日子，杀死皇王夺江山。⑥

柯杈子树遮住天，官府是个黑心肝，

---

① 阜阳专区文学艺术工作者联合会编：《捻军歌谣》，第11页。
② 同上，第12页。
③ 同上，第13页。
④ 同上，第15页。
⑤ 同上，第16页。
⑥ 同上，第17页。

穷人被他都逼死，不要官来光要捻。①
一家入了捻，有吃又有穿，
一庄入了捻，骑马穿绸缎，
穷人都入捻，一齐去杀官。②

小孩睡，小孩乖，小孩不睡眼睁开，
毛头毛头你别闹，娘到东庄就回来；
小孩睡，小孩安，娘上东庄去入捻，
小麦子尖尖吃白面，宝宝穿上花衣衫。③

海螺吹，土号响，褂子一脱光脊梁，
小孩子拎着粪扒子，专扒清妖的脑瓜子。④

爷爷六十八，耳不聋，眼不花，
骑黑马，不披鞍，手执大刀撵清官。⑤

走东庄，串西庄，众人抬鼓打得响；
你在捻，俺在捻，骑上大马下清江。⑥

今年旱，明年淹，草根树皮都吃完，
印子钱，翻一番，一石变成两石三。

---

① 阜阳专区文学艺术工作者联合会编：《捻军歌谣》，第18页。
② 同上，第19页。
③ 同上，第31页。
④ 同上，第38页。
⑤ 同上，第40页。
⑥ 同上，第42页。

不在捻，咋能沾，跟着老乐创江山。①

今年淹，明年旱，亳州地里年成歉，
针穿黑豆大街卖，饿死穷人成大片。
不受旱，不受淹，穷汉哥们快入捻，
有得吃，有得穿，跟着老乐创江山。②

黑心官府要银两，狠心财主逼租粮，
穷苦百姓没法过，饿死儿子饿死娘。
剩俺一个孤单单，东庄领旗去入捻，
不交银两不交租，穷人天下穷人干。③

正月里，正月正，张老乐起义灭大清，先有十八铺，后有五旗兵，聚集人属千千万，雉河集内扎大营。

二月里，龙抬头，老乐大战烟家楼，杀了黄廷万，赶走柴知县，团练闻风窜了圈，清妖吓得不露头。

三月里，是春天，张老乐领兵下淮南，打开固始县，占了三河尖，黎民百姓齐迎接，大兵扎到正阳关。

四月里，麦子黄，张老乐山东去打粮，过了滩溪口，来到老枣庄，当地百姓齐响应，二十四县动刀枪。

五月里，是端阳，五旗人马闹嚷嚷，东顶怀远县，西到瓦子岗，营盘扎得无其数，清廷皇帝直心慌。

六月里，三伏天，张老乐兵下临淮关，堵住翁同书，憋死袁甲

① 皁阳专区文学艺术工作者联合会编：《捻军歌谣》，第51页。
② 同上，第52页。
③ 同上，第55页。

三，凤阳府前打一仗，杀死清妖有万千。

七月里，七月七，捻军大会雉河集，扶起张老乐，盟主数第一，太平天国领封号，沃王名字至今提。

八月里，桂花香，张老乐领兵下清江，清妖来堵截，把他一扫光，得了粮船无其数，带领人马回家乡。

九月里，是重阳，捻军的人马打僧王，追到曹州府，包围李官庄，杀得僧妖无处奔，结果一命见阎王。

十月里，小阳春，捻军得胜回家门，人人都喜欢，个个笑吟吟，贪官老财都杀尽，穷人从此得安身。

十一月，雪花飘，捻军个个志气高，推倒大清帝，重建大明朝，从今不受清妖气，太平日子乐陶陶。

十二月，整一年，捻军的好处说不完，种地不纳粮，还分银子钱，要问东西哪里来？打的老财和贪官。①

捻子大哥高又高，
骑白马，带腰刀，
腰刀翻翻眼，清兵头乱点。②

李家大姐才十八，俊俏的脸膛不戴花；
不穿针，不引线，练过了钢刀练马叉；
骑花马，不备鞍，扎起杆子一溜烟；
有朝一日沙场见，清妖的人头滚成蛋。③

① 皋阳专区文学艺术工作者联合会编：《捻军歌谣》，第61—68页。
② 同上，第73页。
③ 同上，第119页。

打打打，杀杀杀，千万别招穷人家，
要吃还是财主饭，又有鸡鱼和肉蛋。①

捻子起手涡河边，官兵吓得把城关。
财主逃到城里去，穷人安心种庄田。②

捻子杀人杀坏人，捻子心疼穷爷们，
穷爷们都视捻子好，日子主口喊活不了。③

领了旗，竖旗杆，咱庄又是一小捻，
东庄西庄合大捻，再不怕官兵欺压咱。④

千条大河归大海，万口同源归一捻，
四面八方结兄弟，杀富济贫竖旗杆。⑤

大一铺，小一铺，任乾大帅总领铺；
人留青发马截尾，花红黄白皆兄弟。⑥

亳州南，亳州东，捻主就叫张乐行；
打开州来打开县，砸开监牢救弟兄。⑦

---

① 阜阳专区文学艺术工作者联合会编：《捻军歌谣》，第178页。
② 同上，第184页。
③ 同上，第188页。
④ 同上，第189页。
⑤ 李东山：《捻军歌谣》，第13页。
⑥ 同上，第23页。
⑦ 同上，第35页。

海螺吹，土号响，
家家户户上战场；
男的扎，女的砍，
老妈老头助威喊；
小孩捡个粪锄子，
专把清妖的马腿砍。[①]

月老娘，黄巴巴，爹娘把俺撇在家；
俺爹去打捎，俺娘顶木枷；
拿起红缨枪，俺把清兵杀。[②]

当捻子，要胆子，
不当捻子瞎眼子。[③]

入了秋，放下镰，
家家户户把刀缠。[④]

朱红布，竖大旗，俺给捻子称兄弟；
吃香的，喝辣的，穷人不受老财气。[⑤]

铜锣响，海螺吹，打捎的粮食堆成堆。
你一升，俺一斗，按着人头分均匀。[⑥]

---

① 李东山：《捻军歌谣》，第64页。
② 同上，第75页。
③ 同上，第77页。
④ 同上，第79页。
⑤ 同上，第93页。
⑥ 同上，第94页。

三月三，四月半，打捎得来粮和盐；
朋友拿，亲戚搬，三天三夜未分完。①

星星草，遍地长，年年割了年年长；
捻子好像星星草，年年代代割不了。
星星草，遍地生，秆细根多锄不清；
捻子好像星星草，春风一吹又发青。
星星草，撮连撮，大风大雨倒不了；
捻子好像星星草，九州八府少不了。
星星草，赛牛毛，它与长工两相好；
捻子好像星星草，穷人离它要饿倒。②

咸丰二年半，顶子满街窜，
问你啥功名，大刀齐头镨。③

同治二年半，刀枪看不见。
日子主还是日子主，穷光蛋还是穷光蛋。④

雉河集，像京城，五色帅旗飘天空。
黄旗竖在集中央，红、黑、蓝、白镇四方。
老乐布下了兄弟阵，四面八方动刀枪。
今天操，明天练，十八般武艺都学烂。

① 李东山:《捻军歌谣》，第94页。
② 同上，第129—130页。
③ 同上，第141页。
④ 同上，第142页。

黑旗听令西北走，蓝旗独揽东北面，
红旗如火归南方，白旗就在西边转。
众家兄弟饮血酒，誓同生死共患难。[①]

① 李东山:《捻军歌谣》，第18—19页。

后　记

本书是在我博士论文基础上修改而成的。时隔数年，只能小修小补。除一些细节的修订外，大幅修改的内容包括：删去原“导论”中枯燥的文献综述性质的“研究基础”部分；增加“村庄之外”的兄弟关系实践；重新表述了小部分研究结论。

直接影响本篇论文诞生的是我的恩师庄孔韶教授。庄师对汉人社会组织及其文化的研究，深深影响了我的研究旨趣。本文所尝试的，只是他多年来开拓的北方汉人社会研究中的一“点”而已。拙文将版，又蒙庄师慨然赐序，荣幸之至！

参加我博士论文开题与答辩的高丙中、刘夏蓓、潘守永、张有春、黄剑波和樊秀丽等诸师，为文章的写作及修改提出过宝贵意见！

我在中国人民大学读书期间，庄师常带着学生们课堂论道、田野求真，可谓言传身教、春风化雨！师生之间既有师徒之情，又有朋友之谊。我今日也为教师，却更怀念和回味那些年跟随庄师求学的情景！

博士毕业，我到中国疾病预防控制中心做博士后，师从著名流行病学家汪宁教授，学习流行病学，关注人类学与流行病学的跨学科合作，扩展了研究视野。汪老师的教诲和鼓励，常念于心！

博士后出站，得以加入厦门大学人类学与民族学系大家庭。人类学系的深厚传统和谦谦诸师，仿若厦门温润的气候和幽雅的绿植，令人如沐春风。系主任张先清教授悉心提携、培养青年教师，本书的出版即得益于他的推动和鼓励！

前几天回老家，春光正好，青草遍地，青叶满天，空气芳香。而村道寂静，春节时在村道上流动和喧嚣的人们多已离开故乡，散布南北，只能在微信群里闲话家常。乡亲们在各地体验新的生活和情感，而我固执地认为，他们如豫剧般阳刚而细腻、质朴又灵动、诙谐却苍凉的性格特点将根深蒂固。本书的很多资料，即来源于他们的经验和情感。能够讲述他们的故事，我感到深深的荣幸。或者说，他们的故事，即是我的故事……

在我的故事里，家人决定和影响着情节的走向。尤其是我去世多年的爷爷和姥爷，他们在艰难困苦的生活中顶天立地、堂堂正正，在我心中已成神灵，是我为人处世的典范！我的姥姥和奶奶没读过书，却简单而通大道，与她们在一起，我感受到浓浓慈爱之情的同时，亦每为她们的话语所动。我的父母在农村先后办过工厂、开过果园、做过养殖，他们辛苦劳动，省吃俭用，竭力支持子女读书，才让我有机会讲述这个故事……

愚讷如我者，却荣幸地拥有许多诚挚的朋友。兄弟般的朋友们让我的故事更加生动！

最后，特别感谢商务印书馆的编辑陈明晓女士，她细致得令人感动的编辑工作助我更好地讲述这个故事。

宋雷鸣

2017 年 4 月 22 日于厦门